吴伯箫

1930年代，吴伯箫（后立者）与郭静君（坐持书者）等亲友在青岛栈桥

1931年北京师范大学英文系毕业照

吴伯箫 1961 年 12 月参加江浙调查

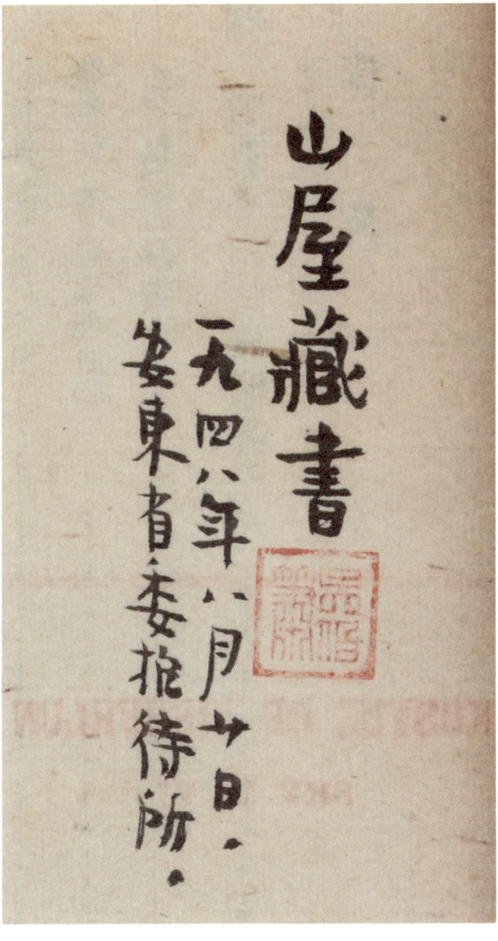

山屋藏书内封

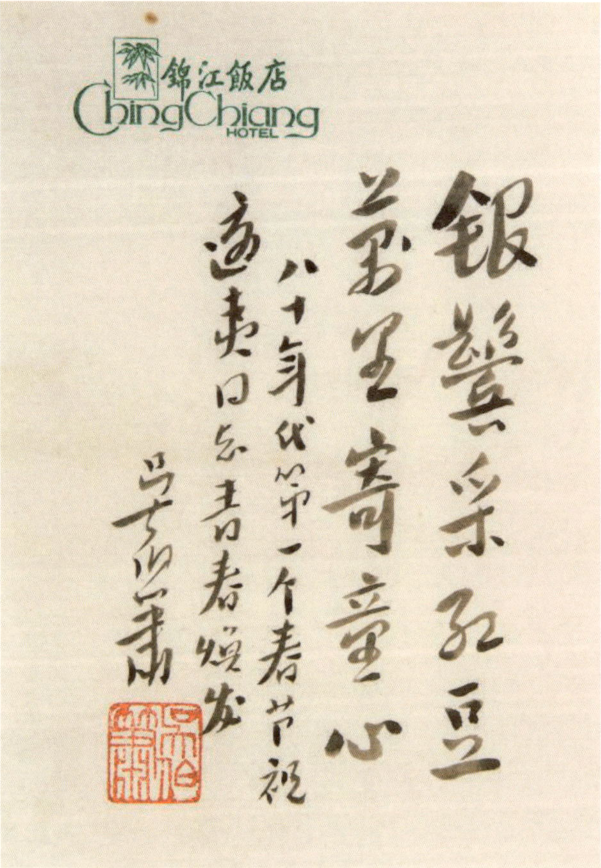
錦江飯店
ChingChiang
HOTEL
銀鬓采紅豆
萬里寄童心
八十年代第一个春节祝
吴伯箫

吴伯箫晚年墨迹

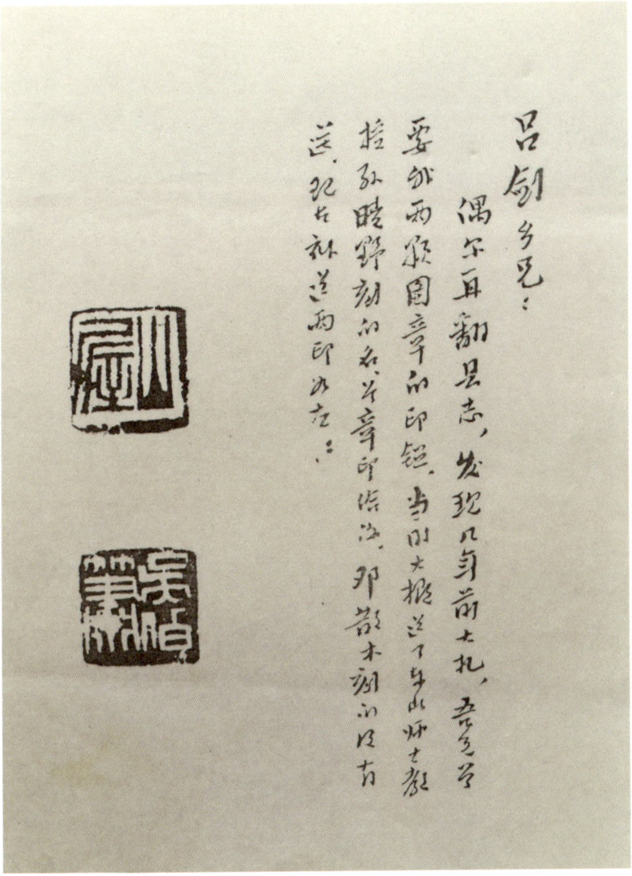

吴伯箫致吕剑手迹

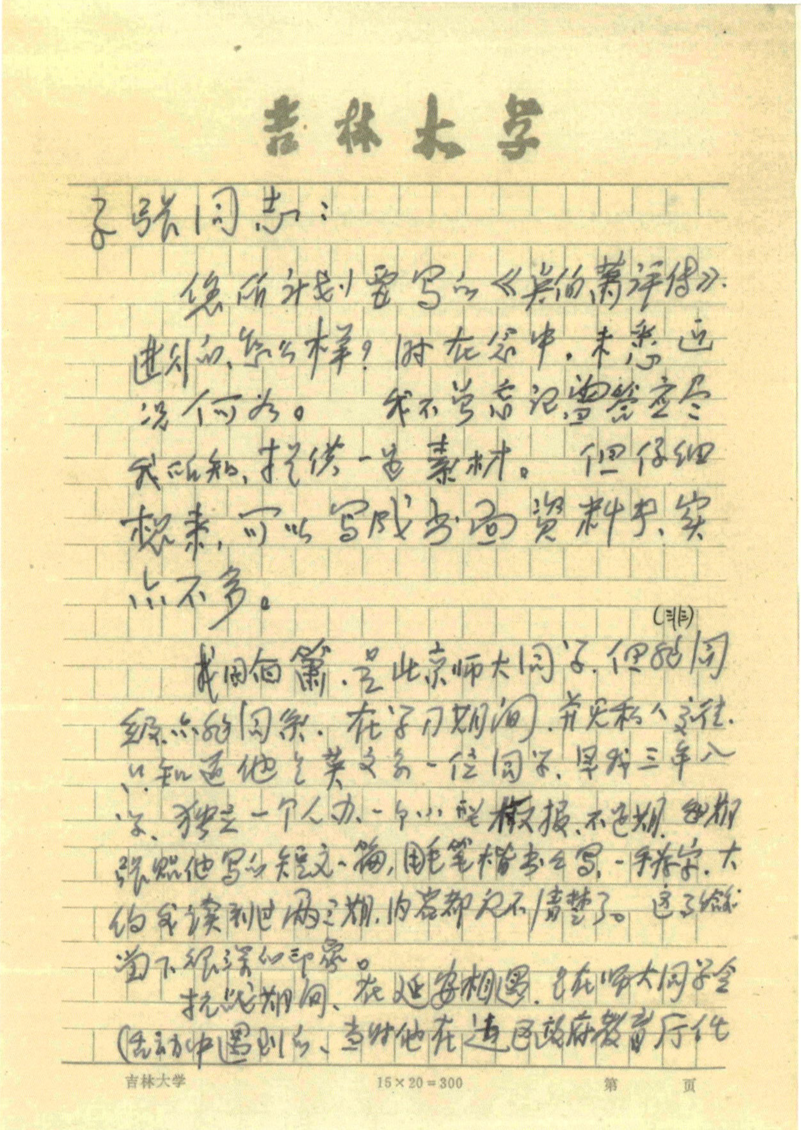

吉林大学

子张同志：

您所计划要写的《吴伯箫评传》进行的怎么样？时在念中，未悉近况何如。我不曾忘记曾答应尽我所知，提供一些素材。但仔细想来，可以写成书面资料者，实在不多。

（非）

我同伯箫，是北京师大同学，但非同级的同系。在学期间，并无私人交往。只知道他是英文系一位同学，早我三年入学，独立一个人办一个小型板报，不定期出刊，张贴他写的短文一篇，用毛笔楷书工写，一手好字。大约我读到过两三期，内容都记不清楚了。这只给我留下很深的印象。

抗战期间，在延安相遇，是在师大同学会活动中遇到的。当时他在边区政府教育厅任

吉林大学　15×20＝300　第　页

公木来函

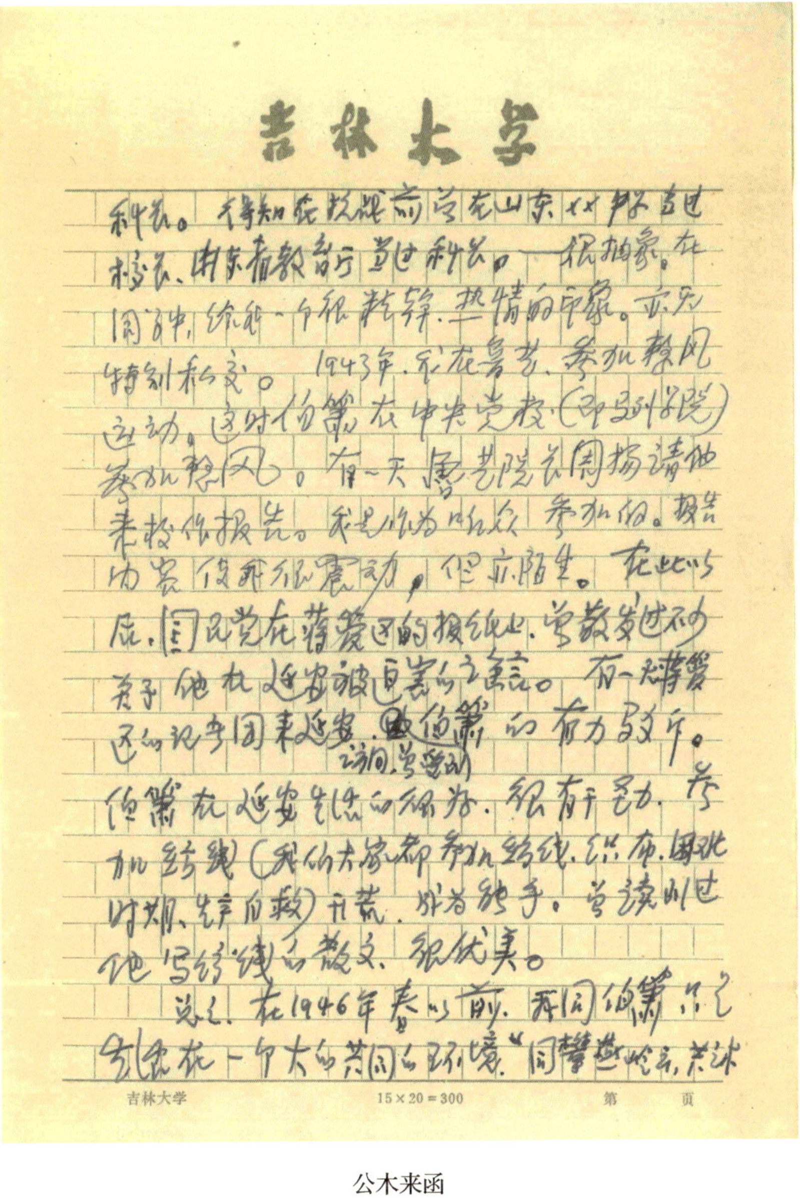

吉林大学

科长。才知在抗战前曾在山东以郯县当过校长、山东省教育厅当过科长。——很抽象。在闲谈中，给我一个很精干、热情的印象。亦无特别私交。1943年，我在鲁艺，参加整风运动。这时伯箫在中央党校（即马列学院）参加整风。有一天鲁艺院长周扬请他来校作报告。我是作为听众参加的。报告内容使我很震动，但亦陌生。在此以后，国民党在蒋管区的报纸上，曾散布过不少关于他在延安被迫害的谣言。有一次蒋管区的记者团来延安访问，曾受到伯箫的有力驳斥。伯箫在延安生活的细节，很有干劲。参加纺线（我们大家都参加纺线、织布，困难时期，生产自救）开荒，成为能手。曾读过他写纺线的散文，很优美。

总之，在1946年春以前，我同伯箫只是分别在一个大的共同的环境"同攀燕岭云，共沐

吉林大学　15×20＝300　第　页

公木来函

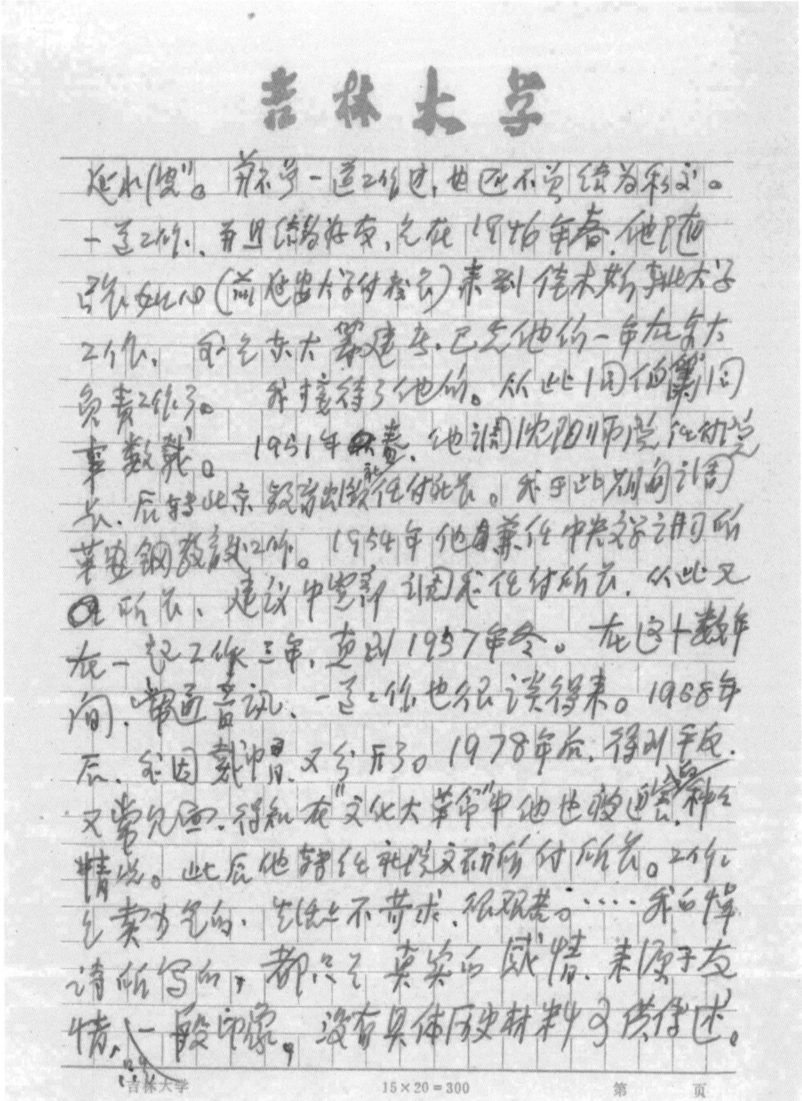

吉林大学

"延水谣"。并不曾一道工作过，也还不曾结为私交。
一道工作、并且结为挚交，是在1949年春。他随
张如心（前延安大学副校长）来到佳木斯东北大学
工作。开会东大筹建委，已定他们一年在东大
负责工作了。我接待了他们。从此，同他朝夕同
事数载。1951年春，他调沈阳师院任教务
长，后转北京人民教育出版社任副社长。我于此时调到
鞍钢教育工作。1954年他兼任中央文学讲习所
所长，建议中宣部调我任副所长，从此又
在一起工作三年，直到1957年冬。在这十数年
间，常通音讯，一道工作也很谈得来。1968年
后，我因戴帽，又分开了。1978年后，得到平反，
又常见面。得知在"文化大革命"中他也被迫害，精神
情况。此后他转任社科院文研所副所长。工作
上要求严格，生活上不苛求，很艰苦。……我的悼
诗所写的，都只是真实的感情，来源于友
情，一般印象，没有具体历史材料可资佐述。

吉林大学　15×20＝300　第　页

公木来函

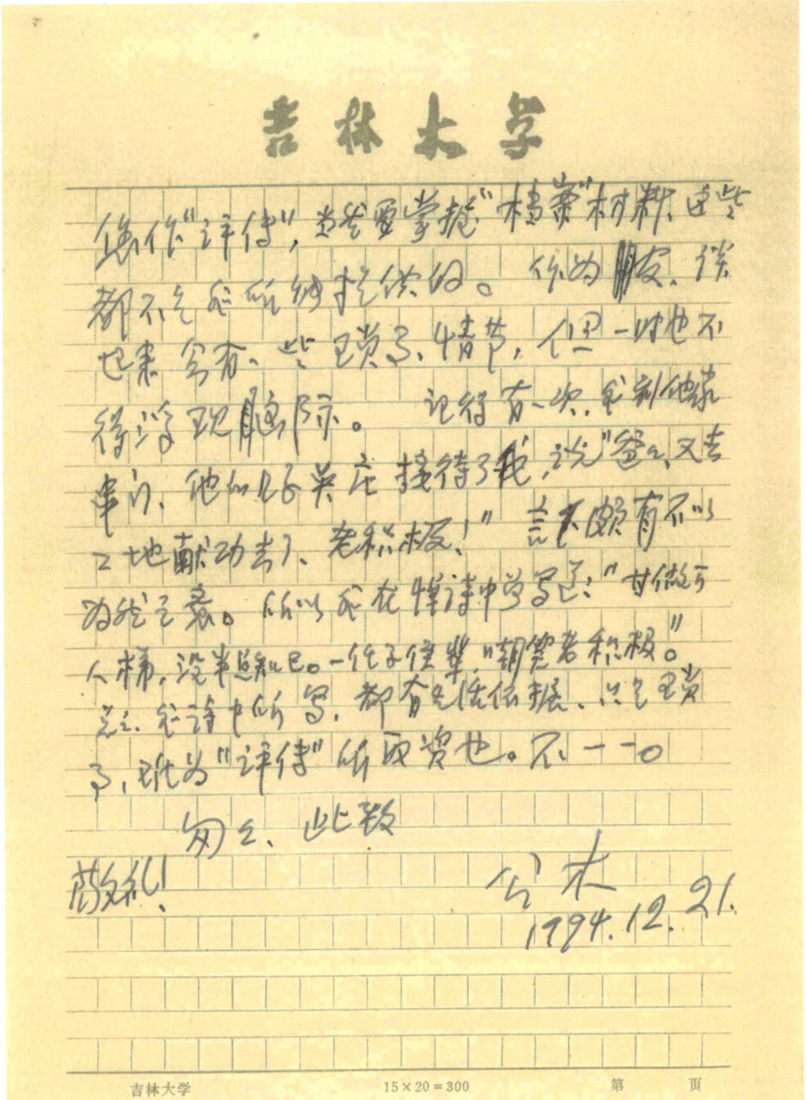

吉林大学

编作"评传"，尤当要掌握"精粹"材料，这些都不是我所能掌握供给的。你的眼、德也未写有，些琐碎情节，但一些也不停留在脑际。记得有一次，我到他家串门，他和他的吴庆接待了我，说"爸爸又去工地献功去了，老积极！"言下颇有不以为然之意。所以我在悼诗中曾写道："甘做奋人梯，谁当总知己。一位子侄辈，嘲笑老积极。"这些，我诗中所写，都有其依据，只是琐碎事，难为"评传"所取资也。不一一。

匆匆，此致

敬礼！

公木

1994.12.21.

吉林大学 15×20=300 第 页

公木来函

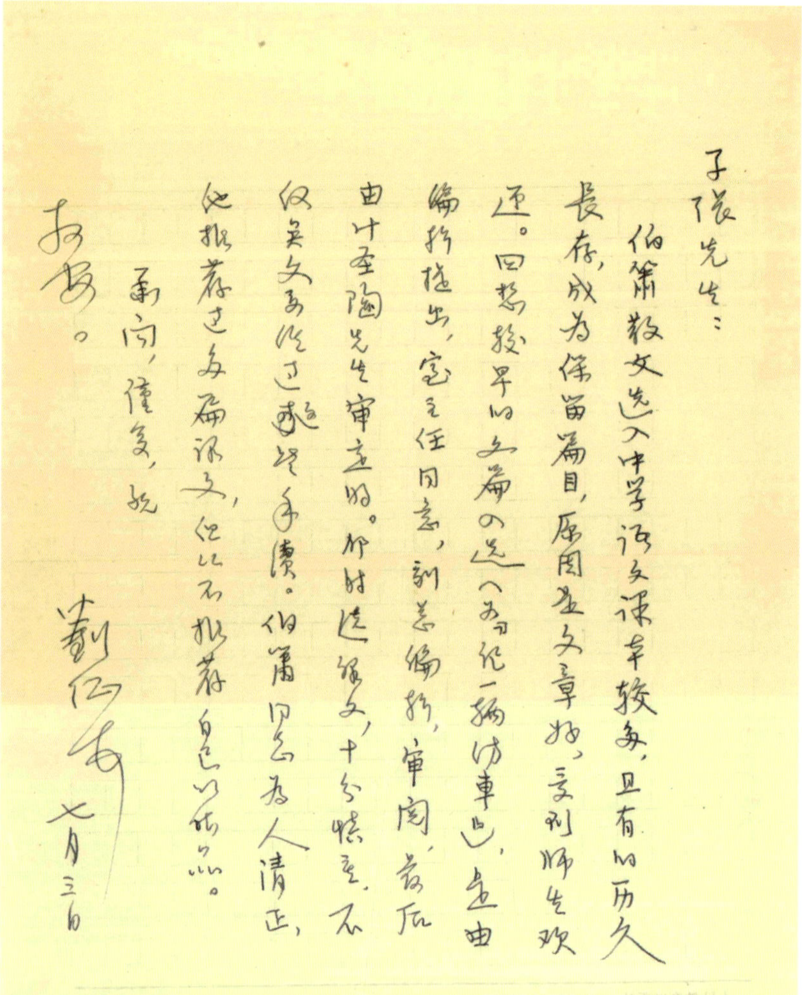

子张先生：

伯箫散文选入中学语文课本较多，且有的历久长存，成为保留篇目，原因在文章好，受到师生欢迎。回想较早的几篇的选（为了纪一编的事也），是由编辑提出，室主任同志，副总编辑，审阅，最后由叶圣陶先生审定的。那时选课文，十分慎重，不仅是文字经过推敲手续。伯箫同志为人清正，他推荐过多篇课文，但从不推荐自己的作品。

承问，健康，祝

安好。

刘征

七月三日

刘征来函

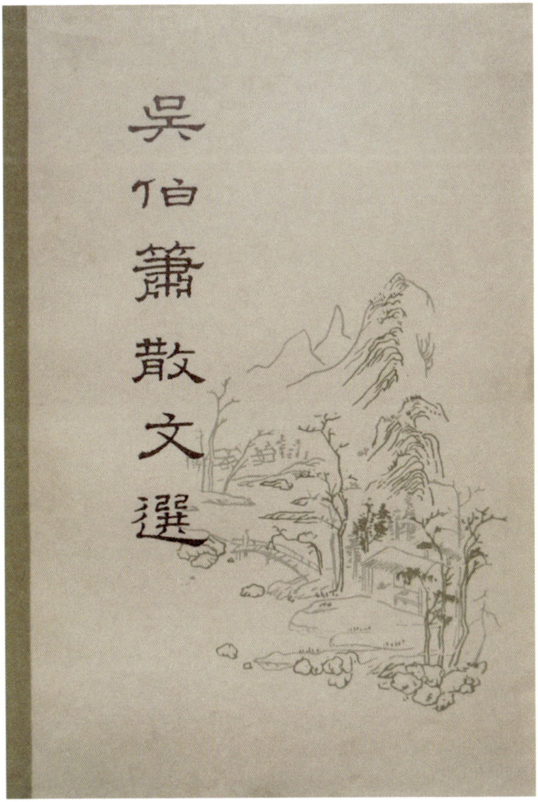

《吴伯箫散文选》封面，人民文学出版社 1983 年版

浙江工业大学社科基金后期资助项目
项目编号：SKY-ZX-20200279

山屋轶话

吴伯箫评传

子张 著

浙江大学出版社
ZHEJIANG UNIVERSITY PRESS

图书在版编目(CIP)数据

山屋轶话：吴伯箫评传/子张著．—杭州：浙江大学出版社，2022.4
ISBN 978-7-308-21567-1

Ⅰ．①山… Ⅱ．①子… Ⅲ．①吴伯箫(1906－1982)－评传 Ⅳ．①K825.6

中国版本图书馆 CIP 数据核字(2021)第 134462 号

山屋轶话：吴伯箫评传
子　张　著

封面题签　吴伯箫
责任编辑　王荣鑫
责任校对　吴　庆
封面设计　项梦怡
出版发行　浙江大学出版社
(杭州市天目山路 148 号　邮政编码 310007)
(网址：http://www.zjupress.com)
排　　版　浙江时代出版服务有限公司
印　　刷　杭州高腾印务有限公司
开　　本　889mm×1194mm　1/32
印　　张　11.25
插　　页　7
字　　数　242 千
版 印 次　2022 年 4 月第 1 版　2022 年 4 月第 1 次印刷
书　　号　ISBN 978-7-308-21567-1
定　　价　68.00 元

代序一

公　木

子张同志：

您所计划要写的《吴伯箫评传》，进行得怎么样？时在念中，未悉近况如何。我不曾忘记曾答应尽我所知提供一定素材。但仔细想来，可以写成书面资料者，实亦不多。

我同伯箫是北京师大同学，但非同级亦非同系，在学习期间并无交往，只知道他是英文系一位同学，早我三年入学，独立一个人办一个小型板报，不定期，每期张贴他写的短文一篇，用毛笔楷书书写，一手好字，大约我读到过两三期，内容都记不清楚了。这事给我留下很深的印象。

抗战期间在延安相遇，是在师大同学会活动中遇到的，当时他在边区政府教育厅任科长。得知在(全面)抗战前曾在山东××中学当过校长，山东省教育厅当过科长。——很抽象。在同学中，给我一个很精干、热情的印象。亦无特别私交。1943年，我在鲁艺参加整风运动，这时伯箫在中央党校(即马列学院)参加整风。有一天鲁艺院长周扬请他来校作报告。我是作为听众参加的。报告内容使我很震动，但亦陌生。在此以后，国民党在蒋管区的报纸上，曾散发过不少关于他在延安被迫害的谣言。有一天蒋管区的记者团来延安访问,曾受到伯箫的有力驳斥。伯箫在延安生活得很好,很有干劲,参加纺线(我们大家都参加纺线、织布,困难时期生产自救)开荒,成为能手。曾读到过他写纺线的散文,很优美。

总之,在1946年春以前,我同伯箫只是生活在一个大的共同的环境,“同攀延岭云,共沐延水波”。并不曾一道工作过,也还不曾结为私交。一道工作并且结为好友,是在1946年春,他随张如心(延安大学前副校长)来到佳木斯东北大学工作,我是东大筹建者,已先他们一年在东大负责工作了。我接待了他们。从此同伯箫同事数载。1951年春,他调沈阳师院任副院长,后转北京(人民)教育出版社任副社长。我于此期间调鞍钢教育处工作。1954年他兼任中央文学讲习所所长,建议中宣部调我任副所长,从此又在一起工作三年,直到1957年冬。在这十数年间,常通音讯,一道工作也很谈得来。1958年后,我因戴帽又分开了。1978年后得到平反,又常见面,得知在“文化大革命”中他也被迫害的种种情况。此后他转任社(科)院文研所副所长。工作是卖力气的,生活上不苛求,很艰苦。……我的悼诗所写的,都只是真实的感情,来源于友情,只是一般印象,没有具体历史材料可供传述。您作“评传”,当然要掌握“档案”材料,这些都不是我所能提供的。作为朋友,谈起来会有一些琐事、情节,但一时也不得浮现脑际。记得有一次,我到他家串门,他的儿子吴庄接待了我,说“爸爸又去工地献功去了,老积极!”言下颇有不以为然之意。所以我在悼诗中曾写到:“甘作万人梯,没半点知(知,当为梯。子张按)己。一任子侄辈,嘲笑老积极。”总之,我诗中所写,都有生活依据,只是琐事,难为“评传”所取资也。不一一。

匆匆，此致

敬礼！

公木

1994.12.21

代序二

刘　征

子张先生：

伯箫散文选入中学语文课本较多，且有的历久长存，成为保留篇目，原因是文章好，受到师生欢迎。回想较早的文篇入选（为《记一辆纺车》），是由编辑提出，室主任同意，副总编辑审阅，最后由叶圣陶先生审定的。那时选课文，十分慎重，不仅吴文要经过这些手续。伯箫同志为人清正，他推荐过多篇课文，但从不推荐自己的作品。

承问，谨复，祝

教安。

刘征 顿首

七月三日

目　录

第一章　出莱芜记

正篇：行行重行行

扛着扁担下莱芜

扛着扁担下莱芜——找麻贩(找麻烦)。

这是我在山东泰安听到的具有浓郁地域文化色彩的歇后语。

为什么要去莱芜贩麻呢？因为莱芜产的麻有名。

20世纪70年代，一般城乡百姓穿的布鞋，都由家里的女性手工做，做鞋的重要工序之一是衲鞋底，衲鞋底用的线叫麻线。

麻线，就是用麻丝搓出来或打出来的。搓麻线，是用手或手腿并用，把两股麻丝搓成一股线；打麻线，则是利用工具把麻丝加工成麻线。我小的时候，家里就有过不止一个打麻线的工具，祖母的日常生活内容之一就是用它打麻线。我到莱芜杨庄走亲戚，也会跟着成年人到村北河边看他们“淹麻”。淹麻，就是把刚收割的青麻植株捆成捆，沉入河底，压上木板石块，使青麻的外皮在水里腐烂、褪掉，等洗净、捞出、晒干,就可以从麻杆上剥出白白的麻丝了。

种麻、淹麻、剥麻丝、打麻线,再用打好的麻线纳鞋底或做他用,形成一套完整的工序。而莱芜出产的麻质量好,是"特产",有口皆碑。

农闲时节,农村女性聚在一起剥麻丝、搓麻线或用麻线衲鞋底,也是一幅生动有趣的乡村生活图景。

莱芜不只产麻,还以出产"三辣"出名。三辣不包含辣椒,指的是莱芜葱、莱芜姜、莱芜蒜。葱姜蒜,是谓莱芜三辣。

莱芜口镇的猪肉香肠,莱城洪沟村的羊汤,是莱芜的名吃。

我祖籍不是莱芜,可因为父母在莱芜工作,就和莱芜有了特殊的关系。我出生在莱芜杨庄,三岁时随母亲调动搬家到高庄,八岁再随母亲调动搬到团山脚下的鲁家庄,于70年代初随父母定居莱芜县城。高中毕业后先在口镇粮所工作一个月,大学毕业被分配到莱芜四中所在地颜庄工作,调回莱城后先后出差到苗山、上游、牛泉、寨里、羊里、大王庄,基本上跑遍了整个莱芜。

莱芜三面环山,西面平地与泰安为邻,这种东高西低的地理形势构成了莱芜八景中最富诗意的一景:汶水西流。

《诗经·齐风·载驱》讥讽鲁桓公妻子文姜回齐国与哥哥襄公私会,其中描述了往返齐鲁必经之地"汶水":"汶水汤汤,行人彭彭。鲁道有荡,齐子翱翔。汶水滔滔,行人儦儦。鲁道有荡,齐子游遨。"

明代莱芜籍进士,且做过知县的程云写过一首《吊汶水》,描述就更细致些:

二十余泉入汶流，清波西去日悠悠。
平沙两岸参差出，黄叶青苔次第浮。
客路断桥前夜雨，人家返照旧时秋。
只今风景看无异，江北江南迥自愁。

莱芜之南是逶迤的徂徕山脉延伸段，最高峰是莲花山，山那边是新泰县。

莱芜之北、之东是泰山山脉延伸段，西北面通济南，北面翻过山是章丘，东北面有一个著名的青石关，穿过青石关就是博山、淄川，莱芜东面通沂源。

清代大文学家蒲松龄年轻时候从家乡淄川经莱芜到南方去谋职，留下了咏青石关的诗句：

身在瓮盎中，仰看飞鸟度。
南山北山云，千株万株树。
但见山中人，不见山中路。
樵者指以柯，扪萝自兹去。
句曲上层霄，马蹄无稳步。
忽然闻犬吠，烟火数家聚。
挽辔眺来处，茫茫积翠雾。

现代莱芜籍诗人吕剑，少年时代到博山求学，往返必经青石关，老年也曾写过一首咏青石关的长诗。

莱芜自汉代置县，其境初在青石关以外，唐代武则天执政后期的莱芜县治才设在现在的莱芜境内，到金代迁到现在莱城的位置。

莱城刚好处在莱芜的中部，紧邻汶水。笔者少年时候就读过的小学，就在河边，那时旧城墙残痕犹存，沿河长长一面斑驳的高墙，可以爬上爬下，那应该就是城墙的外侧。

20 世纪 70 年代的莱城,除了城南古老的东关街、西关街,就是南北向的胜利路和东西向的人民路两条主干道,两条路交叉处有唯一一座两层高的百货大楼,百货大楼对面是莱芜汽车站。胜利路上我能记得的大单位有三个:一是路西的邮局,二是路东的生资站,三是供销学校。那时候有民谚曰:"莱芜城,稀夯拉松,两条马路三盏灯",说得很俏皮,但也很写实。

旧时莱芜城的中心就是东西两关,县衙和县学都集中在东西关交集处。东关是集市,东关头上有个吴氏宗祠,笔者小时候所住的"县革委"大院,其实就是原莱芜县衙所在地。20 世纪 70 年代初期县衙的大殿和院落还在,直到挖防空洞时才拆除。西关东南侧莱芜党校的位置是过去的县学,我也常去玩耍,那些黑黑的大屋子也都在,可能就是原先的学堂吧。说这些,因为这些地方都跟本书的主人公有关。

对莱芜历史的追溯不是本书的任务,作为一个引子,以上有关莱芜的一切只为介绍本书主人公提供一个背景。至于莱芜与本书主人公的种种关联,还需要在后面相关的章节中陆续涉及。

不过有一点也不妨顺带一说。莱芜历史变迁虽大,或隶属济南,或隶属泰安,几经反复,20 世纪 90 年代甚至独立设市,不想变来变去如今又变为济南市莱芜区。未来说不定还会有所变化,但行政区划上无论怎么变迁,都无法取代莱芜在文化上的个性,即所谓形成"一方水土一方人"的那些物质或非物质的元素。以故,在文化的意义上,莱芜永远都是莱芜,这应该是需要达成共识的。

莱芜籍现代文化人

20 世纪 80 年代初，笔者在着手编写吴伯箫生平著译年表的同时，也萌发了寻访莱芜现代文化人的想法。

当时，吴伯箫还在世，他的三弟吴熙振老人告诉我“大哥正住院治疗”，让我写封信试试，我遵命致信人民教育出版社他的住址。但一直没有回音，三个月后得到老人去世的消息。

吴伯箫在给泰安一中的信中提到田珮之，这是在吴伯箫之外我知道的第二位莱芜籍文化人。田珮之，本名田瑞璐，1903 年出生，原莱芜县田家庄人，早于吴伯箫考入北京师范大学，但他读的是教育系，后来又从北师大研究生毕业，一直从事高等教育，发表过一些教育方面的文章。历任山东公学校长、山东省行政委员会委员兼教育处长、临沂山东大学副校长、华东大学教育学院院长，1950 年参与创建山东师范学院，是山东师范学院第一任院长。所以说到莱芜现代文化人，第一位需要介绍的，就该是田珮之先生。

田珮之与吴伯箫既是老乡，也是莱芜高小和北师大的前后同学，田先生两次回信给我，回答我的问题。我也曾到田家庄田先生老家寻访过，还记得田家后人给我下挂面加荷包鸡蛋招待我的盛情。1985 年春节期间，我甚至到北京师范学院田珮之先生家里拜访，遗憾的是彼时老人已行走不便，在里屋卧床休息。他的儿子、儿媳和孙子热情地接待了我。他们跟我说，老爷子如果知道你从莱芜来，一定会很激动，等有机会再让你们见面吧。没想到两年以后，老人以八十七岁高龄离世了。

那年在北京期间,借住在北大我二弟的寝室,无意中读到一本北大图书馆的精装本书籍《莱芜集》,眼睛为之一亮。当我了解到作者王毓铨也是莱芜人时,就更高兴了。我白天出去,回来读《莱芜集》,很快就读完了,读到会心之处,则于书页边缘涂写"心得"。结果从北京回来后,二弟写信告诉,书还不回去了,另买一本赔上才算完事。既然知道莱芜还出过这么一位历史学家,当然就动了寻访的念头,但辗转打了几个电话,了解到王先生住得很远,况且事先也没有联系好,就搁下了。

王毓铨,莱芜城西小曹村人,1910 年出生,2002 年在北京去世。他先后就读于曲阜省立二师、北京大学历史系和美国哥伦比亚大学研究生院,获硕士学位,是胡适弟子。先后就职于南开大学、美洲古钱学会、中国历史博物馆和中国社会科学院历史研究所。王先生是学者,早期重点研究秦汉史和古代钱币,后期则以明史特别是明代社会经济史为研究重心。除了我在北大读的那本《莱芜集》,还有《中国早期货币》《中国古代货币的起源和发展》《明代的军屯》《王毓铨集》以及中华书局出版的上下两卷本《王毓铨史论集》等。

1985 年春节期间,我在北京真正拜访到的,是一年前刚刚结识的莱芜籍现代诗人吕剑先生。

我在关注吴伯箫的时候,有不少同事、朋友给我提供了更多与莱芜文化人有关的信息。吕剑的情况,最初是莱芜县委办公室秘书孔亚兵告诉我的。我随即在莱芜进修学校给吕剑写信,没想到很快就收到回信和签名赠书。信是水笔竖写三页,加盖了"莱芜一剑"的印章。书就是人民文学出版社新出版的《吕剑诗集》。这本诗集装帧很讲究,封面上套印了吕剑毛笔书写的诗作，出自他的名作《故乡的石竹花》。

吕剑原名王延觉，字聘之，吕是其母姓。他是莱芜城北林家庄人，林家庄是个只有三十几户人家的小山村，距离口镇、山口、雪野都很近。20世纪九十年代初我曾去林家庄探访吕剑的祖宅，见到了吕剑的二弟、三弟，他的侄子还陪我到村北山上走走看看，中午又设家宴招待我。当我把拍摄的老屋和石竹花照片寄给吕剑时，引来他一封长信，回顾了他少年时代在家乡的生活。

作为五四运动的同龄人和抗战一代诗人，吕剑20世纪四十年代所写新诗《大队人马回来了》受到广泛关注，应该是吕剑的早期代表作。1949年以后，吕剑先担任《人民文学》诗歌组组长和编辑室主任，随后参与创办《诗刊》，成为《诗刊》第一届编委之一，同时也是三个常务编委之一。七十年代末获得政治平反，成为归来者诗人的中坚，写出《凤鸟之梦》《故乡的石竹花》《一觉》《沉默》等不少脍炙人口的佳作。

以上四位，以吴伯箫为中心，互有关联。田珮之与吴伯箫认识最早，王毓铨、吕剑与吴伯箫的通信如今也能看到。若论成就，这四位虽职业不同，各有侧重，却都是现代文化史上有分量的人物，其影响也是全国性的，理当予以深入细致的研究并发扬光大其精神。

民国以来，在现代文化熏沐之下，从莱芜走出去而各有成就的文化人实在不少。上述四位之外，参加过同盟会、参与编纂过《续修莱芜县志》的亓因培（字养斋，1861—1953），肄业于清华学校、担任过末代衍圣公孔德成家庭教师的王毓华（字子英，1887—1952），山西大学毕业、担任过陇海路工务段段长和铁路第四工程局工程师的吴伯箫叔父吴式贤(字德甫,1898—1986),先后受业于济南爱美艺术师范和国立北平艺专的泰山画家李半残(原名李粹笃,字子纯,1907—1978),也是值得纪念和研究的现代莱芜籍人物。

圣府门前

吴伯箫三弟吴熙振,对其大哥的事了解最多。吴伯箫尚未离世时我第一次去吴家花园,找到的就是吴熙振老人,他曾为我讲述过大哥幼年随父亲读书时的一件事。

那是吴伯箫七岁时,父亲在尚家故事村教书,也把吴伯箫带去跟着年龄较大的学生一起读书。父亲的本意是希望吴伯箫在正式上学前先适应一下,没想到吴伯箫初次离家,很不习惯早起晚睡的学习生活。有一次趁父亲不在,就悄悄出门往吴家花园方向跑,刚跑出村,就迎面撞上了从外面回来的父亲,结果被父亲一个巴掌打回去了……

吴伯箫的父亲叫吴式圣,字化之,生于1883年,1942去世,县高等小学、师范讲习所毕业,先后从事初小和高小教学,并担任县教育委员,一年四次在各校督察,以清廉著称。他在尚家故事村教学的事,我也曾去该村走访了解,一位卧床的老者抱病写了“吴式圣在我村教书”的证言让子女交给我,令我深受感动。至于这段半年的邻村跟读生活,吴伯箫后来在散文《猎户》里有更为生动的描述,那就是跟着尚二叔打猎的故事了:“小时候,在离家八里地的邻村上学。寄宿。晚上吃完了从家里带来的干粮,等着念灯书的时候,总爱到学校门口尚二叔家去串门儿。尚二叔是打猎的,兼管给学校打更。不知道他的身世怎样,只记得他一个人住在一间矮小的茅屋里，孤单单地，很寂寞，又很乐观。他爱逗小学生玩儿，爱给小学生讲故事. 当时我很喜欢他门前的瓜架，苇篱圈成的小院子和沿苇篱种的向日葵。我也喜欢他屋里的简单陈设：小锅，小灶，一盘铺着苇席和狼皮的土炕：墙上挂满了野鸡、水鸭、大雁等等的羽毛皮，一张一张，五色斑斓。最喜欢当然是他挂在枕边的那杆长筒猎枪和一个老得发紫的药葫芦。”

吴伯箫的家族，在曾祖和祖父时代均以务农为本业，但由于祖父喜好读书，对子孙的影响还是很大的。据吴氏族谱记载，曾祖父吴嘉苞，“字韶九，公赋性严厉，畏振家声，利不苟取，有管宁之风，寿六十有九，配李氏”。曾祖父的两个儿子，长子翰翱早逝，次子翰翔，即吴伯箫的祖父，字健翮，是清太学生。族谱里介绍：“公生平俭约，刚毅自持，身务农商而最喜读书者。寝食不忘教子一经之语，子若孙率多某学毕业，皆公喜尚读书之所致也。寿七十一岁，配段氏。”

祖父影响所及，除了吴伯箫的父亲，还包括吴伯箫的叔父吴式贤。其实叔父仅长他八岁，与其说是叔父，不如说更像兄长。后来叔父先于吴伯箫考入大学，考的是国立山西大学理工科，毕业后曾充任陇海铁路工务段段长，铁路第四工程局工程师。吴伯箫曲阜二师毕业后即准备升学，与叔父保持通信，在北京师范大学读书期间也曾趁开学返校时特意转到徐州去探望在那边工作的叔父。

只是到吴伯箫这一代，真正走出去读书升学取得大学学历又从事教育工作的，却也仅有吴伯箫一个人。吴伯箫原名吴熙成，字箫亭，伯箫两个字是后来自己改的。他上面一个姐姐，出嫁到汶河之南的南梨沟村亓家，两个弟弟，二弟吴熙功读过小学六年,三弟就是职业学校毕业的吴熙振,都以务农为主业。

吴伯箫七岁在邻村跟父亲读书只有半年,过了年就转到本村新办的启蒙学校读书。再过一年,九岁参加高小考试,却只取得一个“备取”资格。直到十岁那年再考,才以第三名的成绩被莱芜县立高等小学录取。吴伯箫晚年在《且说考试》一文里回忆:

> 十岁再考,题目是“冬雪说”,就比较好些。虽然也抄了教科书里课文的若干句子,象什么“冬日寒,多北风;寒天大雪,推窗一望,屋瓦皆白”。更多的记叙描绘,是根据自己的实际体验写的。

那已经是民国五年,即1916年,吴伯箫从那年秋天开始了高小三年的寄宿读书生活。吴伯箫是莱芜高等小学第八级第八班学生,班里连他在内共三十个学生。

吴伯箫后来对自己的小学生活描述不多,大概跟彼时小学教育平日总是板着一副刻板面孔有关吧。不过,在一篇叫作《小伙计》的散文里,他也描写过学校放假时的轻松一刻。譬如学生家长到学校接孩子们回家的情景:“站在对了操场的月台上看去,沿南墙的一行柳树上栓满了驴,马,骡各种牲口:一人推的小车,两人使的‘大把’,也都一排排地摆在那里。平日蹴足操演的‘闲人免进’之地,现在几乎变作牛马市,停车场了。”还有此时的“先生们”:“平日很严酷,板着法官似的面孔轻易不笑的先生们,说也怪,现在也都和颜悦色地向学生底家长们点点头,招呼招呼了;见了学生时,也非常蔼然可亲地问着几时走,收拾好了东西没有这类的话了。”

吴伯箫对幼时家乡生活印象最深的，还是关于乡村田园诗意和类似鲁迅笔下六一公公、闰土、阿 Q 那样的人物。这些内容，等后面谈到吴伯箫的早期散文时再做补充。

三年高小读完，已经是 1919 年之初。就在吴伯箫备考曲阜山东省立第二师范的上半年，北京发生了五四运动，不过这对十三岁的小学生几乎没有任何影响。直到下半年考入二师，吴伯箫才略略感受到北京风潮在圣人之乡掀起的波澜。吴伯箫晚年的《无花果——我和散文》回忆："在阙里读师范的时候，'五四'新潮刚刚在沂水一带激起浪头微波。学校里罢课、查日货，也讲民主，讲科学。读经是停止了，但教科书还是用文言编写的，国文课一律读古文，校长范明枢是日本留学回来的，国文教员张雪门是前清举人。课外大家也看汪原放标点的《水浒》，读高语罕写的《白话书信》，但阅览室里摆的报纸，课堂上作文，个人写信还都用文言。"①

曲阜二师，全称是山东省立第二师范学校，创建于 1905 年。学校初名"曲阜县官立四氏初级完全师范学堂"，1912 年随国体变更为"山东省立曲阜师范学校"，校长是孔祥桐(1874—1922)。1914 年该校改称"山东省立第二师范学校"，吴伯箫说的"罢课"，指的是当时二师学生受五四风潮影响而提出的要求，校长孔祥桐不允，结果遭到学生反对。结果是：最后学校开除学生数名，孔祥桐被迫辞职，北洋政府在舆论迫压下任命范炳辰(字明枢)为校长。

这些事发生在吴伯箫刚入学不久，当然会对少年吴伯箫产生影响。所以吴伯箫也的确参与了罢课、查日货、下

① 吴伯箫：《无花果——我和散文》，《吴伯箫文集》下册，第 486 页。

乡宣传这类的社会活动,后来还当过学生会干事。不过这些并未对他的正常学业造成不利影响,尽管他在班里年龄最小,学习似乎也不算特别努力,“但年年考试发榜,却总是班里的第一名,有一年全校只自己一个是甲等……但图画在自己是难关。因为那需要创作,没有成规可寻。下最大的功夫,只能及格。成绩在礼堂前张贴,五年只一次。不过,各科总平均,从音乐成绩里拿出二十分,就可以补图画的不足。于是发榜名次,就年年站在前边了”。①

20 世纪八十年代,与我家熟识的吴伯箫曲阜二师同学、山东省教育厅离休干部亓老先生向我证实了这一点。当时老先生患癌症住莱芜县医院,我去看望他时提及吴伯箫,他告诉我:当时他和吴伯箫都是班里年龄最小的,从莱芜去曲阜上学或放假回莱芜,往往结伴而行。

孔祥桐辞职,范明枢校长 1920 年到任。

范明枢(1866—1947),名昌麟,又名炳辰,字明枢。泰安城元宝街徐家花园人。早年任塾师,考入泰山上书院,1906 年留学日本,就读师范专科。回国后任泰安劝学所所长,并先后创办泰安女子小学、教育图书社及济南省立模范小学,又任职于省教育厅、菏泽山东省立第六中学教师、济南山东省立第一师范学监等。

吴伯箫对范明枢有着深刻的印象,在延安时曾撰文回忆:

记得二十年前还是“五四”时代在曲阜师范学校

① 吴伯箫:《且说考试》,《吴伯箫文集》下册,第 663 页。

当校长的时候，他的头发就已经斑白了，也蓄了短短的髭须。在作为一个学生的我的记忆里，他走路是微微耸着左肩，脚起脚落，身子也跟着轻轻摆动的。干净而稍稍陈旧的缎马褂，袖子很长很长。走路极缓慢，低着的头总仿佛时时在沉思。

那时候，学校的校长不带课，星期一虽有“朝会”（还不叫“纪念周”），他也很少给我们讲话。只有当什么“名人”（曲阜是圣贤桑梓之地，年年总有人去游览古迹）到学校参观的时候，他才出来介绍给大家讲演。每次讲的人讲完了，他上台作结论，记得无论讲演的人是康有为、梁启超……他的结论总是那样几句：

“……你们要好好地记住，不要只当一句话听……”

他每天晚上查自习，总到得很晚很晚，在大家正以为“快下自习了，校长怕不来了吧？”刚要出去小便的时候，却往往在门口碰见的就是他。他很少说你，而喜欢跟到你的位子上看看你；这一看，会教人感到说不出的惭愧。他查自习，惯例走了又象忘记了什么再突然回来。所以同学们要等他二次打了回头才敢说话吵闹。若是他一出门就真的走了，那么自习室就会一直紧张到摇睡铃。

在学校他老像很悠闲，有点老子无为而治的风度。经常忙的是领导同学们种菜，莳花，栽树。他亲自掘土，亲自浇水。造成了风气，学校里便处处是花畦，菜圃，成行的树木了。学校东北角二亩大的污水池，是他计划着在旁边掘了井，种了藕，养起鱼来的。水边的芦苇，四周的垂柳，再加上砖石筑就的两列矮墙,造成了清幽的园圃风光,同学们每天傍晚在那里游散谈心,常常忽略了铃声的催促,忘记了学习的疲惫,直到池边磨电机的马达响了,树丛里的灯光和天上的明月展开着优美的夜景。

先生态度是和蔼的,学生群里也从没见他发过脾气,摆过架子。

“杨先生教的不好是啵?我已经把他辞退了。我说:‘听说先生另有高就,那么下学期就请便吧。这地方实在太偏僻!’他还挽着袖子要同我打架呢。你看这样辞退他合适么?”

学期终了,他会随便抓住一个同学就这样谈起来。

可是他也有他的固执。——固执处令人想到方孝孺,只要主意拿定了,就一定要坚持到底。

他主张学孟子“养吾浩然之气”,主张做“富贵不能淫,贫贱不能移,威武不能屈”的大丈夫。事事胸有成竹,却很少形于颜色,透露锋芒。不沽名,不钓誉,心安就好,人言无足轻重……他是这样的一个人。①

吴伯箫在曲阜二师读书前后共五年,第一年为预科,第二年转入本科,又四年。

1962年,吴伯箫参加人教社江浙调查组乘火车南下,先后经过自己早年求学或工作过的地方,写下一组旧体诗《旅途》,其中第三首写道:

想阙里,

① 吴伯箫:《范明枢先生》,《吴伯箫文集》下册,第118—119页。

气象更郁郁。
曾记"五四"新潮里，
罢课反帝争民主，
浴沂风舞雩。

又在注释里追述："'五四'时期曾在阙里孔子故里上师范学校。《论语》记孔子和他的弟子'……浴乎沂，风乎舞雩，咏而归。'我们那时，到沂水洗澡，到舞雩坛乘凉，也是常事。"①

蹈厉奋发

本来，吴伯箫自山东省立第二师范毕业，以成绩优异学校要留他在附小任教，而吴伯箫却毫不犹豫地推辞了。他要走继续升学的路，如果留校任教则只能在两年后才能考大学，他等不了。而且即便考大学，他对北京的高等师范也很是不屑，认为其太守旧，心里隐隐向往的是南京新兴的东南大学。在多数同学结伴北上的情况下，吴伯箫孤身南下，乘津浦路火车直奔下关，到南京朱雀桥边，借住在高小同学宿舍里。可又对考大学的具体途径不清楚，似乎也不甚关心，反而用考前宝贵的时间登鸡鸣寺，逛夫子庙、秦淮河，游玄武湖、莫愁湖。把莫愁湖的对联都背熟了：名唤莫愁湖唤莫愁天下事愁原不少，王亦有相侯亦有相世间人相此无多。还跑到东南大学的风雨操场听了章太炎先生的一场讲演，踌躇满志，自以为已然登堂入室，梦想考试发榜，必将是先生的及门高足。

---

① 吴伯箫：《旅途》，《诗刊》1962 年第 4 期。

其实南下之前,已在国立山西大学读书的叔父就来信提醒他:这种骄傲情绪恐于升学不利,对他的选择持保留意见。而处在年轻气盛中的吴伯箫根本听不进去,尽管心里也有点不踏实(为此还又加考了河海工程大学),可还是在考过之后执意要等结果出来。

结果是:榜发了,两校都榜上无名。

雪上加霜的是,住在旅馆里把回程买票的钱也丢了,只能借钱回家!

回程路上的灰暗心情可想而知。

此次出师不利,对心高气傲的吴伯箫打击很大,以至于在家里觉得没脸见人。最后在父亲的朋友、已在曲阜孔府任教的王毓华先生介绍下,回到曲阜,在孔府三府做了家庭教师,主要教国文、英文和算术,兼教孔德成英文,同时还为当地邮政局长的儿子补习功课。

其实这段家教生活只有一年,而且在吴伯箫,主要精力还是用在了备考上。用他自己的话说就是:"那一年,蹈厉奋发,很有点象'卧薪尝胆'的样子。一天工作十小时,还自修《论语》《孟子》,达到通本成诵。代数公式,几何、物理定理,每天睡前逐条默诵一遍。温习了师范、中学的两种物理学教科书,还读了米尔根、盖尔合著的英文原著。间周写一篇作文,送师范老师批改。只有历史、地理没有再下功夫。"①

这一年,还有一件不得不说的事,那就是吴伯箫生命中不堪回首的痛苦之一:包办婚姻。

吴伯箫父亲少时在本县大冶村读私塾,四个同学之中

① 吴伯箫:《且说考试》,《吴伯箫文集》下册,第663—665页。

有个叫刘莲亭的，为人忠厚老实，成人后育有一女四子，女孩名淑德，两位好友遂商定双方做亲家，让淑德嫁给吴家长子熙成。对这门亲事，吴伯箫极力反对，但包办婚姻历来都是媒妁之言、父母之命，哪里有子女说话的份儿！最终，婚礼还是在双方家长的操持下，于农历甲子年十二月十六日（1925 年 1 月 10 日）举办了，刘淑德与吴伯箫同龄，当时两人都不足十九岁。

吴伯箫三弟熙振老人跟我讲，他大哥对家里包办的婚姻坚决反对，坚决不与刘淑德有任何身体接触，新婚之夜和衣蒙头而眠，白天则躲在县城姓何的高小同学家里，还在县城高小等处张贴反对包办婚姻，提倡自由恋爱的标语、传单……三天之后，吴伯箫义无反顾地回到曲阜，沉入到埋头苦读的备考之中，包办婚姻的苦楚使他甚至产生了脱离家庭的想法。

实际上，父亲将婚礼安排在这个时候，也还有另一重考虑，就是想借婚姻的形式阻止吴伯箫继续升学。本来，吴家家境尚可，田产二三十亩，住宅有两处，还雇有长工二人，养着两头牛和一匹马，供一个儿子读大学也不是多么困难。问题是，吴伯箫的叔父已经先行一步考入大学了，家里同时供两个大学生就无论如何不那么容易了。所以，对吴伯箫继续升学的想法，父亲是不赞成的。然而吴伯箫心意已定，在与父亲谈不拢的情况下，似乎就只好孤注一掷地自己蹈厉奋发了。好在功夫不负有心人，破釜沉舟半年之后，吴伯箫接到了被北京师范大学录取的消息。

象牙塔内外(一)

南下考学出师不利，对北京的高等师范又不满意，吴伯箫本打算考北京大学,但从考试时间上是北师大在先,没想到竟然考上了! 这又让他始料未及。吴伯箫老年回忆这段历程,不禁感慨:人生,如意算盘是没有的……

北京师范大学,其前身为1902年创办的京师大学堂师范馆,后改称北京高等师范(北高师);1923年7月,正式改为国立北京师范大学,学校宗旨是:“造就师范与中等学校教师及教育行政人员,并研究专门学术。”首任校长是著名教育家范源廉(1875—1927),但因为无力解决学校经费积欠问题,第二年9月就辞职了。吴伯箫1925年入校后,本校数理系主任张贻惠差不多同时出任校长,当时鲁迅还在师大和女师大任教,黎锦熙则为新生讲授大一国文,吴伯箫既听过黎锦熙的课,也听过鲁迅在校内的演讲,还跟校长张贻惠打过“交道”。

或许是新入校,对课程及任课教师容易产生较深的印象吧,吴伯箫老年时代对黎先生国文课的细节还记得很清楚:“五十年前在北京师范大学,黎锦熙先生教我们大一国文,记得讲一篇《雨》(我的印象中那是冰心的散文,但问她,她否认),黎先生用湖南话读:‘刚上去电车,那铃声就叮当叮当地响起来了。’读得很认真,仿佛解释的很详细,当时想:为什么语体文还要这样讲呢?”①

留下深刻印象的还包括这样一些事:

一是报到后,刚看完师范大学的新生榜,立刻就跑到天安门参加声援“五卅”惨案的游行示威。跟着浩浩荡荡群情激昂的队伍,高喊“打倒列强”“锄军阀”的口号。满怀是一种冲破黑暗、探求光明如饥似渴的心情。

---

① 吴伯箫:《谈语文教学》,《吴伯箫文集》下册,第617页。

二是报到时，出于科学救国的目的，先选了理预科。但很快他就发现，理科并非他的长项，当初报考北师大时的成绩也证明了这点，没怎么准备的历史成绩最好，下了苦功的物理学却仅仅及格。一年以后，吴伯箫只好改选了文预科，这就是他在北师大前后呆了六年的原因。

三是一入校就积极报名参加学生社团。1926 年他选了一个山西学生比较多的群新学会，其组织水夫、粪夫，深入贫苦市民的做法很让吴伯箫欣赏，参与学会《新生》杂志的编刊工作，出了一期，还担任过学会南区的干事。为此被列入警察的黑名单，从而有了与校长张贻惠“打交道”的事。什么“交道”？原来在 1928 年上半年，警察总监害怕北京各大学的学生运动，要求各大学列入黑名单上的学生写保证书。黑名单上的多数学生都离开北京了，只剩了吴伯箫和另外一个同学，张校长找到吴伯箫，要他写保证书，保证“安心求学、不做轨外行动”，否则要么也像其他人那样外出躲躲，要么由学校开除让警察逮捕。面临这样的压力，吴伯箫除了写“保证书”，还能怎么办呢？然而这却成了很多年后吴伯箫屡遭质疑的“政治污点”。

除此之外，他还参加了“C. Y.”的生活。“C. Y.”即中国共产主义青年团早期的英文缩写，一般写作“中国 CY”。吴伯箫既然热心于这些活动，其所谓“秘密传阅《共产主义ABC》《夜未央》等油印书刊，也学着刻钢板，印传单，坚持写日记”也就顺理成章了。①

还有，第一学期期末，吴伯箫还参与了高年级同学武新宇、张希贤、李名正等人组织的平民学校工作。他后来

① 吴伯箫：《无花果——我和散文》，《吴伯箫文集》下册，第 489 页。

回忆："老的北京师范大学，除附属中学和小学而外，还附设过平民学校。那是师大同学自由结合创办的。同学自己想办法学着办学校，教育学生……我大概是因为学过五年师范又当过家庭教师，被朋友看中，1925 到(19)27 年当过两年的班主任的……平民学校校部就设在和平门外老师大进大门往北的地方，过去春夏秋三季是操场，冬季是溜冰场。北头西侧是两间办公室，办公室对面是两个三间的低年级教室。很少其它设备，条件是很简陋的。学生下午上课，更多的教室分别借用大学的和马路对面附小的。"①

以上种种，给人留下深刻印象的就是：升入大学的吴伯箫社会政治热情极高，稍后他甚至还参加了另一个更大的政治组织——国民党，这又为他生命中另一个大痛苦埋下了伏笔。

中国国民党是孙中山创立的革命政党，早期领导国民革命，建立亚洲第一个民主共和国，由兴中会、同盟会、国民党、中华革命党而中国国民党，一脉相承。中共三大也正确地估计了孙中山和国民党的革命立场，决定共产党员以个人身份加入国民党，实现国共合作。这种合作在随后召开的国民党一大上实现了。直到 1927 年国民党右派宣布与共产党决裂，发动反革命政变，公开叛变革命，才使第一次国共合作破裂。

吴伯箫是在校内通过两位同学介绍登记为国民党员的。为了掩护其共青团员的身份，还曾在学校附近一个国民党区党部当过一段时间的"秘书"，时在 1928 年夏天。

---

① 吴伯箫：《办平民学校》，《吴伯箫文集》下册，第 638—639 页。

但不到四年，上海“一·二八”事变发生后，吴伯箫就把国民党党证交还了，也没有再领新证，用他自己的话说，这意味着一种“未声明”的实际脱离，此后就没再参加过组织生活。

象牙塔内外(二)

吴伯箫六年大学生活，应该也算得上丰富多彩甚至波澜起伏。除了前述种种社会政治内容，围绕日常学习生活和文学写作的活动或许更多，这从他留下来的《街头夜》几个系列散文作品中可以看得出来。此处暂不展开，只从得自档案的其六年学习成绩记录看看吴伯箫的学业情况。

正常情况是五年，吴伯箫比别人多了一年，乃是因为预科一年变成了两年。原因不过是入校报到时先选了理预科，第二年又转到文预科，大概上了一年理科觉得并不合适吧。预科第一学年两个学期，除了国文、英文、卫生及体育概论、体育、哲学、读书法、音乐这些偏文科的公共基础课，尚有立体几何、三角法、生物学这些理科课程。就成绩而言，三门理科课程的分数多在八十分上下，并不比文科课程低，哲学、体育只有六十多分。预科第二学年，没有数学、生物课了，增加的文科课程不少，仅国文类课程就有三门，分别是国文讲读、国文写作和国文法；英文类课程也是三门，即英文、英文修辞学和作文与翻译，吴伯箫的成绩也是八十分上下，有一个学期的作文与翻译八十六分；另外就是西洋近世史、社会学、心理学、中国地理、地文大意以及唱歌、体操、游戏，其中社会学和唱歌两门课成绩最好，两个学期都是九十分以上，西洋近世史则第一学期九十分，第二学期八十分。

本科四年,主修英文,副系教育,从吴伯箫的成绩单上看,前三年课程较密集,平均每学期约在十五门左右;最后一年课少,有成绩的只有一门戏剧史和最后一学期的党义。前三年中外国文学和外语方面的课程最多,其次是教育类课程,以他个人认为最用功的第三年为例,其课程与成绩罗列于下:

学校行政:第一学期73分,第二学期73分

中国诗歌史:第一学期90分,第二学期90分

意氏莎伯西洋文学:第一学期80分,第二学期80分

中古时代文学:第一学期80分,第二学期80分

十八世纪西洋文学:第一学期90分,第二学期90分

圣经文学:第一学期80分,第二学期80分

十九世纪文学史:第一学期80分,第二学期80分

散文:第一学期70分,第二学期70分

英文作文:第一学期85分,第二学期85分

翻译:第一学期82分,第二学期82分

戏剧:第一学期90分,第二学期90分

演讲术:第一学期92分,第二学期92分

中级法文:第一学期98分,第二学期98分

另有现代文学、培根文选两门课无成绩,也许是未选。

罗列这些课程及考试成绩,借此可略知彼时北师大公共基础课和英文系本科专业课程的一般情况,以及吴伯箫所受专业教育的大致情况。考试分数也只是作为一项参考,并不能以此推断它们对吴伯箫日后个人发展有什么决定影响。大概,当看到吴伯箫在延安环境下从事不少文学翻译活动时,会追本溯源其大学教育背景,知道他的翻译并非无源之水吧。

至于写作，根据吴伯箫自述并对照《街头夜》诸篇什的写作、发表情况，可知他的写作乃是从日记开始，且大学第一学期尚未正式发表作品。直到第二学期，发生了“三一八”惨案之后，他的第一篇从日记中节录的作品才公开刊布于《京报》的副刊，作品内容正与“三一八”惨案有关。照他自己的话说，是受到同学的鼓励才向报纸投稿的，时间是1926年4月。五天之后，《京报副刊》上又发表了他的第二篇作品，是一首题为《希望》的新诗。

但比较密集地发表作品，是从1927年开始的，这一年有八九篇散文发表在《世界日报》的副刊上，个别篇则见载于《现代评论》杂志。然后跳到1929年，见诸于报刊的作品又大量出现，先是《新中华报》，接着是《华北日报》，以系列散文为主，“塾中杂记”系列写孔府生活，从1927年开始写，多数写于1929年；第二个系列是“残篇”，约十篇，多记北京街头事，1929年还有几篇回忆幼时家乡生活的如《醉汉》《小伙计》。1930年主要写了“街头夜”系列，延续到1931年，然后在1931年上半年还有个“鸥”系列，仅有两篇，那大概是有了青岛生活的内容才产生的，可以见出吴伯箫离别北京前的心绪。

1928年完全没有发表作品的记录，不知是否与发生在这一年的写“保证书”和登记为国民党党员的事有关。

1930年上半年，还发生过一个“《烟囱》事件”。起因是吴伯箫与英文系同学曹未风、成启宇办了一个油印小报《烟囱》，每周一期，一部分秘密张贴在校内固定的场所，另一部分寄出，因为内容多与“学校内外弊政”相关，文体又多为杂文，出到十来期时，曹未风一篇文章触及体育系某些人，惹恼了他们，要求见面“谈判”。当时曹有事，吴、成二人"赴约",没想到体育系一下子来了三四十人,一见面就开打,结果成启宇受伤,由吴伯箫和曹未风送到医院。

此事发生后,吴伯箫几个人引发舆论注意,报纸报道为"《烟囱》事件"。不久,吴伯箫被选为北师大的山东同乡会会长,下半年埋头读书。他后来说,这半年是他大学时期最用功的半年。

副篇:《街头夜》

大学时期开始了写作

说到吴伯箫散文,读者最熟悉的可能还是《北极星》中被选入中学课本的几篇:《记一辆纺车》《菜园小记》《歌声》《猎户》,对他三十年代有些京派风貌的《羽书》就有些隔膜了。这种由于时代变迁和阅读风尚导致的对文学家的"误读"现象,令人每一想到,便既觉诡异,又颇无奈。

拿吴伯箫来说,不识其《羽书》已是一重的遮蔽,不知其被"九一八"炮火湮灭的第一部散文集《街头夜》,岂不也是另一重遮蔽吗?

《街头夜》,是吴伯箫在北京师范大学六年读书期间所写散文的结集。从1926年的第一篇《清晨——夜晚》,到1931年毕业,六年大约写了四五十篇,足够一部文集的规模了。看内容,看技术,皆有不少可圈可点处。首篇《清晨——夜晚》作为日记,背景却与当年的"三一八"惨案有关,像是惨案烙在一个大学生心里的阴影,对死亡和无常的恐惧,也是从学生视角折射出的历史痕迹。还有《夜的朦胧里》这样的抒情散文诗短章。1929 年写的《小伙计》，让人联想到鲁迅的《故乡》与《社戏》，写的是小时候在老家见过的一个类似少年闰土的乡下孩子，全文氤氲着一份纯洁的情感。20 世纪八十年代中期我到北京拜访《吴伯箫文集》的编者之一鲍霁先生，他拿出来让我看的就是这篇散文的誊抄稿，连连说：你看吴伯箫早年的散文写得多好！这些散文不印出来多可惜！

那时鲍霁先生与吴光玮已将两卷本的文集大致编好，交给了山东一家出版社。然而好事多磨，直到 20 世纪九十年代，文集才最终由吴伯箫长期工作过的人民教育出版社印出来，也只印了一千多套，于今已经比较稀见了。还记得当初鲍霁先生委托我撰写有关吴伯箫家世文章的事，一晃多少年过去了。

除了十几个单篇散文，《街头夜》还有四个“系列”。“塾中杂记”写他十八岁那年在曲阜孔家任“师爷”的生活，为彼时的圣人家族留下些许不乏生动的影像；一个“残篇”系列，是求学时代日常生活的片段素描；第三个系列“街头夜”八篇，多写记忆或现实中发生在夜晚的故事，不尽是写实，更倾向于抒发某种情愫；“鸥”系列只有两篇，仿佛都是要离开古都时那种既惆怅又豪迈的心怀，吴伯箫散文的豪放风格于此初步显露。

细读《街头夜》，能感受吴伯箫的青涩年华。

“处女作”不过是一篇日记

《清晨——夜晚》是吴伯箫第一篇正式发表的作品，原刊于 1926 年 4 月 14 日《京报副刊》，实则为其当年 4 月 8 日日记，记“三一八”惨案后心理阴影，或称惨案后遗症。

吴在 1978 年 3 月 18 日撰写的一份自传中回忆:“练习写作,是从一九二五年秋冬在北京师大开始的。那时坚持写日记,看到自习室同桌杨鸿烈每天为商务印书馆写小册子引起动机,请他看一篇题为《白天与黑夜》的日记,问他:‘这样的东西也能发表么?’他说:‘能。’语气很肯定。便立刻抄一遍,寄给了《京报副刊》。几天后竟然见报了,月底并寄来了稿费(大概是千字一元)。”(吴伯箫《吴伯箫——答〈调查提纲〉》)

随着昼夜变换明暗两种心情的交替,伴随着朝晨的鸟语花香,“世界上有什么悲愁苦闷?有什么杀伤死亡?且看那天真烂漫,跳舞唱歌的小学生;且听那燕雀莺鹦飞翔齐奏的自然音乐——哈哈!我要披发袒胸而歌了!我要为这生气勃勃乐园般的清晨披发袒胸而歌了!”及至夜来,则又是一番无法自制的紧张感:“人生到处是荆棘猛兽,到处有汹涌的波涛,唉!活着有什么趣味,死去或者安乐点吧!?——我要拔剑自刎了!我要为这毫无生趣到处可怕的恶夜自刎了!”

明显的稚嫩甚至娇气。学生腔。心理散文。

同为节录于日记的还有《病》,文末标明“节录一天的日记。一师院”,刊载于 1929 年 2 月 3 日《新中华报·副刊》。写个人风寒感冒后情绪的起落变化,学校日常生活之侧面,既云日记,可见作者对个人心理、情绪之敏感,而文字之华丽、富于辞藻,又见出作者对修辞讲究,篇末记梦中“兰花”一段流露作文结构“转折”之意。

《涂鸦》,文末未标明写作日期与发表处。此篇似为学校题材的小说,一个名“曦”的大学生与同住朋友因相处不恰引发激烈的情绪反应,始则痛不欲生,翌日复转“逸然爽然”，前后判若两人。青春期心理情绪之敏感易动，主人公有类郭沫若、郁达夫小说人物。

《影》，文末标明写于“1929 年 3 月，熊熊的灯火之滨”，连载于 1929 年 3 月 9 日、10 日《新中华报·副刊》。“影”者，心中倩影也，学生时代单恋心曲之描摹，文字绮丽，中外古今诗文名句的穿插征引过多，略嫌堆砌浮漂。这或者也构成吴伯箫早期散文的不足：浮想多，深想少。

大学生活图景一：平民学校

《寄给一个小死者》，1927 年 1 月 14 日写于师大，原刊于 2 月 26 日《世界日报》副刊。读懂这篇纪实散文，须参考吴伯箫老年时期一篇教育回忆录《办平民学校》。此文透露吴伯箫于北京师大读书时的头两年，曾被朋友推荐参与当时平民学校的志愿者工作，“当过两年的班主任”。

这当然是吴伯箫丰富多彩六年大学生活的一个侧面。照吴伯箫说法，“平民学校”以“附设”的形式，成为老的北京师范大学附属中小学之外的另一部分。不过它不是师大的官办机构，却是师大的学生自由结合创办的，靠学生自己想办法学着办学，教那些从北京琉璃厂一带招来的贫寒家庭的儿童。校部地址在当时和平门外老师大进大门往北的地方，极少的固定教室之外，多借用师大和附小的教室用，设备少，条件简陋，全靠师大、附小和平校之间大家的默契。

吴伯箫回忆这段担任“义务职务”期间与这些平民孩子所看到的“学府风景”：“看到鲁迅给大学本科讲《中国小说史略》，梁启超坐汽车来上课，讲《中国文化史》；看到‘三一八’惨案后在风雨操场追悼杨德群烈士；看到铁栅栏门外老师们跟警察扔石块对打,黎明跟黑暗搏斗。又跟受正规教育的附小学生无形中比团结、比活跃、比学习的自觉。耳濡目染,文化熏陶,使他们一月一月一年一年地发育成长。"

除了从这里走向人生之路的成功者,吴伯箫提到最令他伤心的一个顾姓女生的经历,因受家庭贫困之累,高校刚毕业就被送进了妓院。"几乎是全校教师联合抢救,及时把她从火坑里拉了出来。"

《寄给一个小死者》中因病而殁的八九岁女孩"君秋",或许应当算是这段平民学校生活中另一个伤心故事的主人公。从记述看,君秋显然也是平民的女儿,而因为"天资聪明、举止活泼、功课好、读书用心"为老师们喜爱。散文以书信体写给死去的平民小学生"君秋",记述了作者和几个青年老师到"君秋"家里慰问一事,对这位聪明、活泼、用功的小学生"短命早逝"的惋惜与悲悼,这大概是吴伯箫最早经历的死亡事件之一,也或许是最早的一篇悼文。

与《寄给一个小死者》内容相近的还有《痴恋》《舅母家去》,同为小学生题材的散文。

《痴恋》,1927 年 6 月 10 日写于师大,原刊于 1927 年 6 月 17 日《世界日报·文学副刊》,收入《文集》上卷。此文背景与《寄给一个小死者》或同为平民学校事,但写法更似小说,记叙两个十四五岁女孩星华和碧琴朦胧而热烈的同性之爱,题材稀见,更可贵的是借文中"徐先生"之口对这同性之爱表达了热情的赞颂:"啊!这是性之神的错误,爱之神的安慰呀!"言辞之间,颇有冰心早期作品的风味,有些语气也很像:"啊!神圣的爱罢!雪纯冰洁的爱呀!密斯忒王!这是不是可咏歌可欣颂的事!""想天上嫦娥,人间爱神，亦必拍掌赞叹了！”自然，语气的深处，更是美与爱的相通，由此窥知吴伯箫早期与新文学“爱与美”风尚的关联。

《舅母家去》，原刊于 1927 年 9 月 2 日、16 日《世界日报》副刊《挣扎》。此篇仍写“穷”，写小学女生霓珠姊妹因家里穷困被父母临时送到舅母家去度饥荒之事，背景或与平民学校有关。吴伯箫在老年《办平民学校》里提到最伤心的是一位聪明好学的班长女生因家贫被父母送到妓院，此篇中霓珠也是班长，说不定依据的人物原型就是那位顾姓女生。

回忆曲阜的“师爷”生活

“塾中杂记”一组七篇，1927 年中秋写两篇，原刊 1927 年 9 月 19 日、27 日《世界日报·副刊》，第三篇《爱的余润》写作、发表时间不详，《文集》只标注原刊《新中华报·副刊》第 94 号。1929 年上半年写后四篇，分别刊载于当年 1 月 7 日、1 月 13 日、2 月 17—18 日《新中华报·副刊》和 5 月 27、29 日《华北日报·副刊》。

通篇忆写 18 岁在曲阜孔家教家馆之生活。首篇《艳谈》记书房里听几个女孩议论哥哥、嫂子的“好”等种种关于男女的话题，故为“艳谈”，纯洁而略显神秘，亦富情趣，少年性心理之描写，尤其在孔府、书房背景下，别有滋味。

第二篇《初试》忆写被几个女孩约去“后花园”打网球的故事，可爱的五月的温和的天气，烂漫的青春的热情的气息，“……轻柔的柳丝，着一串串嫩黄的小叶，随风飘摇，显得旖旎洒脱；久滞欲止的血管，要为之起活泼泼自由之流液了”。“呵！这风光要不惹人才怪呢！”

第三篇《爱的余润》承首篇《艳谈》,忆写同为少年所“偷窥”到的女孩口里“哥哥嫂子”的“好”,虽云“肉麻当有趣”,毕竟是青春热血的和鸣,纵然夹杂着同龄人一丝“不自禁的嫉忌”,亦美丽无比,因为是人、是性、是自然母的律令。

第四篇《雨中的黄昏》忆写端阳节后曲阜多雨时候塾中的遐想与夜谈。遐想,涉及作者儿童时期独居“家里西院”的恐惧和少年时期南下金陵投考的经历。夜谈,则是雨夜和孔家男女小学生相处、讲安徒生童话的温馨记忆。

第五篇《那一天》。哪一天?是A府大小姐“下订”的那天,收到“知单”,赶去听戏看热闹。关于孔家十二府,有相关介绍:“六十七代衍圣公孔毓圻以下支系渐多,纷纷在衍圣公府以外各自立府建宅。……大府,在孔庙观德门外,是六十八代衍圣公孔传铎次子孔继溥的府第。二府,在五马祠街西首路北,系孔传铎二弟孔传轱的府第。三府,在龙虎街东首路北,系孔传铎六子孔继澍的府第。四府,在五马祠街中段路北,是孔传铎叔父孔毓埏之子孔传钜的府第。五府,在东门大街中段路北,是孔传铎五弟孔传钲的府第。七府,在城东南张曲村,是孔传铎七弟孔传镛的府弟。八府,在考棚街东首路北,是孔传铎三子孔继洞的府第。十府,在东门大街西首路北,是孔传铎四子孔继汾的府第。十二府,在东门大街西首路北,是孔传铎五子孔继涑的府第。”(残石散人的博客 http://blog.sina.com.cn/lihefeng1973)

待考:A府,文中另一处称作“大府”,照说不该是孔府,然“大小姐”的“下订”,“小爷”与在A府“教馆”的“世伯”,说的仿佛又是孔府。

第六篇《点心的馈送》。由每日府里送来点心品尝依次写几位在府里当差的女仆：李妈，王妈，魏妈等六七人，大家族生活的一个侧影。

第七篇《太客气了》。从小时候羞于与女性交谈之窘迫，写家馆任教接待女宾参加学校庆典活动事，最后仍回到"害羞，忸怩，不自然，永远的跟着我，或将终此一生。"但又似乎有些自得："两天的匆忙哟！蜜般的客气呀！"少有的写到其曲阜二师母校的篇章。

书信体散文

《念——代邮》，文末注"1929 年 6 月中旬的一个静夜"，文集编辑者注"连载于 1929 年 6 月 27 日—29 日《东北日报副刊》"，《东北日报》或为《华北日报》之误。

从本事层面看此文，写的似乎是作者在小学兼职任教的经历，其中提及光华学校、暑假前的游艺会、寒假、毕业诸事端，主线则是与一个叫"珍"的女生数年间的交往。一个是大学生的小学老师，一个是从十二三岁到十六七岁的少女，论身份当然是师生，可从性别、年龄、心理、情感诸方面似乎却复杂得多，至少这里面包含着类似兄妹之情和初恋的那种成分，否则绝不会交往既如此投入、认真，文笔复如此缠绵悱恻。不过要径直判断为爱情却也不妥，因为仿佛还不完全到那份儿，好在文章后半部分有段文字像是专门解释这种情感，或可有助于读者理解："你不信，那不能再有意味了：在清早的时候，熙熙攘攘来往的人，有的卖兰花，有的卖油条，有的推了小车卖青菜，也有的挑了担子卖盆栽，他们都各有各的职业，忙忙碌碌的；我呢？也有我的怀抱，热热腾腾的。不过他们的有形，我的无踪，他们为的是金,我找的是爱罢了。爱,多高远的一个字!谈何容易!这里的爱是怎样一种的爱呢?父子?师生?情人?普通?都不是。"作了斩钉截铁的否定,却又没有直截了当的界定,最后留下的还只是这么一句令人费解的话:"是怎样的情爱,那不得而知,且去问问那徐徐的过风吧!阿门。"

用的是书信体,是在女孩毕业之后以写信作"倾吐",作"申说",热烈、绮丽、繁复,初步形成吴伯箫式的情感抒发。在后来的《海上鸥》《记乱离》《引咎篇》这类书信体散文中,这样的热烈、绮丽、繁复不断出现,成为作者的一种文体标志。

《在一块儿》,文末标注写于"1929 年 7 月",发表于同年 7 月 27 日《华北日报·副刊》。一篇优美的儿童散文,夏、冬、春、秋四个场面,写了我与母亲、父亲、姐姐、哥哥"在一块儿"听故事、玩耍、采摘时其乐融融的幸福,传达出浓烈的亲情之爱。如果选入小学语文课本,当很恰切。

大学生活图景之二:街景与畅想

《残篇》系列,共十篇。有的标注发表时间,有的则没有,如最后一篇文末标注"发表于 1929 年 10 月 31 日《华北日报·副刊》",或系 1929 年 7 月至 10 月写成并陆续见载于《华北日报》。

吴伯箫老年提及早期写作时称"塾中杂记""街头夜"各为"一组",分别由数篇散文组成。其实"残篇"也是一个系列,且有十篇之多。集中写,集中发表。

所谓"残篇",不能从字面意义上理解,应为自谦和修饰用法,或指这些篇目写的所见所思之一二片段。因事实上此 10 篇散文篇幅上都不长,内容虽有虚实之分,却也都集中于在某一场景、某一画面或某一段思绪，属于短章。

比如：

之一《“我不让你进来”》是自己独行中一个小姑娘的憨态引发的情趣。

之二《拜访》是街头一幅“画”：一个摊贩和一个大兵见面后亲切的叙谈和真挚的友谊。

之三《咖啡馆之女》是由咖啡馆一个女孩之尊严、纯粹引发出的人生思索。

之四《盲妇同她的孩子》是街头另一景：对一个在急雨中带着两个饥饿的幼子沿街乞讨的盲妇的同情。

之五《夏夜幽栏》是夏夜一段思绪：“且看看天空吧，就这样孤零零地。”“便是银河里的一粒沙，月桂枝上的一片叶，也比这人生，浊世的人生值得，光荣……”思绪，往往是飘忽的，第二天，或许就没了。

之六《足印》是对人类“足印”的一番畅想，由实而虚，忽远忽近，人在某些时刻不能自已的自由联想，称为意识流也可以，只是写法还没刻意“意识流”而已。

之七《寂》是代替一只即将被宰杀的公鸡所做的另一番悬想，实则是个人寂寞心情的抒发，标题，还有最后一句都表白出来了：“闷城，愁旅，静夜，寂寞充满全宇宙，寂寞充满我底心。”

之八《微醉》是借酒浇情愁，或说借酒后一点微醉排遣内心的“悲感”，至于何以悲，可能真是为“她”，也可能另有所谓，总之属于青春期综合征之表现吧。

之九《伴》是关于“生之趣”的三个场景：一只忙碌的黄蜂，一匹从容的蜗牛，一只机警的老鼠，鸟兽可与同群，这生之趣其实是对自己的安慰。

之十《“别采俺的杏花!”》跟第一篇《“我不让你进来”》很像,前后呼应,也是一个小姑娘带着认真的憨态,成人眼中孩子的天性流露,人类春天的一个片段。

是这样的“残篇”。

回忆中的故乡:“阿 Q”和“闰土”

《醉汉》,文末标明“1929 年 2 月 3 日,于一师院”,无发表记载。此篇乃回忆乡人之作,与李广田散文略似。所记乡人亦一阿 Q 也,颇可悯。文字亦平实朴质,且时有莱芜土语、乡俗之穿插,土语如:“他做事老是烂不滥散的”之“烂不滥散”,“你拿去和猴子比比看,它那里少起你?”之“少起你”(意谓猴子各方面不比某些人差),“你们跟狗的有几个?”之“跟狗的”(比得上狗的,意谓某些人不比狗好)。乡俗如“东关集”,旧时莱芜县城核心地带集中在沿汶河北岸一条长街,分别叫东关、西关,东关多商铺,西关是县衙所在。

《小伙计》,文末未标注写作时间,从发表时间(1929 年 9 月 6 日、7 日《华北日报》)看当写于 1929 年夏秋之交,师大第四、第五年之间。

与《醉汉》同属乡土记忆散文,《醉汉》写一个阿 Q 式的老者,《小伙计》写一个类似闰土的乡下少年。有着与少年闰土一样健康结实的身体:“头上还留着长发,梳着像图画上牛郎式的双髻。紧接着是一个充满血色的圆脸。身上穿的是两件补绽很多的裤褂。腰里壮农般的系了一条布带。足赤着,踏了一双最利于爬山的老‘山岗子’鞋。混身不能说不干净,但就外表看,却知道他并不阔绰。腰圆四肢也很胖,趁了日光久晒也红也紫的皮色,真是平常说的小牛犊似的身个了。”

这小伙计，其实是被奶奶收留在家里做点杂活的贫苦农妇的儿子。来自“东山”山区，趁农忙时节出来“拾些割剩的麦子，同时附带了讨饭”，这也是旧时鲁中山区贫困人家一种生活方式，“总之是这样，夏天里天暖好混，出来跑跑，省着家里底过冬就是”。

如此一来，“我与我的小伙计不到半天便成了要好的朋友”。除了一块玩耍的数不清的乐趣，两人还有彼此取长补短的“功课”：“我教他念学”识字，他影响了我对农事家务的热情。“因为我底小伙计底熏陶的缘故，我竟能帮着收割，扫除，喂喂牛羊了。”

可惜快乐的日子总是很短，人生又总是有太多的意外和缺憾，小伙计到夏末终于离开了，第二年再来时虽说还带了一只鹌鹑，可他的母亲已去世，“我”也到外地求学去了……

《小伙计》的前半篇是从学校的“麦假”写起的，也是吴伯箫少有的回忆少年读书生活的篇章，其中写到放假时学生家长到学校接孩子们回家的一段颇富乡村学校情趣：“站在对了操场的月台上看去，沿南墙的一行柳树上栓满了驴，马，骡各种牲口：一人推的小车，两人使的‘大把’，也都一排排地摆在那里。平日蹴足操演的‘闲人免进’之地，现在几乎变作牛马市，停车场了。”是不是让人想到今日学校放假前停满各种汽车的画面？

还有这时候的先生们似乎也与平时不同了：“平日很严酷，板着法官似的面孔轻易不笑的先生们，说也怪，现在也都和颜悦色地向学生底家长们点点头，招呼招呼了；见了学生时，也非常蔼然可亲地问着几时走，收拾好了东西没有这类的话了。”

麦假、五皇六月、板板正正、柿黄色的红茶、拾庄稼、扣螃蟹、念学、禁青与开青，这类鲁中地区的乡土词汇，开始在吴伯箫散文里时有出现。

海途中的遐想与见闻

吴伯箫在北师大读书的时代，津浦铁路早已建成通车，寒暑假往返京鲁最是方便。不过《街头夜》中《海上的七夕》《通舱里的一幕》所写却是海途中的见闻，由文中人物自天津回济南的叙述，似乎可以猜测吴伯箫偶尔也会从天津走海路回山东。

《海上的七夕》所写“两年前”往事，其实是孤旅寂寥中的一次“艳遇”，以及由这艳遇生发出的些许人生感慨，意绪上或与《影》《念——代邮》《微醉》近似，皆可视为吴伯箫青春期心路中的爱情符码，“七夕”，恰与所见所思映衬。

“唉，船上便只是船上了。前进几步是船首，后退几步又是船尾。两旁呢:栏杆，栏杆，跑跑跳跳也须有分寸。多狭窄的世界哟!”这些地方，颇看得出作者的描述、文笔是用心又出彩的，修辞的功夫显露出来了。

> 孤零零的、腻味的、狭窄的旅途上，突然:
>
> “天，忽然地降临了，她，那十六七岁的女郎!”
>
> “他们跨下了舢板，扶上了软梯，踱过了我底面前，进到了船尾的房间。啊! 爱神底羽剑是这样易发，青年底赤心是这样易感么? 怎的第一眼便会那样深深地深深地沉进了爱之迷渊?”
>
> 接下来，接下来就是一场“很多的人去吻一个婴

儿，是为了那奶嬷的缘故”的游戏了……

及至游戏告一段落，作者也似乎由“经验中的第一次”海途生发出的关于人生的“遐想”而慢慢释然了：“偷回首，圆窗透处，已没有了方才的笑靥，只隐隐约约地听得有格格的笑声。”真有点“只在此山中，云深不知处”的飘逸之感。

若说《海上的七夕》是青春的心曲，同时写的《通舱里的一幕》就完全是另一番情景了。那是同一趟海途中眼见的人间真实的悲剧，提醒自己在梦想之外还有另一个混乱、贫瘠、残酷、同情、温暖交织在一起的现实世界。

作者在开头就宣示了一点不太同于以往的心迹：“但是，唉！我那金碧的诗囊，倘若我曾经有过的话，——已被厚厚的尘埃所蔽，绚烂的彩光，也已雾蒙烟笼了；里边既寻不出绮词的语，也很少得莺莺燕燕的情趣。因此，不得已，我还是来告诉您一件并不赏心的快意，而却像秋雨连绵时阴霾着天的那样令人腻烦的事吧。”

简单说，这令人腻烦的事不过是在长江丸通舱里听一个山东莱州府的庄稼人讲述他儿子当兵、打仗、挂彩、死去，而他千里迢迢赶去天津竟没能看到儿子的伤心事。

事情简单，但对于失去儿子的父亲、家庭就是天大的事，如何叙述这样一个凄凉的故事？吴伯箫纪实的文笔在此篇中已是十分老到，叙述，对话，独白，穿插，事情的前因后果交代得既清晰，人物的口头语言还富有个性，这可真不容易。

“我今天真算倒霉到顶了。一个大闺女春天跑了，到现在没有下落。说起来不怕笑话，因为俺两口子跟前就这一个女孩子,婆家总是挑挑拣拣的,一直到去年没给她就亲事;其实说还不是为的她好?今年春天,又有一家来提媒的,她娘嫌那头是个填房,所以就没就。谁想她却想岔了道,带着自己的私房跑了。唉!‘从来女大不当留’,提起来我真有些没法见人呢。”这是这位父亲诉说家里另一件伤心事,旧时乡村风俗和口语语汇的确可以看到吴伯箫文风的另一番面目亦在成熟呈现。

到抗战后,吴伯箫在晋东南前线作战地采访时,这另一面纪实的记述就发挥到极致了。

大学生活图景之三:骆驼书屋

吴伯箫早期散文中有篇《人生——一席话》,记的是某年春夜,北平某校园里,“一所古朴的房子里边,照着灯火昏昏。围了一张长方形的会议桌,七斜八歪地坐了一圈年轻的男女。他们或她们约莫都 20 多岁”。原来这是他们在开着一月一度的“谈天会”,且这次谈的不是“天”,乃是“天来大的事”:人生!

此文写于 1930 年 7 月 8 日的大雨之夜,见载于两个月后 9 月 8 日出版的《骆驼草》杂志第十八期。人所共知,《骆驼草》是周作人、徐祖正继四年前的《骆驼》之后新办的周刊,属于京派文学圈的杂志,吴伯箫会在《骆驼草》发表作品?这和人们对吴伯箫延安文学家身份的印象似乎距离不小。

然而这却是事实,姜德明也为文介绍过:“《骆驼草》……为16 开本,每期 8 页,共出 26 期,至同年 11 月 3 日终刊。主要撰稿人还是《骆驼》的成员周作人和徐祖正。扩大的作者有冯至、俞平伯、徐玉诺、吴伯箫等。”那么,吴伯箫可能算不上其核心成员，而只是“扩大”出来的作者。

尽管未必是核心成员，吴伯箫与徐祖正及其“骆驼书屋”有过亲切的交往，倒也有吴伯箫自己的散文为证。1933 年的《话故都》里就提到：“当我进退维谷，左右皆非，感到空虚的时候，我想到在你这里过骆驼书屋，听主人那忘机的娓娓不倦的谈话……”1936 年写的名篇《我还没见过长城》更有一大段记载听骆驼书屋主人讲述长城的话：“曩昔，在骆驼书屋，听主人告诉：有一次趁平绥车，过南口车站，意欲去青龙桥，偶尔站台小立，顺了一目荒旷的山麓望去，遥瞻依地拔天的万里长城，那雄伟的气象，使你不觉要引吭高呼。……很记得，主人说时，从沙发椅上跳起来，竖起大拇指，蔼然的脸上满罩了青年的光辉，拿破仑的气度。记得从骆驼书屋出来的归途，披了皎洁的三五月，自己迈的是鸵鸟般的大步。”

其实，吴伯箫去延安是很久以后的事，这并不能改变他曾是北京师范大学英文系学生而能与京派文人有所交往的过去。

表过骆驼书屋，回头再说说《人生》。

一月一度的“谈天会”，或许折射了吴伯箫当年大学生活的某一侧面，本篇只是记叙了其中一次的谈天内容，主题围绕“人生”。作者也交代：“往常来的谈天真是谈天呢，冬雪，秋叶，春光，一切的零碎事都值得他们拿来作茶资话料。但今次呈现在他们面前的都不同了，那是天来大的事，是绞过多少千万人的脑汁，经过若干年的探讨，百思不得其解的这一个问题。”

“人生到底为什么？它的意义安在？”果然是言人人殊、各执一词，有说是无目的，有说是无意见，有说是做戏，有说是做旅客,有说是人生如河流奔流到海不复回,有说是人生在于“动”,有说是为“希望”而生,有说人生受环境支配,有说是为快乐而生,有说是得过且过,“幸福,是人就该有份;苦难,妙在彼此分担。”也有说“什么都是人生,人生也什么都不是”。

如此莫衷一是的讨论如何收束?是选择其中一样还是单独提出自己的看法?作者呢?最终举重若轻地把这问题悬空在那儿,而以一句顾左右而言他的话结束了:

“狂言人道臣当烹”,夜深了,我们散了吧。

“狂言人道臣当烹”,胡适诗句,此处借用,自嘲一下而已。伯箫的文笔,越来越有味了。

大学生活图景之四:北平街头

此系列共八篇,先后发表于《华北日报》1930年后两个月和1931年头两个月,前后四个月,平均每月发表两篇,是吴伯箫师大生活最后一段时期的作品了。

吴伯箫老年回忆:“《街头夜》是北京市民生活的写实。那时在西城察院胡同熊观民(当过山东教育厅厅长)家给他两个儿子补习英文、数学。单日晚一次,一次两小时。往往晚饭后从和平门外出发,徒步或坐洋车,趁华灯初上,一路看行人车辆来往,商店在招呼顾客,摊贩在竞相叫卖,嘈杂的喧闹,缭乱的彩色,匆忙的,悠闲的,欢乐或阴郁的人群,在脑海里留下变换繁乱的印象。‘写点什么?’一路走,一路酝酿。”及至辅导结束,东家雇好洋车,打道回府,“午夜作清晨,众人酣睡我独醒,是学李贺探紫囊整理沿途收获的时候。虽然达不到‘倚马可待’,而两三千字的短文

是可以一气呵成的。写更夫，写老豆腐摊，也写警察。顺利的话，起草，誊清，当夜付邮。”（吴伯箫《无花果》）

此处留意两个信息，一是这些题材得自往返做家教的北平夜生活，二是作者的勤快。不过或许20世纪八十年代初说话还不太方便，作者提到投稿时仅限于《京报》《晨报》，没说《华北日报》，可这组《街头夜》的确全部发表于《华北日报》。

第一篇《街头夜》相当于一个序言，是以美文的笔致给自己找出一些写点什么的理由，譬如在白天与夜晚之间何以选择夜，选了夜再接着历数春夏秋冬各不相同的夜色，而后还有空间上的区分：海上的，山头的，农家的，工人的，枕边的，旅途的，最后——

最后就归总到这街头的夜，作者照样要形容一下：“街头夜浑圆中含着零星，完整中蕴着破碎：非全静，有喧阗的游离气息；又说不上是动，大半是死般消沉。它是繁杂的，各色相的，参差不齐的。”故而“我将尝试了，我将于街头归来的夜中，短简残篇地白描它街头的夜与夫夜中的街头”。

以下诸篇，亦有分晓。其一，最后一篇《这座城》明写老北平的夜，暗寓作者要离开这座城的心绪，也就是跟居住了快六年的北平老城的话别。何以见得？顺着文章读下去便知。开头一句算是破题，接下来就已被一种特别的情怀所支配，不见具体人事，只有一味的翻江倒海似的抒怀！到中间，干脆率性把话题转到了“人生”上去，这譬如喝高了酒，话既多起来，复又没了边沿，其实在吴伯箫，不过是由这“人生”再转到自己跟这座老城的交情，引出一番难平的意绪来罢了。果然，最后作者终于说了：“来到这里，住几年，说不定那会又须走去；想到就是很愁闷的事了！……抬手举足就够怅惘的，那禁得起是久相识，那禁得起要有的是牵牵连连地别呢？”去哪儿呢？“要走向红火火太阳底去了。”实则，此文写作时，作者已经联系好了去山东青岛实习的地方，正准备走呢！

其二，中间六篇虽然也都不离题，却须分出眼下北平的街头夜与回忆中的街头夜。眼下的北平的街头夜只是《巡夜的警察》《摊贩与叫卖》《霜》，《俺的更夫》《欲曙天》《茅店的一宵》倒大半是回忆中的种种夜色。这就跟作者老年所说稍有出入，即《街头夜》的题材不尽是做家教时的北平夜生活。

写北平的几篇确乎生气勃勃，《巡夜的警察》简直就是唱给警察的一首赞美诗，“警哥儿”一语更是温馨传神，有诗意，有京味儿，还有幽默，你看最后一行：“喊啊！对了皓月和骄阳，高高地举起短棒说：‘站住！’”《摊贩与叫卖》属于速写，一幅苦中作乐讨生活的风俗画儿。写回忆的可算是作者的自传，《俺的更夫》是家乡儿童时期的往事，《欲曙天》《茅店的一宵》该属于外出求学、探亲奔波路途中的经历，也都亲切有情致。

这组《街头夜》，单从文字的组织、表现而言，已是相当老到，属于师大读书时期作者最好的散文了，美文的风致业已十足显现，如一个青春的身体已然发育得生气勃勃，不得不让人惊诧了。

其实，1927 年 7 月 14 日“虫声唧唧的夜里于师大”写的《昨日》，也是一幅街头贫民图，或可视其为“街头夜”系列之序曲。此文原刊《世界日报·副刊“文学”》。读过郁达夫小说《薄奠》当不难理解此篇之写实、写城市贫民之“穷”，以及对“不平等”人类社会之“诅咒”，或与周作人提倡的“平民文学”、文学研究会“血与泪的文学”相呼应。大学生眼里的老北京（北平）街头修路工人、瓜贩茶担、捡煤渣老婆子的辛酸。

这是“童话”吗？

《归——燕与狗的消息》。此篇文末标注写作时间为1930年中秋，发表于翌年4月8日至10日《华北日报·副刊》，篇幅较长，或为连载。

吴伯箫早期散文有些类似童话体，《火红的羊》《花的歌颂》《小儿小女之歌》和本篇就都是，往往呈现一个相对超验的想象世界，以对真善美给予赞美，对丑恶给予暴露和指斥。《归》的主旨或许是表现20世纪二三十年代中国农村土匪武装滋事致兵荒马乱的社会乱象，其表现方式则取一只家燕、一匹老狗的对话，将一户农家于除夕前数日遭土匪洗劫而死的死、逃的逃的悲惨故事讲述出来。整篇结构匀整，故事生动，叙述有致，语言饱满，举重若轻，很是耐读。当归来的燕子听了老狗豹儿黄讲述的悲惨故事后，燕子也悲愤地诉说起来：“我一步步离故乡，一步步就看见了悲哀，看见了愁苦。不是枪林弹雨，便是战云弥漫，活着的人就在这种氛围里送掉了他的姓名，他们是为什么，老狗！你知道么？我真是不明白。为吃？战地的禾稼都一扫而光了，粮食就没得出，饭将从哪里去找？为快活？遍地都是血污，遍地都是枯骨，遍地都是狼藉的尸体，快乐安在？那敌得绿野弥藉望！那敌得点缀绿野的美艳杂花！彼此从早遂不相识，哪里来的不共戴天之仇呢？那些都是人呀！大家互助以生才对，为什么交相残杀以死？唉，我见多了。战争的惨况是不忍看的。战地的哀音是不忍听的。在那里我们不能停脚,那里去停呢?往往多少千百里没有干净的片石,没有可以落脚的地方。树木,树木悬过人的尸身;山崖,山崖切过人的头颅。一望无际的平原,点染着紫黑的血迹,花草都不生了。啊,惨呀!好残忍的人类!我们同伴个个都是心灵脆弱的,我们不敢睁了眼睛看,大都是合了眼睛飞;一直,一直,这不是飞到这里。不想这里也是一样的沾污了。人们在打着,杀着,吃着。啊,朋友,你知道么?在这大地上什么地方我们走两步路踢不到人头呢?飞一箭地闻不到血的气息呢?简直是没有呀!处处如此。年年如此。到什么时候我们才看得见纯真的春天?到什么时候人见了人才只有互相握手,互相提携,而不致互相嫉恶愤怨相打相杀呢?唉!等着吧,盼着吧,那恐怕要到宇宙毁灭的一天。"

这大概是本篇中最为激烈悲凄的段落了,让人不禁联想到早些时候郭沫若《凤凰涅槃》中诅咒罪恶世界的那些话语,以及同时期另一些诗人的激愤。由此,读者自能想到彼时青年吴伯箫的关心社会、投身某些社会组织追求变革的一腔热血,以及他后来逐渐走出书斋、投入群体的人生选择,此时假燕儿作激愤语,与后来的选择,实则有着内在的呼应吧?

《火红的羊》,1927 年 6 月 22 日"风雨之夜"写于师大,原刊同年 7 月 8 日《世界日报周刊》。以"仲夏夜之梦"形式寄托某种爱美、抗恶之象征意蕴。梦中少女对一只奇异的毛色火红羔羊的爱使之在离家路途遇险,以羊与豺狼搏斗而死抒发抗争的热情:"虽不敢说普天之下的绵羊,弱者,都像我敢张起反抗的旗帜,出而与压迫我们凌辱我们的财狼相斗,但是吾之子吾之孙,总会有一点不屈服的遗传吧?”少女则回以热情的赞美诗,赞之为“伟大!伟大!你不愧羊族中之雄杰烈英!”“祝福你安安稳稳的睡在这里吧!现在你的坟边墓旁,开遍了自由的花,幸福的花了。”此篇又有些郭沫若早期诗剧的浪漫色彩。

《花的歌颂》,1927年5月3日写于师大,原刊1927年7月9日《现代评论》杂志。共七节,童话风格的散文,径称童话也无不可,因以“花儿”口吻奉“自然母的命令”到人间开放、播撒爱,直到萎落。是对爱和春天的信念与歌颂,穿插以多首歌诗,仍有着冰心、郭沫若早期作品的印迹。

《小儿小女之歌》,文末注“一个春之晨稿”,发表于1929年4月8日《新中华报·副刊》,当为1929年春季作品。此篇像是一个儿童歌舞剧的文字稿,纯美,幻想,活泼,温馨。

到了青岛的海边

1931年上半年是吴伯箫师大读书的最后一段,这一段又在实际上大半不在北平,而是从二月份就到青岛兼任中学教师。直到暑假前才辞去教职,返回北平参加毕业考试和学业实习,最终又选择了青岛作为他正式入职之地。

对于朝夕相处近六年的老北平和师大师友,吴伯箫有着深厚浓烈的情谊,离别之际,留恋不舍,亦是常情,况吴伯箫本来就是极重感情的人呢。何以遣别情?聚饮、沉醉、辞行、回味之外,就是以诗文抒怀了。

《鸥》两篇,由作者行迹与所用标题判断,当为青岛兼职期间所写,似乎第一篇《别前夜》为年初去青岛前的别情,第二篇《闷》则为来青岛后因郁闷而对师大师友的怀想和对自己的鼓励。

《别前夜》之“别”，虽不是毕业之“别”，可一去数月，再回来大家也没有多少时日好聚了。故文中有“又是一度短别”以及“明天你先走，回来时也许大家就风流云散了”这样的话。既是离情别绪，当然最宜做的事就是设酒饯行，有言为证：“好好用这别前的一夜吧，来，喝酒去！”“我说，我们今晚应当醉。”果然有酒，果然亦醉，“待大家重新踏上大街时，天旋地转，身子是左摇右晃的；嘻，真的醉了”。彼时的饯行酒，今朝的散伙饭，一代一代学子的同窗情，永久是那么浓、那么烈。

《闷》下笔是“闷”，落脚却在激昂的“笑”，及时当努力，岁月不待人，作者勉励自己：“心就放宽吧！不必愁，愁有何益？不必闷，闷多无聊！忍着苦就是伟人的道路，只要你站稳了脚。”末句更带劲：“啊，责任来时，闷，且走你的吧！——话是要大声嚷的。”

照现时说法，《闷》当然算是响当当的励志之作，然从写作角度，《闷》又是一篇漂亮劲爽的美文。且不说结构上的“兴”的笔法，用了三个往事的片段引发出最后的昂扬，只说语言上一个突出的修辞现象“对称”，令人感觉到吴伯箫散文与传统的赋甚至六朝骈文的关联。不错，现代美文是天然地有着中国传统散文之血统的，不是说周作人散文有晚明小品的风格吗？那么吴伯箫散文之受一点汉赋或六朝骈文影响也是情理之中的了。自然，所谓对称整齐，已是白话的对称整齐，不复为文言之刻意堆砌。这里略举数端，以见其貌：“我是伫立在海滨楼头，味着夜初景色，捡着昏昏梦幻；迷惘地醉着，糊涂地清醒着。”“坐下是漫无头绪的沉思，站起是冒着火花的新恨。”“眼看的是世界，胸着的是宇宙。”“憧憬着以往，以往是逝去的微浪，消渗于岸边浅沙冲碎在峭稜石岩化作飞花水沫了；顾虑着将来，将来是未出土的种子，是花是叶结束实果，全属未可知的事……”

在《街头夜》前面一些篇章里，类似对称、排比、押韵也有，但只是偶见，越往后此种现象越密集，《别前夜》和《闷》尤为突出。

语言上还有一些奇突的用法，如这些句子中的单字独立用法：“兮，才是要命的局面哪！”“吁，天乎！”“哈！好快活，好难！”“我们，俩，站在柳荫边畔，倚着夜深未撤的网球网，宿露已将它潮湿了的，谈。”

显见，伯箫的文体意识，是猛然间大大地强化了。

本章年表(1906—1931)

1906年(光绪三十二年)3月13日(农历二月十九日)，吴伯箫出生于山东省莱芜县城东关吴家花园村(今济南市莱芜区吴花园村)。曾祖吴嘉苞；伯祖吴翰翱，祖父吴翰翔；父亲吴式圣，字化之。母亲亓氏。叔父吴式贤。吴伯箫为20世，原字箫亭，后改为伯箫。敦本堂《吴氏族谱》记载：“20世，吴熙成，字伯箫，国立北京师范大学毕业，任衍圣公教授，任国立山东大学教授，配刘氏。”吴伯箫有一姊二弟。姊嫁与本县南梨沟村亓盛恒。二弟吴熙功，三弟吴熙振。

1912年(民国元年)，六岁。1月1日，孙中山在南京就任中华民国临时大总统。2月12日，清帝下诏退位，满清覆亡。莱芜县衙改称县公署，知县改称知事。

1913年(民国二年)，七岁。秋，先生随父亲到邻村尚家故事村（亦名大故事村）读书半年，结识打更长者尚二叔。

1914年（民国三年），八岁。春节后，先生由邻村尚家故事转学至本村新办启蒙学校读书。

1915年（民国四年），九岁。初小毕业，本年冬参加高小考试，未取，获“备取”资格。11月，发生莱芜现代史上著名的“草把子事件”，吴伯箫散文《羽书》曾记载此事。

1916年（民国五年），十岁。冬，再考莱芜县立高等小学，以第三名成绩被录取，编入第八级第八班。

1918年（民国七年），十二岁。农历十二月，随第八级高小毕业，备考山东省立第二师范学校（又称曲阜二师）。

1919年（民国八年），十三岁。秋，考入曲阜二师。

1920年（民国九年），十四岁。上半年，按五年老学制在该校读完预科一年。下半年转入四年本科。范明枢校长本年到任。

1924年（民国十三年），十八岁。夏，自曲阜二师毕业。辞谢留校任附小教员机会，与同乡结伴赴南京，同时报考东南大学与河海工程大学，均未考取。初秋，经同邑前辈王毓华（字子英）先生举荐，到曲阜孔府为孔子七十七代嫡孙、末代“衍圣公”孔德成等教授英文。

1925年（民国十四年），十九岁。1月10日，农历甲子年十二月十六日，与同龄女子刘淑德在家乡举行婚礼。9月，考入国立北京师范大学，初选理预科，年底参加平民学校工作。

1926年（民国十五年），二十岁。3月18日，“三一八”惨案在北京发生。4月8日，撰写日记谈及“三一八”惨案，后以《清晨——夜晚》为题向《京报》投稿，发表于4月14

日该报副刊。本年在校内参加组织群新学会，办《新生》杂志一期。

1927 年（民国十六年），二十一岁。本年，由文预科转英文本科，写《寄给一个小死者》《花的歌颂》《痴恋》《火红的羊》《昨日》《夜的朦胧里》《舅母家去》《艳谈——塾中杂记之一》、《初试——塾中杂记之二》等作品，多发表于《世界日报》副刊。12 月 4 日，听辜鸿铭、顾维钧在风雨操场演讲。

1928 年（民国十七年），二十二岁。暑期，在北平登记参加国民党并在学校附近某区党部任秘书工作两个月。写《打倒袍褂》等作品。

1929 年（民国十八年），二十三岁。写"塾中杂记"、《恳求》、《醉汉》、《影》、《小儿小女之歌》、《念——代邮》、《小伙计》等作品。6 月 2 日晚，在师大听鲁迅讲演。9 月，到山东省立第三中学（泰安）任教务主任约两个月，因学校风潮离开。

1930 年（民国十九年），二十四岁。写《通舱里的一幕》《人生——一席话》《归——燕与狗的消息》以及"街头夜"系列作品。与成启宇、曹未风办《烟囱》油印小报。兼职于北平西城察院胡同熊观民家，为其两个儿子补习英文、数学。9 月 19 日，国立青岛大学正式成立。

1931 年（民国二十年），二十五岁。上半年，与英文系同学曹未风到山东青岛谋职，任女子中学训育主任兼英语教员，结识初三女生郭静君。暑假前回师大参加毕业考试并进行教学实习。同时，将六年所写散文结集为《街头夜》，与北平人文书店签订印行合同，因"九一八"事变发生，未能出版。6 月底，自国立北平师范大学毕业。

第二章　海恋

正篇：青春赋

缘结青岛

现代散文作家中，吴伯箫可能是在文字中描述青岛最多的一位。

青岛，这个山东半岛东南边缘以蓝天、碧海、红瓦著称的海滨之城，曾经触动过多少曾客居于此的新旧文化人啊。特别是当一所叫做国立青岛大学的高等学府出现在这里以后，青岛简直成了又一个现代文化人的聚集地。仅仅因为校长杨振声邀来了梁实秋、闻一多、孙大雨、沈从文、陈梦家、方令孺，多少人就惶惶然有些坐不住了，竟把青岛大学视为新月派文人的大本营。其实青岛大学也好，青岛文化界也好，哪里只是新月派文人呢！康有为、赵太侔、王统照、汪静之、宋春舫、舒舍予（老舍）、洪深、李达、游国恩、丁西林、童第周、孟超、陈翔鹤，前前后后不也都在青岛居留较久吗？更不必说胡适、郁达夫、苏雪林、巴金、卞之琳、萧红、萧军这些短期的访客了。

青岛也是不少现代文学名著诞生之地。闻一多的长诗《奇迹》,沈从文的名小说《八骏图》,王统照的长篇小说《山雨》,老舍有名的《骆驼祥子》,臧克家的第一本诗集《烙印》,萧红的《生死场》和萧军的《八月的乡村》,都脱胎于青岛。

至于吴伯箫与青岛,这个话题自20世纪80年代以来陆续有人提及,吴伯箫在青岛的几处旧居似乎也不断有人前去寻访,故稍微细心些的读者言及此,大概已不致完全模糊。至少,他那有名的"山屋",他与王统照、老舍、臧克家等师生的交往,与文朋诗友于暑期创办文学副刊《避暑录话》这些事,已近乎青岛往事中的常识,更不必说吴伯箫为青岛写下的那几篇关于海、关于岛、关于季节、关于居屋的美文了。

不错,与那个时代另外不少崭露头角的文学新人一样,吴伯箫在青岛,也结下了特殊和深厚的带着浓浓海腥味的文缘。他的第一部得以公开出版的散文集《羽书》,其中约有过半的篇什在青岛写成,《山屋》《岛上的季节》《野孩子》《阴岛的渔盐》更是记叙青岛风物的名篇,这里不提也罢。倒是另外几篇写青岛的集外诗文不妨略说几句,比如《万年山的春》这首不为人所知的新诗,写的就是如今叫"京山"而当初叫"万年山"的青岛大学后面小山的春日山景。全诗三节,以"一宿全绿了"破题,接下来依次写雀鸟的争噪、山松的苍翠、紫藤丁香的烂漫、游女的衣裳,还有石子路上的马蹄、草丛里的野兔、追逐的猎犬声:"远近一片呼喊,震破了郁葱葱的梦"……近读当年青大理学院黄际遇院长《万年山中日记》,看到其中所记万年山景,正与吴氏诗句相呼应:"东坡诗云:'微雨止还作,小窗幽而妍;

盆山不见日,草木亦苍然。'所居万年山中,万木围绕,初夏新绿,遍盎窗前,时亦怡然自得。"吴伯箫的"山屋"以及散文中提及的"万年兵营"也都由万年山延伸出来。

吴伯箫是1931年秋天正式到青岛的,主要在《民国日报》担任副刊编辑,也因为青岛大学校长杨振声的关系而兼任青岛大学教务处事务员。不久之后,报馆被日本浪人放火焚毁,吴伯箫就主要转到青岛大学工作了。

国立青岛大学是以省立山东大学为基础,同时接收了私立青岛大学的校产,在1930年9月20日挂牌宣告成立的。首任、也可以说唯一一任校长是杨振声先生,因为杨振声之后学校就改名为山东大学了。在杨振声任校长时,闻一多是中文系主任,梁实秋是英文系主任兼图书馆长,戏剧家赵太侔(赵畸)是教务长。曾经以演出《莎乐美》、《卡门》大出风头的名演员俞珊,作家沈从文的未婚妻张兆和,以及后来成为"大人物"的李云鹤(江青),当时都在图书馆长梁实秋手下任职员。

说到青岛大学的校址与环境,不妨引用当时一位学生的描述看看:

> 国立青岛大学校址在青岛大学路东端,离开了闹市,以旧有的所谓"卑士麦"兵营(德国占领时期建的兵营,日本占领时期改名为"万年"兵营)为校舍。学校没有院墙,只有一座座的建筑物,也自然形成了一个大的院落,校门西向,两个石柱,右边挂着校牌"国立青岛大学",校牌是蔡元培写的,落着下款。进了校门,南北并列着两座工字形大楼,就作为学校西垣吧。这两座大楼,就是办公大楼(100号楼)和教学大楼

(300号楼)。校院的东边是座落在东山坡上的南北并列的两座宿舍大楼(200号楼、400号楼),校院的北边是东西并列的图书馆、女生宿舍楼、大礼堂、饭厅楼。校院的南边是东西并列的科学馆、化学馆(两座新建的大楼),自然就形成一个大的校院,虽然没有院墙,也觉得有个院里院外。院里的广场是柏油的,原来是个足球场,周围树木参天,使人有一种整齐、清洁、安全、幽静的感觉。校门外大学路的南边是一个有400米跑道的运动场。……学校的周围环境相当雄伟瑰丽。南面是宁安山,东面是五号炮台山,北面是茂林幽谷,据云这都是由政府划归山东大学使用的地皮。

诗人臧克家也是青岛大学中文系的学生,他先考入梁实秋任系主任的英文系,后来又转到闻一多任系主任的中文系,与做职员的吴伯箫结识后即成为谈得来的文友。他也有一段关于青岛大学的有趣回忆:

青岛,在工商业方面是相当繁荣的一个都市,在文化上确是一个荒岛。自从在这里创办国立青岛大学,情况就大大不同了。许多全国知名的学者和作家来到我们的学校,在文艺方面说,"青大"称得起当代文苑的一角。校长是"五四"时期的老作家,写过小说《玉君》的杨振声先生……他作了两年校长,便辞职了。"青大"虽名为国立,但经费大半出自山东,省政府主席韩复榘不甘心权益外溢,遂改为国立山东大学,原任我们英文教师的赵太侔先生当了校长,学生大闹,不愿改校名,援引"北京大学"为例。有的同学,说不出什么理由,只一口咬定,说"青岛大学"就是好:

"又青,又岛!"

1933年4月底,当时的青岛大学已改名为山东大学,已经在青岛工作快两年的吴伯箫给北平的友人写信,向友人描述他在山大的生活状态,其中也写到4月初与女中师生游览济南、回来乘海琛舰游崂山的事,这封信写得也极富情趣:

> 我近来生活的营幕里又添了一种你从前所有的爬山逛海穿树林的习惯,无论是黎明,是黄昏,或是亭午时辰,我常是背了手或叉了腰独自个昂首巨步地去各处遨游呢……我也曾在晴朗的大好安息日,雇下一叶扁舟,请它漂我到深碧的海面去,吃饼干,捉乌贼,看闪灼万张银波,洒欢欣的眼泪,居然也是海上的户口哪!又曾于料峭的初春寒夜,披了满月,踏着吱格碎沙走那段漫长的汇泉路,孤零零一只瘦影都引起了那寂寞的警察的注意……也做了些儿事,念了几册书,即便是目下还攀了Esperanto拼命的干呢,为身体健康,我要三天五日的玩一次网球,怕过甚忧郁,要在饭后狠狠地笑一次……月初,春尚好,曾随她们那帮快从学校出阁的女孩子去了一趟济南;那是有着"小江南"之称的好玩的地方。往返五日,收获还不坏:参观了一度监狱,将从前"坐坐囚牢也是一种经验"的好奇心打消了,味儿确实并不好;穿过大巷,看见不少的灰色士兵;游大明湖默记了"三面荷花一面柳,一城山色半城湖"一副对联;再就是车上她们的歌声嬉笑声,别无可述。济南夜车归来,翌晨又趁了海琛军舰去崂山;萧同行。女孩子们都去了。人虽多,嚷嚷而已,去

年的游兴却没处找。留一宵，拾墨晶一小块，谁争都不给；同去年的青竹一样那是留念呢。

也是这一年，吴伯箫实习时结识的青岛女子郭静君在女中高中毕业。

这年初夏，吴伯箫住进了山东大学后面的一间房舍，并命名为“山屋”。

其实，除了散文集《羽书》里的篇什，吴伯箫写青岛的文字还有《海》《记海上居屋》等。《海》是初到青岛时写的，抒发对大海的浪漫情怀，《记海上居屋》则为1935年离开青岛后重来度假时的琐碎记事，而于市声、人情、世态跌宕起伏的速写之外，看似轻描淡写的几处闲笔倒也流露出作者一番不太为人觉察的缱绻情怀。盖此时年届而立的吴伯箫正处在与青岛女子郭静君由热恋而正式谈婚论嫁之际，字里行间埋伏的自然也只是有情人方可意会的一缕幽情也。到了1936年秋天，郭吴二人果然也就在济南构筑了新家。

实则吴伯箫正式在青岛工作只有三年半。编报纸、作职员之外，也先后在几所中学当国文或英文教师。不过，说到最早到青岛，那还是在北京师大求学的最后一学期，由师大高年级同学介绍，到青岛女子中学任训育主任兼英文教员，正是在那里结识了尚在初三读书的女生郭静君。而1935年初离开青岛到济南工作后，暑期又来青岛度假，青岛文坛上的《避暑录话》雅集也就成了此时的产物。故吴氏发表于《录话》上的诗文，就是既有关于青岛的内容，也有关于济南的内容了。

不少人以为吴伯箫的文学写作生涯起步于青岛，其实是个误会。因为《羽书》仅仅是吴伯箫第一本正式出版的文集,实则来青岛之前,作者就编成了真正意义上的第一本文集《街头夜》。大学毕业前交给北平的人文书店且签订了出版合同,只为后来由于东北事变书店迁址才未果。之所以提到这些,是想说明吴伯箫在青岛结下的"文缘",实为大学时期写作的继续,从他到青岛之后继续与北平文学报刊保持联系并且将《天冬草》《海》交由北平的《水星》发表也可以看到这一点。如果从更大一些的背景说,吴伯箫和当时也先后在青岛、济南等地工作的闻一多、梁实秋、沈从文、陈梦家、臧克家、李广田、何其芳诸人皆属于京派文学圈的范围,只不过有的核心一点、大牌一点,有的稍显边缘一点、年轻一点罢了。

至于在青岛与郭静君结下的"情缘",那就几乎是一部长篇小说的分量才足够表述,而远非三言两语所能交代清楚的了。

文缘、情缘之外,其实尚有人缘、书缘或可略略一提。

吴伯箫与老舍、王统照、臧克家等青大(山大)师友的交情已是尽人皆知,此处只补充吴伯箫与诗人闻一多、小说家郁达夫交往的两段记载,以见吴氏交游之一个侧面。就在 1932 年 6 月青大学潮爆发之前的数日,闻一多收到时任教务长室职员的吴伯箫要求拜访的来函后,即刻作复表示欢迎:"伯箫先生:我们这青岛,凡属于自然的都好,属于人事的种种趣味,缺憾太多。谈话是最低限度的要求,然而这一点便不容易满足,关于这一点,我也未尝没有同感。我是星期一、三、五整天有暇,随时来我都欢迎。即候文安。闻一多六月九日。"可惜不久学潮风起,青大的非常学生自治会发表了《国立青大全体学生否认杨振声校长并驱逐赵畸梁实秋宣言》，反对学校对学生的处置，也反对杨振声为校长，还要驱逐教务长赵太侔、图书馆长梁实秋，闻一多也遭到围攻。两三个月之后，杨振声去职，赵校长上任，吴伯箫也由教务长室转任校长室，梁、闻则先后离青赴远，青大也改换门庭，摇身变成山大了。

又郁达夫当年北游青岛的《避暑地日记》有记：一、“午后，友人俱集，吴伯箫君亦来访”，这是 1934 年 8 月 9 日。二、“七时由青岛上车，昨夜来大雨，天气极凉。来站相送者，有房主人骆氏夫妇及伊子汉兴，市中汪静之，卢叔恒，山大吴伯箫……”这是 8 月 12 日离开青岛时。至于此前此后吴与郁还有什么交情，当另作查询，此处不缀。想来这种交往总还是侧重于文学写作一端吧？吴的名作《马》《山屋》《天冬草》《海》都是这一年写成的。

吴伯箫生前曾将个人珍存的一套商务印书馆老版《词源》转送给在乡村当小学教师的外甥，扉页有吴伯箫“一九三二年春购于青岛成文堂”的字样和印签，以此似可窥见吴伯箫青年时期读书购书生活之一个侧面。而成文堂又是晚清胶东地区的大书局，因经营得好，先后在山东各地甚至北京、天津、丹东诸城市广布分店，青岛分店即为其一，且拥有三个门市部。虽然已无从考索吴伯箫所买的《词源》究竟出自哪个门店，但这件事本身却为成文堂的经营史添加了鲜活的一笔，亦为佳话。顺便说一句，这上下两卷本《词源》乃民国十九年出版物。

山屋久已不存，物换而复星移，惟于斑驳陆离的文字化石间，犹可窥见故人依稀的旧影和幽眇的性灵，不胜唏嘘。

郭静君

作为一个有血有肉的人,吴伯箫一生也有着属于自己的美好际遇和爱情,我能从他的早期作品中强烈地感受到这些美好的生命体验。仿佛有人说过,“我这一辈子走过许多地方的路,行过许多地方的桥,看过许多次数的云,喝过许多种类的酒,却只爱过一个正当年龄的人”。若果从吴伯箫后来的作品看,他绝不像一个浪漫的人,可是,吴伯箫果真没有类似这样的浪漫爱情吗?当然不是!他在美丽的青岛与还是女学生的郭静君从相识到恋爱到结婚的故事,已足够写一本厚厚的爱情小说。然而可惜,真是可惜!吴伯箫后来执着于“忘我的境界”,没有让自己始终成为一个善于讲故事,尤其是善于从自己的生命中发掘故事的人。

上面这段话,是我为《吴伯箫先生编年事辑》撰写后记时不经意间抒发的感慨。我也曾在另一篇梳理吴伯箫与青岛渊源的短文中言及“情缘”。这情缘,也还是上文所说吴伯箫与青岛女子郭静君二人之间长达半世纪的美好姻缘。若干年来,我一直想找到一个合适的角度将这段情缘作出尽可能准确的描述,意在由这一特殊的视角观察并且索解一对平凡而又恩爱的现代知识分子夫妻,他们对爱和婚姻的看法,促成他们走到一起的动力是什么?又是什么力量保证了他们彼此之间长久而平静的信任与爱?

坦率地说,这个话题一开始并不在我关心的范围内,除了吴伯箫的文学作品,我对他的私人生活曾经一无所知。直到有一天我去拜访吴伯箫故家的亲人时,他们才向我提及他们家大哥具有传奇色彩的婚姻爱情生活,随后再细读他的某些散文，也就注意到了某些个人情感生活的流露。譬如记录青岛时期生活的散文《记岛上居屋》结尾处提到的“静”，又譬如在延安住窑洞时写下的抒情散文《向海洋》中那传达着浓浓亲情的一句：“喔，青岛！给了我第一幢海的家的好地方啊。”

“静”是谁？“第一幢海的家”又牵动着怎样的情愫？八十多年后的今天，一切都还好像清新、鲜活如昨，都还那么使人梦绕魂牵。

郭静君，这位直到今天犹不为众人所知的青岛女子，似乎只在个别友人的文字里留下过淡淡的倩影。20 世纪 80 年代初吴伯箫病重时，叶圣陶老人曾经怀着沉痛心情记下过郭静君扶持伯箫亲来乞序之事；伯箫去世后，诗人臧克家撰写悼文，其中回忆早年在青岛与伯箫订交往事，也提及伯箫女友：“郭静君同志是二十岁左右的一个中学生，双颊红得像红苹果。”

实则郭静君生于 1911 年，那么 1931 年在青岛女中读书而初见吴伯箫时的确刚刚二十岁。

至于郭静君的家庭，吴伯箫三弟熙振老人生前多次跟我谈到。照他的说法，郭家在青岛是家大业大的“大财主”，做的是与汽车有关的大买卖，而他们吴家，不过是莱芜农村较为富裕的农户，充其量只能算地方上小有地位的乡绅。且为了供二叔、大哥读大学，家里的田产已经变卖了不少，家境早不如从前了。显然在如此门不当户不对的境况下，郭吴相恋的前景实在说不上多么明朗。

实际上，郭静君的祖父是从青岛北面的即墨来青岛谋生的。因为在德国人经营的汽车公司作账房先生，始有后来郭静君父亲租用几部汽车做生意的事。如此说来，郭静君的父亲郭占庭算是城市商人，而郭静君少年时代先后在不同学校学习英文、法文、日文甚至俄文，也不过就是为了帮助父亲做生意。

多年以后，郭静君回忆他与“吴先生”在青岛从认识到热恋再到结婚的几年，话语之间犹带着几许得意与调皮。或许有人会想当然地以为吴、郭是“师生恋”，其实严格说来不算。吴伯箫在青岛女中只教过初一初二，是郭静君两个妹妹的任课老师，但就是没教过在初三读书的郭静君，以后吴伯箫正式来青岛，在女中兼课也故意避开郭静君所在的班级。而在当时的郭静君眼里，新来的“吴先生”以及他带来的几个新教员，常常跟学生一起打球、爬山、逛海，给女中带来了新气象，所以她觉得同学们对这位“吴先生”印象都很好。

郭、吴二人就在这样的情景下悄悄相恋了。此事郭静君的几个妹妹都知道，因为她们都是吴伯箫的学生，唯一“不知道”的就是郭静君的父亲。为什么要瞒着他？因为那时候吴伯箫是外乡人，在青岛也没什么“地位”，他深怕遭到郭静君父亲的反对，不敢说。然而后来的事实证明，郭静君的父亲在儿女婚姻事上算得上开明，不是那种心心念念只围着金钱打转的小商人。女儿虽然始终瞒着他与吴伯箫热恋，而只跟姊妹们说悄悄话，他可是眼观六路耳听八方，心里比谁都清楚，可也不主动捅破那层窗户纸。直到几年之后伯箫调任济南，二人正式谈婚论嫁，女儿方辗转托人向父亲提出结婚要求，孰料老父亲听了却只回以淡淡的一笑：“我早就知道啦！”女儿没想到父亲这般开明，心里倒有些后悔：“早知如此，就该早提出来了。”

郭静君后来还回忆，“七七”事变后吴伯箫带着学生踏上流亡之路以后，父亲担心刚生过孩子的女儿受不了，还用“精神治疗法”给她减压，曾带她去青岛大庙“许愿”。的确，浪漫的热恋和平凡的家庭生活让这对年轻夫妻彼此建立了深厚的感情，孩子的出生与战争带来的分离又使这种感情变得更加坚固。吴伯箫在流亡路上不得已遣散了学生，只身南下入伍，又几经辗转投奔延安，完成了他生命史上的“向左转”。而五年之后的1942年，郭静君带着只有五岁的儿子，长途跋涉，走走停停，终于到达关中，在这里与专门来迎接他的吴伯箫团聚了。

遗憾的是，文学家的吴伯箫却没有像另一位山东籍作家李广田那样将妻子带着孩子从沦陷区长途流亡到大后方的经历写成长篇小说。甚至在他的散文中也几乎不涉及这些有关个体生命体验的内容，家庭生活的内容就更是一片空白，这跟朱自清、丰子恺他们也很不一样。从文学写作的角度看，这或许真的有些可惜。

郭静君到延安后生过一场病，病好了就先后进延安行政学院和延安大学司法系学习。1945年带着孩子随吴伯箫一起离开延安，长途跋涉到张家口，两个多月后再向东北出发。在东北的数年中，郭静君先后在佳木斯酒精厂、东北大学工作，还曾经担任过东北师范大学子弟学校的校长。1954年吴伯箫调到北京人民教育出版社，郭静君也和孩子们到了北京，郭静君此后就在人教社图书科（馆）工作，直到退休。

近日偶然从一个拍卖信息中，竟然看到了吴伯箫晚年写给郭静君的两封家信，时间在1980年7月5日和25日，是吴伯箫于北戴河休养期间写的。第一封是到达后报平安，第二封是离开北戴河之前给夫人的回信，简单介绍了在北戴河与“严文井夫妇”“新凤霞夫妇”以及胡絜青、魏巍等熟人的相处,又交代了一些家事的安排,其中还提到一件底下画了红线的“要事”:“我还剩 10 元多,除买回京车票,怕不够用。李言同志给我留下了 20 元,记着,到家就提醒我还他。”平淡、琐屑,可也能体会到字里行间流露出的温暖亲情,特别是开头“静君”二字的称呼,总让人不由得揣测那背后近半个世纪积累起来的体贴和默契。

我还想到另外两件事。1985 年春节期间,我第一次到北京沙滩后街寻访吴伯箫的家人,一进门就见到了坐在椅子上的郭静君老人,面容清癯,默默无语,大女儿正在帮她洗脚。那时吴伯箫已去世三年多,郭先生也已经七十四岁。而据熙振老人说,他大哥去世,对大嫂影响很大,日常生活中变得沉默寡言起来,甚至有一次她自己出门竟然走失了,家里人找了很久才找到。又过了六年,大约是 1991 年的清明前后,我突然在泰安迎来了吴家海妮大姐和光玮兄长,我也才知道郭静君老人已在刚刚过去的寒冬中溘然长逝了,而他们这次就是带着母亲的骨灰来与父亲的骨灰合葬的。距上次遵照父亲的遗嘱将父亲的骨灰葬于家乡的泰山,时间已经过去了整整九年。

郭静君与吴伯箫,吴伯箫与郭静君,一个是山之子,一个是海之女,既始恋于青青之岛,复归来乎郁郁家山,足当慰藉,亦何憾欤!

到了济南

济南与青岛,是近代以来山东两个最大的城市,但风格很不一样。济南是传统古城,青岛是帝国主义势力范围,一个老派,一个摩登。

大学毕业，吴伯箫最初谋职联系的是济南女中，但因为那年八月份参加省款留英考试不利，以屈居第二名的成绩“名落孙山”，赌气不去了。临时回青岛找熟人，趁《民国日报》改组进了报馆，任副刊编辑，青大教务长室办事员不过是兼任。

在青岛的第三年春天，文德女中组织毕业班学生乘火车到济南参观游玩，吴伯箫同往，回来给北平的友人写信描述道：“月初，春尚好，曾随她们那帮快从学校出阁的女孩子去了一趟济南；那是有着‘小江南’之称的好玩的地方。往返五日，收获还不坏：参观了一度监狱，将从前‘坐坐囚牢也是一种经验’的好奇心打消了，味儿确实并不好；穿过大巷，看见不少的灰色士兵；游大明湖默记了‘三面荷花一面柳，一城山色半城湖’一副对联；再就是车上她们的歌声嬉笑声，别无可述。济南夜车归来，翌晨又趁了海琛军舰去崂山……”

到了1934年下半年，吴伯箫由山大校长办公室调教务处注册科，心里有点不高兴。说来也巧，这年年底，原在青岛女中的北师大高年级同学萧采瑜（1903—1970）当了济南乡师校长，招兵买马，就约吴伯箫也去一块办学。这位萧采瑜，在吴伯箫早期生活中扮演了十分重要的角色。在师大登记加入国民党，他是介绍人之一；最初到青岛女中实习兼任训育主任，是为了接替他；现在，也是因为他的邀约，吴伯箫更是离开了青岛，与济南正式结缘。

济南简易乡村师范学校简称济南乡师，1929年创办时名为山东省立第一乡村师范学校，1934年和1936年两度改名。第一任校长为著名教育家鞠思敏（1872—1944），第二任校长为钱振东（1905—1944）。萧彩瑜是第三任校长，他拉来吴伯箫做训育主任。他们于 1935 年年初到任,当年初夏校址从济南北园的白鹤庄迁到了黄台车站附近的桑园。这里,不妨引述当年在这里求学的学生的回忆文字,感受济南乡师的概观。

李克记述:“济南乡师是山东省立济南简易乡村师范学校的简称。校址原在北园白鹤庄,即现在济南明湖中学周围。这里环境宜人,校门前有一条小溪,清水长流,岸上杨柳,粗壮成荫。学校附近有许多荷塘,同学们常沿着塘边散步交谈。1935 年夏天,省政府将乡师的校舍征做他用,让乡师迁到黄台附近的桑园,即现在的省农机研究所宿舍周围。这里也很优美,学校东边是实验农场,花木很多,校门前一片果园,同学们经常在园中活动。”①

王克、朱德兴记述:“1935 年夏天,济南乡师从北园的白鹤庄迁址到济南东郊黄台车站东北的桑园。此处环境优美,林木茂盛,密密的树林中昼不见阳光,夜不见灯影,是学生课外活动读书谈心的乐园,学校东边是农作物试验场,颇象地主的大庄园,每天晚饭后,乡师学生三、五成群信步漫游于学校东南方和东郊的原野;党团活动多是在此时此刻此景中进行。”②

济南乡师也有自己的校歌,歌词既雅驯又富有现代气息:

---

① 李克:《革命熔炉育人丰园——忆济南乡师党组织》,张凯军主编,中共济南市委党史资料征集研究委员会、中共济南市天桥区委员会编:《坚强的战斗堡垒——中共济南乡师支部》,济南书刊印刷厂印刷,济南市新闻出版局准印证(1991)第 6 号,第 124 页(下文脚注中《坚强的战斗堡垒——中共济南乡师支部》编者不再出注)。

② 王克朱德兴:《济南乡师后期党的活动回顾》,《坚强的战斗堡垒——中共济南乡师支部》,第 185 页。

朝阳起，春风煦，白鹤庄子西。
习教学，练技艺，好到乡村去。
劳劳劳，作作作，劳作我所喜。
萎弱的民族，凋敝的农村，端赖我们振起。

吴伯箫在这所学校前后约一年半，头一年任训育主任兼语文教员，后半年改任教务主任兼语文教员。第二年暑假，萧彩瑜考取了山东省费留学，离开乡师，吴伯箫也随即离开，由山东省教育厅友人介绍也到了教育厅，在这位友人担任科长的第一科任高教股主任，专门负责留学生和专科学校事务。

吴伯箫后来谈及济南乡师这段生活，以“处事较严”四字描述自己履行训育主任和教务主任职责的态度，觉得职责所在，有时还要在校长不在时代行某些校务，使得学生对自己有“害怕”之感。

“害怕”或许是那些行为举止有违校规校纪学生的感觉，但在另一类学生——譬如有左翼或曰中共地下秘密组织背景的学生眼里，作为学校训育主任的吴伯箫却往往被视为学校当局的代表人物之一而遭到抵制。这里也有这类学生的“回忆”作证，譬如 1936 年 5 月 30 日，左翼学生冲破韩复榘禁令，在学校礼堂召开纪念“五卅”大会，吴伯箫出面阻止，即遭到学生指责。有一位后来做过济南市委书记的乡师学生白学光回忆：“1936 年 5 月，韩复榘严禁纪念‘红五月’，我们冲破了他的禁令，于‘五卅’这一天在学校大礼堂召开了一个纪念大会。当时的训育主任吴伯箫冲了进去，对着主持会议的我大声喊叫：‘当局禁止开纪念会，你们为什么违犯禁令？你是主席，要负责任。’我说：

‘我是大家推选出来的，你还是听听大家的意见吧。’说罢，我随即走下主席台，坐入人群当中。这时群情激愤，又是质问，又是提抗议，弄得吴伯箫没有办法，就叫我主持开了会。最后我请吴老师讲话，吴伯箫敷衍了几句，随即在‘纪念红五月’‘打倒日本帝国主义’等口号中散了会。//吴伯箫为了防止学生看课外书籍，经常查夜，有一次我们听到吴伯箫来了，大家都假装睡着了。他质问是谁值日，无一人做声。吴即查看了一下值日牌，叫值日生把灯熄了。以后，我们把值日牌统统翻过来，以同样的办法对付他，他再去看值日牌时，却无人值日，气得吴伯箫没有办法，只好亲自熄灯。有一个训育员叫徐启周，狐假虎威地按吴伯箫的办法行事。他教公民课，在考试时，我们两个班的学生以统一行动交了白卷。从此，他们的气焰有所收敛，我们亦适可而止。”①

但是也不尽然，同样是左翼学生，也有认为吴伯箫是支持他们的。高启云、周星夫、陈熙德回忆：“在‘一二·九’救亡运动中，济南乡师的教员对我们学生是持同情支持态度的。训育主任吴伯箫还在我们学生出的救亡刊物《求生》创刊号上发表文章。同学们被韩复榘勒令回家后，学校还给学生们普遍发过一次联络信，信中写道：‘同学们，自你们离开学校之后，济南又刮了几场风，下了几场雪呢！’暗示同学们韩复榘还在济南刮政治风雪。”②

① 白学光：《济南乡师党支部大发展的时期——对1935年至1937年的回忆》，《坚强的战斗堡垒——中共济南乡师支部》，第139—140页。

② 高启云、周星夫、陈熙德：《回忆济南乡师党组织的活动》，《坚强的战斗堡垒——中共济南乡师支部》，第158页。

这是指1935年年底，北平学生“一二·九”救亡运动发生，济南乡师学生停课响应，学校根据韩复榘指令提前放寒假的事。

吴伯箫自己也在“文化大革命”后公开谈及济南乡师的生活：“济南三年，办乡村师范，站在管学生的地位。主观上爱护学生，免遭军阀的逮捕杀害；‘一二·九’学生运动，‘奉命’提前放寒假，个人给每个学生发油印信，鼓励他们在家乡作组织宣传。客观上却给有的学生以印象：跟他们走的不是一条路。解放后一位要我写字的省委书记对人说：‘那时候我们把他看作是革命对象。’听说了心里感到非常惭愧。‘文化大革命’中又有人向我来调查，责问：‘丁到西北（那边）去，你送过他路费么？’我感到光荣，却不记得了。”①

又说：“苦恼的是那时候跟革命队伍我没有组织的关系。记得在济南黄台乡村师范的农场里，跟同时在乡师教书的武新宇同志一道散步，是谁随便问：‘你还是C.Y.么？’又是谁漫然反问：‘你呢？’彼此都没有作肯定或否定的正面回答。”②

其实，武新宇也是北师大时期的高年级同学，在北师大时吴伯箫即跟从武新宇等人参加平民学校工作，但在校内参加共青团也许两人不是同时，故而也就彼此不知情。

《避暑录话》与安家济南

吴伯箫虽说人到了济南，心可还念念不忘青岛，1935

---

① 吴伯箫：《无花果——我和散文》，《吴伯箫文集》下册，第495页。

② 吴伯箫：《无花果——我和散文》，《吴伯箫文集》下册，第496页。

年、1936年的暑假他都是回青岛过的。冠冕堂皇的理由可说是“避暑”,真正的原因是因为心爱的人在那里。

1935年暑期,刚刚离开青岛半年的吴伯箫又从济南回到了青岛。回青岛,“避暑”的同时,就是跟在青岛以及和他一样从外地赶来的文友办起了一份周刊《避暑录话》,而且第一期上就有吴伯箫一篇写济南北郊风光的散文《边庄》。

《避暑录话》名义上是《青岛民报》的文艺副刊,最初是《青岛民报》的总编辑杜宇和副刊编辑刘西蒙提议并具体组织的。从1935年7月14日起每周一期,至同年9月15日总共出了十期。第一期有洪深写的《发刊词》,最后一期有老舍写的“终刊词”《完了》,大致也把前前后后的情况交代清楚了。比如参加者,洪深的《发刊词》一开始就罗列出来:

> 在1935年的夏天,偶而有若干相识的人,聚集在青岛;为王余杞,王统照,王亚平,老舍,杜宇,李同愈,吴伯箫,孟超,洪深,赵少侯,臧克家,刘西蒙等十二人。
>
> 他们的在青岛,或者是为了长期的职业,或者是为了短时的任务:都是为了正事而来的;没有一个人是真正的有闲者;没有一个人是特为来青岛避暑的。

然而他们都对人说着:

> 在避暑地的青岛,
> 我们必须避暑!
> 避暑!
> 避暑!

“为了长期的职业”者当然是指本就在青岛的王统照、老舍、洪深、赵少侯、杜宇、李同愈、孟超、王亚平，“为了短时的任务”者则是王余杞，因为他是参加全国铁路沿线物产展览会从北京来青岛的，为时半年。至于吴伯箫和臧克家，不过是趁学校放暑假的机会分别从济南、临清赶来的。臧克家自青大毕业后到临清中学任教。

1985年暑假，我到青岛专门找到时任青岛市图书馆馆长的鲁海先生，在他的支持帮助下看到了国内唯一一份完整的《避暑录话》，用半天的时间在馆内浏览，抄录了吴伯箫两篇作品：散文《萤》和新诗《秋夜》。回来后发现《羽书》集里有《萤》，不过文末“倩天翁作主”中的“倩”字已改为“请”，写作日期也有修正，作为汇校，也还是有益的。

吴伯箫在《避暑录话》上总共发表了四篇作品，计有：散文《边庄》刊第一期，散文《萤》刊第三期，散文《阴岛的渔盐》刊第四期，新诗《秋夜》刊登在最后一期的第一页上，在老舍“终刊词”《完了》下边。

这四篇作品，第一期上的《边庄》写的是济南乡师第一个校址白鹤庄一带的水乡风光，从内容判断，应该是1935年上半年所写。《萤》和《阴岛的渔盐》两篇的确是暑假在青岛写的，一篇写在七月初，一篇写在七月末，《阴岛的渔盐》当为避暑期间专门乘船到胶州湾内阴岛参观的产物。而诗作《秋夜》已是九月回到济南后写的了。

吴伯箫后来多次忆及《避暑录话》。在悼念王统照、老舍的文章里，也在老年的回忆录《无花果》里：“1935年暑假，王统照、老舍带头，我们还借《青岛民报》的篇幅，编了几期《避暑录话》。刊名是教授、戏剧家洪深起的，意取双关:一避溽暑,二避炎威。"①

根据臧克家、王余杞的回忆,办《避暑录话》期间也有几次聚餐。臧克家说有两次,一次在厚德福,一次在赵少侯家中。王余杞则在回忆录中说当时是轮班吃饭,他也请过一次。而李长之《青岛忆游》一文回忆在6月29日晚间,老舍曾设宴招待自济南来青岛旅游的朋友:"二十八……晚间晤高哲生,次日与老舍作竟日谈,访得克家,老舍请晚宴,席间见了李同愈,洪深,赵少侯,王亚平,吴伯箫,刘西梦,杜宇,王余杞等,皆是新识。饭罢,我即登车,老舍克家伯箫同愈皆送行,哲生亦赶到,殊可感。在四方会齐大千,便一同返济了。"②由李长之列举的人员,或许这就是老舍在厚德福请大家聚餐的一次吧?

就在吴伯箫结束青岛暑假生活,乡师开学回到济南不久,突然接到母亲病逝的消息。

母亲是农历乙亥年九月廿八日即公历10月25日在莱芜家里去世的,享年五十五岁。吴伯箫接讯,立刻请假回莱芜奔丧,前后在家里一个月。曲阜的孔德成送了挽幛,还题了"福寿同归"四字;青岛郭静君的父亲郭占庭也送了两幅挽幛,结果刘淑德自己收起一幅,还在婆婆的灵前大哭,借机诉说自己心里的悲苦。公公安慰她说:"咱家好幛子有的是,你何必非要拿那一幅?"刘淑德回答:"我就是要致致气!"吴伯箫对刘淑德很同情,加上与郭静君的关系,就在料理完母亲的丧事后向父亲再次提出与刘淑德离

---

① 吴伯箫:《无花果——我和散文》,《吴伯箫文集》下册,第493页。

② 李长之:《青岛忆游》,《李长之文集》第8卷,河北教育出版社2006年版,第331页。

婚、与郭静君结婚的事。不料父亲一口回绝，毫无商量余地。在这种情况下，除了与家庭断绝关系，似乎已没有别的办法。

吴伯箫一气之下离开莱芜，此后再也没有回去过。

第二年春天，在青岛的郭静君也转托同学的丈夫向父亲提出与吴伯箫结婚要求，没想到很容易就得到父亲的同意，父亲还对她说："早就看出你们的事了，就是装不知道罢了。"这让郭静君和吴伯箫都松了口气。

1936 年暑期，吴伯箫继续去青岛"避暑"，在平原路 55 号赁屋居住，这些事情吴伯箫在散文《记岛上居屋》里有生动的记述。

在青岛，吴伯箫与郭静君决定当年秋天结婚，把家安在济南。

关于结婚一事，郭静君后来这样说："当年秋天在济南青年会结婚。那时伯箫在山东省教育厅工作。我在家看家、做饭、看小说。"①这件事，我也向我一位大学老师齐崇文先生了解过。齐老师当时是济南乡师的学生，他告诉我，1936 年秋天他和几个同学结伴到吴伯箫老师家里拜访，地址在济南杆石桥附近，是平房，家中布置较新，仿佛是新婚的样子。

1936 年春，吴伯箫还在济南乡村师范学校时，曾带学生到泰安登泰山，拜访范明枢先生不遇："1936 年春天，我和济南乡村师范的学生去爬泰山，曾在一个料峭的清晨去访问就住在泰山脚下的先生底家。没想到七点去叩门还是迟了。他的那个小孙女伶俐地答着我的问话：'爷爷六

---

① 郭静君：《个人简历》、《自传》，人民教育出版社郭静君档案。

点钟就上山了。要找他就上山吧。'听了很令人惆怅,有'只在此山中,云深不知处'的感触。其实那时先生过的还不是什么隐逸生活,倒是一天跑到晚,很忙碌的。那时他正替冯焕章先生在山上办了十多处小学,他是每天都要山上山下巡视一趟的。""泰山归来的次日,先生底信就来了。是一纸明信片……"①

出鲁记

因为萧彩瑜考取了省款留学,吴伯箫也离开了济南乡师。经时在教育厅任职的友人介绍,吴伯箫就在 1936 年暑假后也去了山东省教育厅,担任第一科高教股主任,分管留学生和专科学校的工作。不过,在教育厅也只有半年,到了年底,莱阳乡村师范学校因为原校长董凤宸离任,不少人盯上了这个位子,新校长人选成了敏感问题。最后教育厅长何思源决定让吴伯箫去。这样,仓促之间,吴伯箫在 1937 年伊始就任了莱阳乡师校长。

莱阳乡师与济南乡师性质一样,主要为乡村小学培养教师,原称山东省立第二乡村师范学校,简称"二乡师",1934 年改为山东省立莱阳简易乡村师范学校。董凤宸为第一任校长。

吴伯箫是莱阳乡师的第二任校长,当时教务主任为姜守迁,训育主任为杜仁山,还有一个姓蔡的女生指导员。做校长,一个重要的任务就是招兵买马,给学校招聘好的教师,当时被吴伯箫拉来的,有时在天津南开中学的何其芳,何其芳离开后,还邀请过临清中学的友人臧克家,因为

---

① 吴伯箫:《范明枢先生》,《吴伯箫文集》上册,第 122 页。

临中不放而未成功。

对在莱阳乡师的工作，吴伯箫后来如此表述道："对校外与梁乘琨（莱阳县县长）应付，请他到学校参观，担任运动会名誉会长，对校内请优秀教师，使学生能好好学习。"①

当时在青岛流浪的罗竹风回忆说："记得是 1935 年（时间不确，子张按），他担任莱阳乡师（二乡师）校长，当时我在青岛流浪，何其芳同志受聘任莱阳乡师语文教师，曾在我家住过。谈起吴校长的为人，说是他对于国民党教育当局所规定的那一套'党化'制度，例如在纪念周上读总理遗嘱，升旗时毕恭毕敬，对学生训话等等，在表面上都应付得很好；但内心里却存在着矛盾，对国民党实行法西斯专制抱怀疑态度，认为毒疮化脓，终有溃烂的一天。他担任莱阳乡师校长，很想有所作为，例如聘请有真才实学的教师，对青年学生在品德、学业两方面都有所帮助，使他们在毕业后成为优秀的乡村小学教师。但事与愿违，在教师当中也难免良莠不齐，以所谓'底包'的办法，被塞进一些饭桶、党棍之类。当时吴伯箫同志对革命并没有明确的认识，更谈不上景仰共产主义了。"②

可世事难料，半年之后，"七七"事变发生，一切都随之而变。

事变发生后，因为山东省教育厅拿不出成熟的主张，学校只好先按时开学，但教学内容做了适当调整，安排了"游击战""军训""防空""救护演习"等教学内容，在青岛山东大学任教的作家老舍还接受吴伯箫的邀请，不顾长途跋

---

① 吴伯箫：《自传》。

② 罗竹风：《悼念吴伯箫同志》，《语文学习》1982 年 10 月。

涉的辛劳，乘长途汽车到校讲演、宣传抗日，住在校内，早晨还在校园里打太极拳。

到了9月，长子在青岛出生，这当然给家里增加了欢乐，可局势紧张，学校前途未卜，吴伯箫心里也没底。回青岛时，特意将剪贴的《羽书》稿本托付给即将离青赴沪的王统照代存。

直到10月底，才接到教育厅要求带学生到临沂集中、等候安置的命令。

吴伯箫后来到延安后，回忆这段带学生流亡的日子，曾写下一篇《记乱离》，描述那时的情景："我们，四百人，为了救亡，将我们底学校，那和平日子弦歌的乐土，忍着痛白白地抛弃了。总还记得吧，出发的那天早晨，大家冒了大雨后仲冬的寒冽，鸡叫就起来，不点亮灯，彼此摸索着收拾行囊，四百人竟也听不到一点什么杂乱的声息。沉闷是那时的悲歌啊！一声集合的号音，将我们赶到广阔的操场去。记得微茫的星光下，黑黝黝整齐的队伍里发出了多少悲壮的嘘唏。我们不是也点了灯去礼堂么？举行休业式，顺便也互相话别。记得静默后大家不约而同地呼'中华民族万岁！'那响彻霄汉的声音，真足振顽起懦，吓破敌人底狗胆……后来我们终于出发了，校门前大家郑重地举手敬礼，落在'枪在我们底肩膀'那歌声后边的，是那么整齐的房舍，精致的校园，满藏的图书仪器，同千万种回忆与怀念。""离开学校，命令是集中训练，从东海边岸以产梨著称的莱阳到临沂去，旱路是七百里遥远，代步的虽也有脚踏车，但大半却只能步行。记得晓行夜宿，风霜苦辛，凡过即墨、高密、诸城、莒县，整整走了九天。”①

路过诸城的时候，他坚约此时已回到故乡的友人臧克家一同前往临沂。臧克家这回加入了莱阳乡师教员队伍，随几百名师生到了临沂，还给乡师的学生上过一两次大课，抽空到城外沂水河边去溜了一下。②

“可是临沂的集中，使我们失望了。混蛋的，只知逃退的那时的山东长官，不给训练的经费，没有训练的计划，不派负责的人员，像烈火上浇了冷水一样，人们底心全灰了。那时候，前面是火急地需要工作，周遭却布满了那样多牵扯的绳索；你们抑制不住内心的热情，胸际的郁闷，你们继续地前进了。有的去西安，预备参加八路军，那曾用游击战获得辉煌胜利的队伍。有的去洛阳、开封，准备学驾驶飞机。也有的到徐州加入了某战区的军队。记得你们走的时候，与你们分别作过彻夜的长谈。把各种将来会遇到的困难详细说给你们听。”“你们走后，在临沂有几天我像失群的老雁，又像一个勤苦的老农离开了他底锄头和田园，流不出眼泪，也唱不出歌。孤寂、烦闷、无聊，使我犯了日常劝止你们的那些坏习惯：喝了两次酒，也吸了够多的纸烟。后来，你们远远从西安寄信来了，我才稍稍高兴了一点。那长长的信里，说你们怎样乘免费火车，又怎样步行；翻山越岭，走过多少崎岖的路；早起晚睡，吃过多少异乡的苦头。怎样遇着敌人底飞机，躲飞机将护身的借读证书都失掉了。又怎样宿野店，逛古迹，遇散兵……读你们的信，一会喜悦，一会兴奋，一会悲酸，心绪真复杂得无可

---

① 吴伯箫：《记乱离》，《吴伯箫文集》上册，第439—440页。

② 臧克家：《高唱战歌赴疆场》，《诗与生活》，133—134页。

言说,当时曾按你们告诉的通讯处写过回信给你们,不知收到没有? 翘首云天,令人悬念不止!”[①]

11 月中旬,吴伯箫在临沂遣散所带学生,分别与学生作彻夜长谈,并一一登记去向,又等到学生来信后方离开临沂到徐州,设想转道徐州再到济宁交代工作。可是最终没有再去济宁,悄悄把学校的钤记交代给同事,吴伯箫从徐州直接到了安徽的蚌埠,投入了第十一集团军政训处,迈出了他人生的又一步。

而这一步,彻底改变了吴伯箫此后的人生。

这已是 1937 年的年底。

副篇:《羽书》

《羽书》的故事之一

《羽书》是吴伯箫第一个正式出版的作品集,也是使他跻身于京派散文后起之秀、奠定文学史地位的标志性成果,1941 年 5 月由上海文化生活出版社初版,翌年 1 月出版桂林 1 版,1982 年 12 月又由广东花城出版社重版。

遗憾的是,如此重要的处女集,作者吴伯箫却对其当初在上海、桂林的出版毫不知情,连稿费也遭冒领。而四十余年后重版本问世的时候,吴伯箫又已过世数月,竟也未能看到。

不能不令人叹惜再三。

---

① 吴伯箫:《记乱离》,《吴伯箫文集》上册,第 440—441 页。

好在重版本的前面，补上了当初王统照撰写的序言，后面又增加了吴伯箫生前写就的“代跋”——《〈羽书〉飞去》，将《羽书》曲曲折折的出版过程作了详尽的交代，总算较为圆满，遗憾中遂有欣慰。

即于这篇“代跋”——《〈羽书〉飞去》中，吴伯箫在回顾了卢沟桥事变后将《羽书》稿本“托孤”给王统照剑三的往事之后，接着就提到第一次文代会巴金见到他询问稿费是否收到时的情景，除了对稿费被冒领的意外，一句深情的感激话语亦随之道出：“我才想到巴金同志正是《羽书》的抚育恩人。”

事情过去近八十年，当事人都早已不在，要想搞清《羽书》从剪贴稿本变身为正式出版物的细节，或已不易。特别是王统照先生是如何转交巴金而巴金又如何将之列入“文学丛刊”第七集的细节更是难以窥知。对此，吴伯箫本人也留有遗憾：“第一次文代大会，剑三晚到两天。郑振铎先生忙着邀巴金同志等作陪在翠华楼替他洗尘。席间大家畅怀交谈，真的‘把杯痛饮’，我竟忘记问起写序的事，更没谈起《羽书》的出版过程。”由此，《羽书》序言的撰写和出版过程成为文学史中失落的环节。

不过，文学史的意义却还是因《羽书》的出版而产生了。盖《羽书》者，乃吴伯箫20世纪30年代初北师大毕业后重回山东从教期间所作散文的结集，写作时间集中在1933年至1936年的四五年中，数量不过十八篇，上海竖排版页码为118页，花城横排版加上序跋也不过百余页，实在说不上厚重。不过在吴伯箫，这几年倒是他写作的自觉期，晚年回忆录《无花果》提及这一段，有“梦想以写作为业”和“梦做得最熟的时候”之语，又说：“那时不自量力，曾妄想创一种文体:小说的生活题材,诗的语言感情,散文的篇幅结构,内容是主要的,故事,人物,山水原野以至鸟兽虫鱼;感情粗犷、豪放也好,婉约、冲淡也好,总要有回甘余韵。体裁归散文,但希望不是散文诗。”对“文体”的自觉也的确在这时期的作品中多有体现,《山屋》《马》《灯笼》《羽书》《我还没见过长城》《几棵大树》以及没能入集的《天冬草》《海》就都是发表后广受好评的名篇,《灯笼》甚至被济南一位冒名者抄袭投到北平的杂志“发表”而受到读者举报。如把这些散文与同时期何其芳、李广田等人的作品比较,可以感知他们在文体风格上的某些相似特征。

当然,种种阴差阳错构成的必然和偶然导致《羽书》及其作者不能全面而及时为更多读者所注意,造成了接二连三的遗憾。直到近四十年后才被有眼光的评论家和文学史家介绍到文学史著作中,不少篇章也被收入各种现代散文选本,却又是幸运的。记得 20 世纪 90 年代初,我本人就参加过一部《现代中国文学史》的编写并有幸撰写了四十年代散文一章,其中就将《羽书》与梁实秋的《雅舍小品》、钱锺书的《写在人生边上》、冯至的《山水》、王了一的《龙虫并雕斋琐语》并列介绍,那或许是内地高校教材第一次专节介绍吴伯箫的早期散文。而我当时所借鉴的则是 20 世纪 70 年代末 80 年代初香港学者司马长风在其《中国新文学史稿》所持的观点,即吴伯箫早期散文代表了一种现代散文的豪放风格。

就《羽书》集本身言,也还有另外的遗憾。一是同时期写的另几篇散文如《天冬草》《海》《记岛上居屋》《雨》《黑将军》《理发到差》未及收入集子,二是出版时封面上的作者名字被排成了“吴伯箫”。“箫”为竹字头,“萧”则为草字头，也的确容易混淆，故而直到巴金晚年写信给吴伯箫，写的就仍然是草字头的“萧”。

不管怎么说，小小一本《羽书》，故事不少，遗憾也多。可话说回来，如果不是王统照不负友人之托将之付与巴金，而巴金又不负友人之托将之纳入“文学丛刊”出版，则一切怕是都无从说起了。

从这些角度看文学史，文学史是活的、有趣的。

《羽书》的故事之二

1941 年 5 月，被收入巴金主编“文学丛刊”第七辑的吴伯箫散文集《羽书》在上海文化生活出版社出版。大约一年半之后，北京《吾友》杂志公布该刊一年来遭遇的抄袭事件，其中一例，是化名吴鼎甫者对《羽书》集内散文的抄袭。又，与此次抄袭事件差不多同时，上海某杂志上却又有冒吴伯箫之名发表的另外一些文章……这种种好事与坏事，当时远在延安的吴伯箫本人均一概不知。

而到了 1949 年 7 月北平第一次文代会期间，从东北赶去参加会议的吴伯箫与巴金见面，巴金第一句话就问：“你的稿费收到了吧？”这一问，更是把吴伯箫问愣了。

> 我有点吃惊，我没有把稿费跟出书联系起来。说：“什么稿费？”“你的《羽书》的稿费。”我才想到巴金同志正是《羽书》的抚育恩人。
>
> “还有稿费么？”
>
> “寄给你两次稿费，你没有收到？”
>
> “稿费寄到哪里？”
>
> “济南。”

“抗战八年我都在延安啊。”

“哎呀,这里边有鬼,受骗了。《羽书》一出版,我们就寄稿费给‘你’。‘你’收到以后,用左手写一封信给我们,说是右手在跟敌人作战受伤了,希望再寄一点稿费养伤。我们就又寄了第二笔。……”

“是啊,真是受骗了!”心里想:冒名的人该是谁呢?

令吴伯箫惊讶、尴尬的还不止于此,当他开完会回到长春,竟然又在斯大林大街附近的旧书摊上看到一本记载他“死讯”的小册子《在抗日战争期间牺牲的文化人》。这个小册子我一直没找到,但温州已故诗人莫洛所著《陨落的星辰——十二年来中国死难文化工作者》(上海人间书屋,1949年1月初版发行)也有一篇《吴伯箫》,却也有差不多相同的说法:“后来他回到济南,全家被日寇杀戮,并强迫他参加和运,他正义拒绝,惨遭酷刑,以致残废,其当时生活艰苦,赖卖文度日,后贫病交迫,在一风雨之夜,默默死去。”只是“默默死去”一语与那本《在抗日战争期间牺牲的文化人》所云“被敌人活埋”不同,应该不是同一本书。不过莫洛的孙女后来写过一篇博文,猜测其祖父的记载可能受到当时上海《杂志》张金寿文章的影响,此文说在济南遇到了“事变前文艺界鼎鼎大名的吴伯箫先生”,而在张金寿笔下,这位“吴伯箫先生”“两条腿坏了,勉强蹭着走,远一点路便不行。他苦得很,最近正欲卖书,文人到卖书的程度,可以想见其如何贫困”。张文又说:“吴先生言语甚为凄惨,他说:‘我如果不死我们还见得着的。’这是我们告辞时的末一句话。他的肺病程度甚重,且又贫穷,疗养谈不到，所以好起来是颇费时日的。他现在住在他弟弟家，仍不时写文章，往上海的《文潮》，山东的《中国青年》，北平的《吾友》发表，真是苦不堪言。”

由张文言及北平《吾友》再联系邵燕祥《想起了吴伯箫》中的一段话，《吾友》抄袭案、《羽书》稿费冒领案、济南“吴伯箫”投稿上海案似乎就慢慢连贯起来了。

邵文回忆他最早知道吴伯箫就缘于此次《吾友》抄袭案：“大约 1943 年或 1944 年前后，沦陷区北京有一家名为《吾友》的期刊发表了《灯笼篇》，那浓郁的乡风诗情一下子吸引了少年的我。过后登出启事，说是投稿者从吴伯箫的《羽书》抄袭而来。从此知道有吴伯箫其人，《羽书》一集，心向往之。”

沿着这条线索，我先找到了《吾友》，1944 年未见记载，1943 年 2 月却意外先看到了一篇署名“方坪”的就《羽书》抄袭案专门为杂志撰写的《关于〈灯笼〉的“谜”》，以他与吴伯箫在晋南共事一段的亲身经历证实了济南吴鼎甫冒名顶替而又抄袭《羽书》之“谜”：“当去年暮秋，我投身新的环境时，吴伯箫却早回延安了。显然的，《羽书》的作者是吴伯箫，而不是现在济南的吴鼎甫了。有人说：人生是谜，最好不探究竟，这样活下去，才能算好的生活。但是，我应该奉劝吴鼎甫先生，不要为了原作者不会登报声明，而冒名顶替，偷他的文章已经够了，但偷他的名字，未免不近人情，生财之道是很多的，千万不要发昧心财，其实千字二元的收入，能值几何呢？请不要成名心切，想列入作家之林，还是关门读书，以待来年吧？虽然，法律上没有明文规定，抄袭者应受如何处分，但就事论事，却总不大好呢！”

果然，接着往前翻，终于在 1943 年年初的三卷二期找

到了“编者”的启事《一年来的抄袭》,其中涉及吴伯箫《羽书》的是这样一段:

> 经本市杜志元君及本报稿友胡秉君来函谓《灯笼篇》一文原刊于上海文化生活社之文学丛刊《羽书》一书中之五十五页,题名《灯笼》,作者名为吴伯萧(萧,当为“箫”,原书印错。子张按)。胡君并将原书附来,并谓“最好与作者去一信询问,是否即其本人,因或者他将原稿交沪上,但出版与否不自知。该文文章极好,如系吴伯箫本人,倒可请他多写稿的。”查《羽书》于三十九年五月初版,在上海发行。吴君寄本社之稿除已刊之《灯笼篇》外,尚有《黄雾之花》一篇未刊,所用稿纸印有“丁夫自用原稿纸”字样,题上用有“丁夫”二字之小章,署名下有“吴鼎甫”之方印,文末又有“吴伯箫”之方印。吴君原住济南,《羽书》中各文末亦印有作于济南或青岛之字样。由此种种《灯笼篇》及《灯笼》作者出自一人,当属无误。

由此可知,署名吴鼎甫、刊载于《吾友》第二卷第八十八期(1942 年 10 月 21 日)之《灯笼篇》,其实就是《羽书》集里头的《灯笼》,而所谓吴鼎甫、丁夫、吴伯箫(原署“吴伯箫”)云云,也皆为同一位冒名者。抄袭更兼冒名,真可谓盗名欺世而又用心良苦。

我也经由曲曲折折的路径,找到了这位济南“吴伯箫”在同时期上海《风雨谈》杂志上的冒名之作,所写文章除署名“吴伯箫”或“吴伯箫”之外,往往另有“历下诬谚斋”的落款,而那些文章的内容与写法与真实的吴伯箫大相径庭,却是一看即知。不过同时也看得出,这位“济南吴伯箫”于文史、文学的确也非外行，甚至还颇有一些考证、批评的功底，实事求是言之，也该算得上一位水平不坏的文人墨客。而他之所以一定要冒“吴伯箫”之名行抄袭、发表之事，推想起来大略不外乎两端：一是出于什么原因穷愁潦倒，借此蒙骗些稿酬；二是此人对吴伯箫在山东前后的情况有所了解甚至相当熟悉，估计吴伯箫在延安不会知情，乐得盗用一下吴伯箫文名实现发表作品和赚取稿酬的目的。果然，除了北平《吾友》的抄袭启事，在济南和上海等地的冒名就都一路顺利，着实成功蒙骗了不少人（包括巴金和那位在济南“遇见”他的张金寿）。远在延安的吴伯箫本人更是完全被蒙在了鼓里。

可是也幸而没有被延安的政治审查者看到，否则正如吴伯箫晚年所言：“搞这种伎俩的人也许穷极无聊只是为了赚点稿费，实际上那却是硬把人往粪坑里推的行为。”因为“若是刊物落到‘理论权威’的手里，那不会被看作是‘通敌’的罪证吗？”

到这里，关于《吾友》抄袭、《羽书》稿酬被冒领、冒名发表论著以及张金寿济南采访诸案总算大致交代过了。能够确定的是，几个案子的作案者其实只有一个，即落款“历下评谚斋”者，而其真名究竟是否“吴鼎甫”或“丁夫”，可就不得而知了。

在补订拙编《吴伯箫先生编年事辑》过程中，我也曾与《吾友》抄袭案的见证者邵燕祥先生讨论到此事。而邵先生在为这部编年事辑撰写的序言里也再一次谈及他对该案的看法，殊多趣味，这里限于篇幅不便再作征引。好在《吴伯箫先生编年事辑》已经问世，感兴趣者或者可以找来看看。

岛上的人,岛上的屋

人无论走到哪里,衣食住行都是最基本的需求。这基本需求亦有分教,一个是质量有别,或锦衣玉食香车宝马高楼名堂,或麻衣布履粗茶淡饭草棚泥墙;再一个是不同的人对待自己衣食住行又有不同态度,多数人不过只是衣食住行而已,那较为敏感多思的少数人可就不这样,往往会形诸笔墨,对自己的吃喝住穿有所记、有所感、有所思,对吃喝住穿中尤为特别者更是记得细,感得多,思得深。

诗人、文学家之不同于常人,亦在于此。

吴伯箫在青岛工作、生活,前后断续差不多整四年,住过的地方应该不止一处,《羽书》中所记“山屋”是其一,《羽书》外所记“岛上居屋”是其二,至于正式来青岛之前的兼职期间和正式来青岛之初住哪儿,也许因条件简陋、环境一般而不值得写入文章,当事人既然无感,读者又何必多事去探问。

《山屋》文末注明写于 1934 年 4 月 6 日之“青岛万年兵营”,其实“万年兵营”“山屋”都只是当年青大后面万年山的附属物,兵营为当年德国人所筑,山屋则为吴伯箫的住处。由“刚来记得是初夏,现在已慢慢到了春天”,约略可知伯箫所谓“初夏”当为前一年即 1933 年上半年,彼时《青岛民报》报馆被日本浪人烧毁,吴伯箫开始主要在已改名为山东大学的原青大工作,从上班方便计,此时搬来“山屋”比较顺理成章。

此篇写法,已然是吴伯箫驾轻就熟、收放自如的一种融叙述、随想于一体的笔致,或可称之为现代辞赋体散文。依次写春夏秋冬山屋内外之风物情怀,语句流畅,文采斐然，节奏跳荡委曲，意兴昂然盎然，极为灵动飘逸。

《记岛上居屋》虽未收入《羽书》，可也是《羽书》时期之作，写于1936年中秋，在济南。所记则是本年暑中在青岛租房度假事。何以说租房度假而并非吴伯箫在青岛时期的正式居所？盖吴伯箫早在1935年年初就调离山大而移居济南了。只不过一来青岛有文友相约，二来又有恋人牵挂，故暑期回青岛度假，一如回家，是再自然不过了。

山屋是正式卜居，于吴伯箫意义当然大，以至于专为取室名，又以之用作笔名。此处乃临时、短期租赁，是为客居、度假，故要这个居高临下、可以“俯瞰全市、远眺海山”的好位置。美中不足的是好事多磨，为了事先看房子却先遭遇一番不痛快，冷漠的房东，摆架子的小录事，都令人心生不快。好在作者也用了以毒攻毒之法，让这些庸俗的小市民对自己改变了态度，终于“恋恋着房子的地势，我又蹒跚回去了”。

文章后半段先写晾台伫立所俯瞰、远眺的海岛城市风光，继而生发出不少关于贫富参差对比的感慨：“在那里我也眺望得大港小港，那是麇集千百数劳苦大众的地方。咬了牙他们替外国船上货下货，将身子炼成了铁，生活同愤恨也将千百人的心炼成了一个。有大喉咙喊的汽笛，有轧轧叫嚣的起重机，也有嘈杂的人的叫唤，物的击撞：一切声音凑成的是重压下的人们在挣扎中的呻吟。恰恰成功对比的，街市交织密处，也有另一种趣味的舞蹈，爵士乐，硬的是金钱，软的是迷醉的梦境，妖娆的女人的身子。”从这些地方，可以感知吴伯箫的平民情怀，亦可以窥见吴伯箫思想的走向。

最后，在描绘了两个“芳邻”富有现代都市风情的软风景之后，作者道出了结局："我怕懂得事太多了麻烦，待到月残，为了别人的邀约我连青岛也离开了。"只是他没忘了用极简练的文字为这"岛上居屋"留下一幅小影，那是跳荡、飞动的诗的句子："虽然，那房子我是记得的：月夜，雨夕，屋瓦，街市，山水，帆光舰影，烧了烟作彻夜谈的朋友，万家灯火，夏天的一身汗，62层台阶。"

绿的青岛

《羽书》中专写青岛的篇什共四篇，《山屋》《岛上的季节》《野孩子》《阴岛的渔盐》，同期写作而未入集的《海》《记岛上居屋》也是专写青岛，如果再加上不专写却含有青岛内容的《海上鸥》《向海洋》，可就有七八篇了。不算太多，可也真不算少，除了吴伯箫，还有哪位名家为青岛写下过偌多美文？

这七八篇美文，多数写于在青岛工作的几年中，也有的是调离青岛后重来度假期间写作，或度假结束回到济南再写，《向海洋》则写于抗战时的延安窑洞。"我的岗位是在高原上，我的心却向着海洋。"

吴伯箫之于海的青岛，情缘真乃非同一般。

不过情缘归情缘，写什么、怎么写还是有不同动力、不同意趣的。

譬如《山屋》《记岛上居屋》是基于对个人衣食住行的基本需求下笔的，《岛上的季节》《海》则以抒情、记叙、铺排的辞赋风格对青岛作毫无保留的赞美，实在是献给青岛的情歌。伯箫写某地风物，乐于以春夏秋冬之自然时序、地理环境之空间顺序或个人情感想象之心理顺序为结构，《山屋》与《岛上的季节》即以四季的顺序带动所写内容，而青岛又的确是以季节之特别成为度假天堂的，以此种方法加以介绍最为恰当。春秋之“可看”，夏天之“走运”，冬天之“没得可说，没得可玩”，那是一个对青岛了如指掌的自家人才可讲得出来、讲得到位的。春秋之“可看”，是因为“像泡沫一样的轻松柔软”的樱花和“重九后遍野的红叶”；夏天之“走运”，自然是因为白天可以“洗海澡”，傍晚可以看“落日”，晚上可以吹着海风“乘凉”。说到洗海澡，有段文字写得真叫热闹：“你看啵，一排排的木房前面，卧在沙上的，撑了纸伞的，学生样子的派司球的，男男女女，老到有了胡须，小到刚会走的，都来洗澡来了。水里边，真是万头攒动，活泼的像游鱼，灵便的像野鸭，拙笨的像河豚，喳喳哑哑，肉，曲线，海水，粗波细浪，他们哪里知道什么叫做热天，出汗是怎么回事呢。在水里浸着，在沙上晒着，有的人连饭都不回去吃，直待到傍晚才收拾散去，不是连夜里都有洗澡的么？日子是过得那样优闲的。”

《海》，有着吴伯箫散文特有的风致：热情的抒发，驰骋的思路，跳荡的节奏，昂扬的情志，富丽的辞藻，铿锵的韵律。“海风最硬。海雾最浓。海天最远。海的情调最令人憧憬迷恋。海波是娇妮多姿的。海潮是势头汹涌的。海的呼声是悲壮哀婉，訇然悠长的。啊，海！谁能一口气说完它的瑰玮与奇丽呢？且问问那停泊浅滩对了皎皎星月吸旱烟的渔翁罢。且问问那初春骄阳下跑着跳着拣蚌壳的弄潮儿罢。大海的怀抱里就没有人能显得够天真，够活泼，够心胸开阔而巍然严肃的了。”是这样的海。

《阴岛的渔盐》是 1935 年暑期重回青岛“避暑”期间所写，因专程到阴岛“看乡间风物，带便访访古齐国底渔盐之利”而有是作，属游记。与前述诸作不同，此篇不以骋怀畅想取胜,而以平实素朴惹眼,盖其中有若干乡野采风的成分在也。比如写到岛上渔民不愿送孩子上学读书,乡人的话是:“俺就光给您念书啦,俺就不干点活啦!”“就算你枪毙了我,我也不能教俺的孩子上学。”还有到萧家庄看盐田一节,就既有趣,又有引人思考处。这种含有田野调查成分的写作,或也开启了吴伯箫散文的另一条路子,即后来在抗战前线写《潞安风物》的路子。

《野孩子》一篇最为特别,写的是民国青岛的另类“风景”——“万年山下一带潮湿的地方,有一群野孩子,朝朝暮暮他们都混迹在垃圾堆里。”写这类算不上青岛靓点的“风景”,自然也不是故意抹黑或觉得好奇好玩,那该是另一个吴伯箫要表达的另一种情愫,这里有悲悯,也有提醒甚至是抗议,他要指斥的是:“谁也不管!”他要提醒的是:“过路的人啊,你看了心上不发凉么?”

看到这另一种情愫,才可能理解完整的吴伯箫。

在济南北苑

老舍在济南,曾为济南写下了若干篇美文,吴伯箫自1935年初离开青岛到济南工作,历经两年,是否也有写济南的文字留下?

有,可只有两篇,且落笔在济南北郊,是为“郊野风光”。

原来吴伯箫当年任教的济南乡村师范,地址便在济南北郊,先在北园白鹤庄,后又迁至黄台桑园。有伯箫自述为证:“白鹤庄和黄台是济南乡村师范先后校址所在地。那里出来的教师和学生,抗日战争期间大多数都参加了革命队伍。”(吴伯箫《旅途》(四首),《诗刊》,1962年4月号)

《边庄》所写，或为乡师前期所在北园附近确有"边家庄"之名的地方。《几棵大树》是写树，却同时涉及乡师前后两处校园，有两棵大海棠树的海棠院是北园时期"学校一处图书馆的院落"，正面写的"几棵大树"则为黄台桑园校内原先农政学堂时期所植。

《边庄》第一句："从水北门出了以小江南称的T城"，水北门多称北水门，T城便是旧时济南二字的英文拼写法(Tsinan)，北水门是老济南的北城门，在现在的大明湖北面，从这儿往北走，就是民国时期老济南的北园、白鹤庄、边家庄一带。

这一带与济南城区不同的是，因属于城外，是乡村，而水系较城内尤多，故而稻田成片，荷塘处处，水衢柳荫，小桥流水，春夏秋时节，确有浓浓的江南风味。我幼时居济南，就听外祖母说北园的大米多么好，其中有一种淡红色大米最是香甜，我亦食过。故吴伯箫谈及边庄给他的最初感受为"淡淡苏州似的风味"，就不能说不真实恰切。接下来所写，除了住户人家的水乡风貌，又依次详详实实写了庄南首一家茶馆和惯常出入茶馆的老主顾们，又顺便写了"左近一堵水闸"以及"舣集"闸边的民家船只和船户的日常生活，还写了村南的胶济铁路、村北的菜圃稻田、夏天的十里荷香，以及庄里边鬓边插花正欲骑马归宁的姑少奶……忽想，如今高速度城市化的时代，"边庄"已难寻旧时倩影了吧？

那么，海棠院里两棵树影婆娑的海棠，桑园校部那两行四五十株"一直上伸的躯干，密匝匝的叶子，一株株看齐了似地排着"的美国白杨，当初给了青年作家以灵感和畅想的，如今又怎样了呢？

怕是早已被钢筋水泥的丛林替代了吧。

回忆中的故乡之二:灯笼与马

在谈及另一位莱芜籍文学家吕剑忆旧诗作时,我曾说过:"吕剑的故乡莱芜,地处古代齐鲁两国分界线的鲁国一侧,也是泰山山脉向东延伸的丘陵地段,齐长城、齐鲁长勺之战旧地、齐鲁两国之间重要的关隘青石关,距离吕剑出生的地方——莱芜口镇林家庄很近。所以吕剑诗中涉及他少年时期到地处古齐国境内的博山读中学的经历用了'出国留学'的字样。本来这一带古时有许多故事发生,文学作品中理应有丰富的记载和描绘,可惜莱芜本地没有成长出较知名的文人,也就不能在文学作品中对莱芜有相当的表现。到了民国时期,因为时代风潮,这才有了吴伯箫、吕剑这样走出莱芜、在新文学范围内有影响的青年作家和诗人,写出了像吴伯箫的《马》《羽书》这样的散文名篇,像吕剑的《家乡有座山》《故乡的石竹花》这样的新诗佳作。假如要了解新文学作品中的莱芜形象,我们不能不到吴伯箫的散文和吕剑的诗歌当中去寻找。"

这里提到的《马》《羽书》,另外还有《夜谈》《灯笼》《荠菜花》,以及《街头夜》时期的《醉汉》《小伙计》《茅店的一宵》《俺的更夫》,便都是回忆童年、少年时代家乡生活的篇什,换个角度说,也就是现代散文记载、描绘莱芜形象的优秀篇章。

莱芜形象,当然还只是一种笼统、抽象的表述,具体说,则有地理环境、历史、人物、语言、风俗文化诸细类的分野。

拿《街头夜》时期的几篇说,多以记忆中的家乡人物形象为中心，连带会折射出一些地方风俗人情，典型的如《茅店的一宵》，里面有茅店的主人那种旧时乡村人物身上普遍具有的淳朴厚道，可也顺便叙述了“嘶马河”地名的来源及其内涵的文化信息。

《羽书》时期，作者的文笔更为成熟老到，从每一篇的艺术上看都较为圆熟，从表现特定地域文化角度看也似乎更为自觉，写青岛、济南、北京、莱芜诸地都有名篇，若说到写儿时的莱芜，可能《马》、《灯笼》和《羽书》最集中、最漂亮。

三十几年前《羽书》重版时，我通过邮路自广州花城购得一册，通读一过之后，即选中《马》，为当时我们几位喜好文学的同事所编印期刊《百草》写了赏析文字，便是扣着“乡情”写的。于今重读，犹感觉那种浓浓的故乡记忆和情感使人不能自已。再拿新近被选入初中语文课本的《灯笼》来说，开篇从人对火与光亮天然的喜好说起，接着就是一连串有关“灯笼的缘”的记忆，此后将幼年生活与历史故事穿插写来，又处处不离开“灯笼”。写到最后，陡然一转，“卒章显其志”，由挑灯看剑的将军回到自己：“你听，正萧萧班马鸣也，我愿就是那灯笼下的马前卒。”铺得开，收得稳，收得轻巧，真乃妙文。固然，在那个抗战气氛愈来愈紧张的情势之下，《灯笼》、《马》与《羽书》等不少篇什都在自觉不自觉之间流露出强烈的敌忾来，即无论写什么，都会不知不觉转到兵事上去。相对而言，《马》或许显得集中和纯净些。

整篇文章的前三分之二完全写记忆中的童少年生活，所谓“马”不过是将这些生活贯通起来的由头或线索，这其中有不少鲜活的画面：送姑姑回程、迎姐姐归家的风情画，与叔父驰骋乡野的春郊试马图,陪年老的祖父骑马踏雪俯瞰村舍炊烟的祖孙陶醉长卷,那真是一条又一条"回忆中幸福的路"。而旧时莱芜之地理、风土、乡俗、人物,也就都经由作者饱蕴着诗意的文字显现在这些画幅之中了。

《马》的后面三分之一是由"马"引发的牵连着现实局势的历史遐想,因为的确有现实的隐忧,这些遐想亦不能视为"跑野马",只可意会为作者之别有寄托。好在结句巧妙,以轻轻一句"儿女情长之语"把自己拉了回来,又回到故土情怀上去:"那就是我喜欢的马——弟弟来信说,'家里才买了一匹年轻的马,挺快的。……'真是,说句儿女情长的话,我有点儿想家。"

唉,想家!这或许才是心底深处的老实话吧?

附　录

诗情画意　眷眷乡情

——读吴伯箫早期散文《马》

抒情散文,应该是充满诗情画意的;而好的抒情散文,则尤其应该如此。情是真情,意是实意,加上诗与画的魅力,便构成历代散文名篇所以成功的基本原因。

散文作家吴伯箫的早期作品《马》,便是这样一篇动人的佳作。

这篇散文写于三十年代中期,当时的中国正处在子夜沉沉、山雨欲来的时刻,"九一八"事变,国民党反动派对外采取不抵抗政策,对内却穷凶极恶,疯狂围剿革命力量,人民生活在水深火热之中。如诗人臧克家所说，这“是一个苦闷的时代，也是一个斗争的时代。”(臧克家《王统照先生的诗》，《怀人集》。)而反动统治下的山东农村，更是一片衰败与凋敝。这时正在国立青岛大学任职的年轻作者，面对黑暗现实，忧心如焚。“书生救国恨无力，把笔忧为说部篇”，带着对家乡深情的回忆与怀念，作者用诗一般的语言写了《马》，为我们描绘出多幅令人神往的田园风俗画，有力地衬托了当时社会的黑暗与农村的破产，抒发了年轻爱国者积极向上、抗敌报国的激情。在吴伯箫早期并不很多的散文作品中，《马》是较有代表性的一篇。

如果把这篇散文大体分为两部分，那么在第一部分的十一个自然段中，作者主要是用注满深情的笔为我们作画。你看，开头一句，作者紧扣题目，把全部感情凝结到一个“马”字上(可谓“举纲”之笔!)，然后我们便感到一幅幅动人的家乡风俗画呈现在眼前：三四岁的“我”第一次被老长工揽上马鞍，在送别的人丛中是那般高兴和欢快，不料这“骑士”的高兴被父亲的呵斥全赶跑了，一声“皮”道出了做父亲的温厚、慈爱与威严。这幅画，情趣盎然，极富田园风味。

小河边，与母亲和弟弟们迎接出嫁了的姐姐，母亲的喜欢，弟弟的快活，姐姐也笑——但“偷回首却是满手帕的泪”——那笑里有着说不出的辛酸。这幅画，情深意厚，催人泪下。

一碧青空，一鞭扬起，飞腾的骏马……那该是朝气蓬勃的“春郊试马图”。又看“日衔半山，残照红于榴花”，酒旗飘摇，“闻香下马”的大字……那“借问酒家何处有，牧童遥指杏花村”的情境，叫人神驰——这不能不说是洋溢着眷眷乡情的传神之作。

还有，祖孙二人踏雪归来，系马长松，远看村舍里炊烟缕缕，眼前是无边的皓浩与荒旷——又该是一幅傲霜斗雪的壮丽图景吧！意境是那般深远，色彩是那样柔美，淡淡的冷色里满蕴着无限的暖意。

把这些连贯起来，就构成了绚丽多彩的一长卷写意画而深深地感染了读者。画的内容是那般丰富，流露的似乎并不专注在“马”上，而应是那全部深沉的乡情；画的色彩素雅、鲜明而和谐，绝不浓艳，却并非不热烈，自有它夺人的妙趣。

然而作者的用意还不仅在于用这些画幅去令你神往。接下去，进入第二部分，你就会渐渐体会到作者之所以着意地描绘那过去了的故乡美景，还有他更深的意义。

第十二自然段也可看做前后两部分之间的过渡，也是由深沉的画意到激昂的诗情的过渡。“说呢，孩子时候的梦比就风雨里的花朵，是一招就落的。转眼，没想竟是大人了。”这时候，作者所渲染在画中的色彩陡然转暗，诗一般的田园生活成了美好的记忆，“家乡即变得那样苍老，人事又总坎坷纷乱，闲暇少，时地复多乖离。”这也像交响乐中的第二乐章，调子骤转，速度由快板进入慢板，沉重的气氛使人突然有一种压抑感。这样就与前面鲜明的画幅形成对比，现实的黑暗与回忆中的美景互相映衬，构成了矛盾。

接下去进入第三乐章，字里行间开始充满热情和青春的活力，作者在短暂痛苦的沉默之后，突然激情满怀，结束了甜美的回忆和沉痛的诉说，展开了对“马”的丰富的联想。上下古今，臧否人物，用的是诗一般的语言，抒发的是诗一般的情怀。你看:“十万火急的羽文,古时候由驿马飞递:探马报道,寥寥四个字里,活活绘出了一片马蹄声中那营帐里的忙乱与紧急。百万军中,出生入死,不也是凭了征马战马才能斩将搴旗的么?飞将在时,阴山以里就没有胡儿了。”读到这里,你不能不为作者的激情所感染,听到那踏踏马蹄鼓点般的节奏,我们会一下子从刚才的沉闷里抬起了头,身上猛然增添了力量,脑中现出“不教胡马度阴山”的诗句,眼前飘来抗敌报国的健儿的英姿,想到了破旧的山河,荒芜的故园。想想那侵我中华的敌寇,我们怎能不想同年轻的作者一道,去跨上征马战马,挥戟挺戈,重新开辟那“理想中幸福的路”呢?

“落日照大旗,马鸣风萧萧”。那风驰电掣的征马战马,在作者的心目中已成了力量的化身,作者是要凭着这种力量去恢复过去美好的田园生活,去反抗、冲破眼前黑暗的现实。文章最后说:“真是,说句儿女情长的话,我有点儿想家。”因为弟弟来信说,家里才买了一匹“年轻的”“挺快的”马,作者的想家,正是要在那新买的马上寻求力量,把苍老的家乡以及祖国改造一番。因而这儿的乡情,已经是一种扩大了的年轻爱国者赤心报国的激情。对过去美景的渲染,正是对眼前无边黑暗的衬托,是对反动统治和侵略者的控诉,也是对自己和人们寻求力量拯救这个多灾多难祖国的鼓舞——这也便是作者眷眷乡情的实质所在。“这时代,火与血烧洗着城市与乡村的尸骸。古旧的树木被砍作柴鑫再不能夭矫作态。”但同时,这时代也是“火与血烧洗的地方是待燃的烛台”的时代!前辈作家王统照先生的诗句,也正反映了这种含蓄而有力的情感。

想来,吴伯箫既不是诗人,又远非画家,而作品中又哪来这许多令人神往、激人向上的画意与诗情呢？古人云："感人心者，莫先乎情"，情是真情，惟真情才能感动人心。真情来源于对生活的真诚的爱，正是源于对故土和民族的真诚的爱，短短一篇《马》才充满了感人的柔情与激情；而有了这种纯真的爱做基础，自然就"登山则情满于山，观海则意溢于海"，加上作者渊博的学识、精心的构思和对字句的推敲斟酌，自然也就凝练流畅如行云流水，意气风发，字里行间充溢着动人的诗情与画意了。

吴伯箫早期的散文，画意总是那么浓郁，诗情也总是那么深厚，内容或回忆(《羽书》《马》)，或畅想(《海》《我还没见过长城》)，感情或粗犷、豪放(《羽书》)，或婉约、冲淡(《马》)，却都能凭着这种诗与画的魅力把读者带入一个崇高的境界，读者的心会情不自禁地随作者的心急跳起来。《马》虽是几十年前的旧作，今天读来，仍能引起我们的强烈共鸣——这正是吴伯箫早期散文的一个特色。

坚持写真情实感，是贯穿吴伯箫五十七年创作生涯的基本原则，而在此前提下，孜孜不倦地在自己的作品中创造浓厚的诗情画意，用激昂的格调把读者带入崇高的境界，使文章具有深厚的"回甘余韵"，也是吴伯箫所一贯追求的。读了《马》，我们便会深深地感觉到这一点。

一九八二年十二月、一九八三年一月，莱芜

重回北平

假如没有留下特别难堪的记忆，一般说，人对自己住过的地方或许都是留恋的吧？此种留恋，较之"羁鸟恋旧林，池鱼思故渊"或更单纯些，也悠远些。吴伯箫散文，早期也罢，后期也罢，其实有一个贯通着的情感性主题，也就是对故地故人的怀念。几乎每迈出人生的新步履，都伴着频频的回首。在北平回忆曲阜、莱芜，在青岛回忆莱芜、北平，在延安回忆青岛，到六十年代在北京，则又回忆起延安来。

譬如读大学待过六年的北平，在离开两年后的重访中，吴伯箫竟如隔了十年八年归来的游子，情怀若潮水奔涌，连续几天遍游旧京各处，且于返青前夕一气呵成一篇《话故都》，情怀之炽烈，文字之绮丽，足令读者为之动容。

“生命短短的，才几多岁月？一来就五年六载地拖下去，好容易！耳濡目染，指磨踵接，筋骨都怕涂上了你底颜色罢；不留恋还留恋些什么？不执着还执着些什么？在这里像远古的化石似的，永远烙印着我多少万亿数的踪迹；像早春的鸟声，炎夏的鸣蝉，深秋的虫吟似的，在天空里也永远浮荡着我一阵阵笑，一缕缕愁，及偶尔的半声长叹。在这里有我浓挚的友谊；有我谆谆然师长的训诲；有我青年的金色的梦境，旷世的雄心，及彻昼彻夜的挣扎与努力；也有我掷出去，还回来，往返投报的情热，及情热燃炙时的疯狂。还有，还有很多；我知道那些逝去了的整整无缺的日子，那些在一生中最可珍贵的朝朝暮暮，我是都给了你了，都在你和平而安适的怀抱里，消磨着，埋葬了。”

是这样的人生，这样的情感，还有什么好说！

于此种情形之下，将旧日积攒下来的记忆一一重温便是对自己最好的慰藉。不妨罗列罗列这些印迹：五六人围炉话尽之雪夜，骆驼书屋和图书馆，西郊山峦与颐和园，城中白塔，南城天坛、天桥和陶然亭，北城什刹海，以及随处可见的庙宇、松柏、砖石、护城河、牵骆驼的人、呼呼的大风、飞扬的尘土……

个人情怀之外,也还有着更广大的牵连,此乃吴伯箫散文惯常有的延伸。接下来便是“多少名胜古迹啊!但只有你配象征这堂堂大气的文明古国”引发出的更多更热烈有关家国民族的畅想。或以为这种畅想有游离于“故都”话题之外之嫌,不过想到北京古城的历史文化地位,和她之于华夏文明的血肉关联,也就并不觉得是作者故意跑题。从作者个人的心性言,当可以理解为自然而然的人格流露或情感倾向,即吴伯箫本就是富有家国情怀之人,换了另一些作者大约就不一定这样写、这样联想。总之这便是作家个性的体现,同样的老北京,因作者不同所写内容或就大不同。

畅想归畅想,最后总还要回到个人的私谊,《话故都》仍以自己对这老城的牵挂作结:“在这临行的前宵,听着你午夜的市声,熙熙攘攘,喘着和平的气息,我怀了万分惆怅。”是所谓天下没有不散的筵席,惟“希望再度我来,你矍铄依然,带着你永恒的伟大与壮丽,期待我,招呼我”。

对故都的情怀,在此后写的《梦到平沪夜车》《我还没见过长城》中也还有不少抒发,见人格、见性情之外,也略有不足之感。就是作者太倚重一己的感受了,客观平实的故都旧影描述就显得粗疏淡薄了些,不够细腻丰腴了。

惊沙坐飞……

写散文之初,吴伯箫就有了以某专题创作系列散文的尝试,《街头夜》中《塾中杂记》《残篇》《街头夜》《鸱》就皆属于系列散文。《羽书》中明确标示的系列散文也有一组,即“惊沙坐飞”,共三篇:《羽书》《我还没见过长城》《黑将军》。

“惊沙坐飞”也者，原句出自南朝文学家鲍照《芜城赋》，感慨广陵之今昔对比和历史变迁、王朝兴替，其中写到广陵的荒芜衰败时有言：“白杨早落，寒草前衰。棱棱霜气，蔌蔌风威。孤蓬自振，惊沙坐飞。灌莽杳而无际，丛薄纷其相依。通池既已夷，峻隅又以颓。直视千里外，唯见起黄埃。”“孤蓬自振，惊沙坐飞”两句意谓“孤蓬忽自扬起，沙石因风惊飞”，吴伯箫拈出其中一句为题，以之形容1936年日益严峻的抗战形势，“立意在反对日寇侵略，仇恨国贼的罪恶”。这些，在老年所写《无花果》中，吴伯箫都有过交代。

《羽书》一篇由童年记忆中家乡一次农民暴动起兴，借助“羽书”意象呼应全民抗战情绪之高涨、急迫，文末呼吁：“啊，‘鸡毛翎子文书’，飞啊！去告诉每个真正的中国人，醒起来，联合了中国人真正的朋友，等那一天，再来一个八月十五！”

《我还没见过长城》，劈头一句：“朋友，真惭愧，我还没见过长城，长城却已变了颜色！”立片言而居要，实一篇之警策，也就成为了带动全篇的一句。长城，其汉语之寓意，凡中国人谁不晓得？以此语立意属文，于山雨欲来风满楼的情势之下，不可谓不及时、恰切，其阅读效果想必亦佳。记得八十年代初读此文，即被其酣畅淋漓的文字打动，后来看到香港学者司马长风先生谓吴伯箫散文风格为“豪放”，便立时想到此篇，很是认同司马先生之说。盖豪放者，“天风浪浪，海山苍苍。真力弥满，万象在旁”，于吴氏散文，虽未必达到司空图期待的境界，而流动、呼啸于文字间的那种阔达的胸怀和饱满深挚的情志，或几近之。

第三篇《黑将军》与前两篇的全篇抒情不同，基本以纪实为主，尽管全篇未出现“黑将军”的真姓名，然熟悉东北抗日史的读者一看便知乃鼎鼎大名的抗战将军马占山。没正面写将军指挥作战,而以其退守过程中对百姓父老、对部下士兵两次演讲,着力塑造其忠贞、坚毅形象,而全文亦夹叙夹议,以将军与"眼前的一堆糊涂,两层麻木,三番推诿"做对比,既是棒喝,也是鼓舞,在特定的背景下,感染力正与前述二文略同。如文中引将军语:"三四十年来我们总算高举了'为生存'的旗帜抵抗了我们国家底摧残者。我们是卫国的最前线的急先锋呢。以往中国的一切战争,那是最丑恶的内战,杀的是自家同胞,蹂躏的是自家土地;那不但不是什么荣耀,反而是洗不净的羞污。那样的战争,物质上越胜利,精神上越痛苦,虽胜犹辱;我们现在,物质上损失愈大,精神上获利愈多,虽败犹荣。"的确有着针对"不抵抗"之意蕴的。

"惊沙坐飞"系列诞生在抗日氛围中,构成《羽书》集一个富含时代大主题的特殊品格,也似乎预示着吴伯箫散文写作新的路径:更贴近抗战一线的纪实性战地通讯的写作。

本章年表(1931—1937)

1931年(民国二十年),二十五岁。8月,考山东省款留英,以第二名未录取,到山东青岛任《民国日报》副刊编辑,兼任青岛大学教务处事务员。

1932年(民国二十一年),二十六岁。因学潮,杨振声辞职,赵太侔接任校长职,青岛大学改为山东大学。"一·二八"后脱离国民党,《民国日报》报馆被日人捣毁,主要在青岛（山东）大学工作，由教务长室转任校长室职员，兼女中国文课。

1933年（民国二十二年），二十七岁。入住山东大学后面房舍，自名“山屋”。读王统照长篇小说《山雨》，写读后感，称1933年为“子夜山雨季”。

1934年（民国二十三年），二十八岁。上半年在校长办公室工作，下半年调教务处注册科工作。写散文《马》《山屋》《野孩子》《雨》《啼晓鸡》《海》等。

1935年（民国二十四年），二十九岁。调任济南乡村师范学校训育主任兼语文教员。暑期去青岛，与老舍、洪深、王统照、臧克家等依托《青岛民报》创办文艺副刊《避暑录话》。写散文《边庄》《萤》《阴岛的渔盐》及新诗《秋夜》等。母亲去世，回莱芜奔丧。

1936年（民国二十五年），三十岁。改任济南乡村师范学校教务主任兼语文教员，暑期在青岛赁屋居住。下半年调任山东省教育厅第一科高教股主任，在济南与郭静君结婚。写散文“惊沙坐飞”系列《羽书》《我还没见过长城》《黑将军》《说忙》《荠菜花》《几棵大树》《理发到差》《记岛上居屋》等。

1937年（民国二十六年），三十一岁。调任莱阳乡村师范学校校长，下半年“七七”事变后仍按时开学，安排了“游击战”“军训”“防空”“救护演习”等教学内容，邀请作家老舍到校讲演、宣传抗日。10月底，按省教育厅命令，带学生先到临沂集中，后遣散学生，只身从临沂到徐州再到安徽蚌埠，投安徽第十一集团军政训处担任上尉处员，负责招考学生军。年底，随军出发往淮南古城寿州，写散文《记乱离》等。离开青岛前，将散文剪报本《羽书》托付王统照。

第三章　从军行

正篇：逼上梁山

投笔从戎

1938年11月11日，香港《大公报》文艺版第438期“作家行踪”栏有这样一段：

> 抗战以来，几位平常以体质羸弱闻的作家，这次却英勇地跑到前面。这些人第一个令我们记起的是《译文》编者黄源，一直充当一个尽职的记者。想读者必已知道他怎样在长沙，把新生的孩子送入育婴所的事。他现仍在浙江随军采访。其次的例子，便是诗人卞之琳和去年获得本报文艺奖金的何其芳。据朋友来信说，何现任扶施鲁迅艺术学院教员，卞于十月底已与吴伯箫赴晋冀前线。
>
> 吴伯箫随了一批战地速写，有一长信，内云：“……从《文艺》去年二月间发表过的那篇拙作，你该可以知道我曾跟了广西军队在前线工作罢？当时我

们底工作路线，正是两三个月来×人所走的：从田家庵到寿县，到正阳关，颍上三河尖，固始直到潢川。现在回忆起来已是一步一伤心了。后来我因为又有一个办学校的机会（有着两千五百学生的大规模的学校）才离开了军队。到延安就是为了想将学校办得好一点，给青年们一些新方法的。日子过得很快，到此已经有相当长的时间了。最近卞之琳，何其芳两位来，我底办学校的计划又将迟些日子；新的工作是与之琳兄组一'抗战文艺工作团'，到西战场一带看看。路线大概是由晋东南去冀察晋边区，鲁西北，冀东，绕道北平附近出长城再转晋西北回来。时间约计要五六个月，此行当有相当艰苦，但是长城在引诱我，（你知道'我还没见过长城'），责任在呼唤我，出发前的心是极热烈而又极兴奋的。这次去，希望能多得些材料，多有些收获，等到回来的时候，我们要将×人残暴的×行和同胞们忠勇的故事，好好地写出来，那时你所主编的刊物怕就不愁没有稿子登了；虽然文章不一定是写得好的，但事实总该会是一字一血泪一字一欢欣的啊！快出发了，祝我们底胜利罢！"

这段报道，为我们提供了一个大背景，也通过吴伯箫写给《大公报》文艺版编辑萧乾的信透露了吴伯箫在1937年初冬到1938年初冬这一年间的行踪以及接下来的计划：随广西军从安徽寿县、正阳关、颍上进入河南固始、潢川，之后去了延安，又从延安组织"抗战文艺工作团"计划到"西战场"包含的晋东南、冀察晋边区，直至鲁西北、冀东、北平出长城再由晋西北回延安……

那么,吴伯箫是因为什么而进了广西军辗转于安徽、河南的呢?从河南潢川又怎么去了延安呢?“抗战文艺工作团”的西战场战地之行的计划实现了吗?

在很长的时间内,我对吴伯箫生平中这段复杂际遇与个人选择很是模糊。随着研究的逐步深入,一些史料慢慢得以发掘,事情的眉目才渐渐显露出来。

人生其实充满了偶然,对吴伯箫来讲,大动荡背景下的人生选择也常常令他猝不及防。本来,在临沂遣散了学生,吴伯箫是想绕道徐州再到济宁向教育厅交代工作的,因为他听说教育厅已到济宁,没想到在徐州偶然遇到一个人,竟然全盘改变了计划,转而投笔从戎了。

这个人叫王深林(1904—1978),他是山东诸城人,吴伯箫北师大同学王笑房(数学系)、诗人臧克家妻子王深汀(慧兰)的哥哥,也是莱阳乡师同事蔡得琪的朋友。王深林1937年夏从德国柏林大学毕业回国,先在广西大学经济系任教授。抗战全面爆发后,即应第五战区司令长官李宗仁要求,到徐州担任了第五战区长官司令部参议、李宗仁随从秘书,随后创办了潢川抗敌青年军团,并担任该团的抗日宣传委员会主任兼代政治总教官。在徐州,王深林劝吴伯箫参加第十一集团军,如此一来,“早就想受一点严格的军事训练”的吴伯箫也就答应了。这年十二月,吴伯箫从徐州到了蚌埠,在第十一集团军政训处担任了上尉处员,负责招考学生军。

这是吴伯箫后来在一份个人自传里透露过的。

从“七七”事变到第二年武汉失守,国民政府有两次大规模的战区划分。先是1937年8月7日的最高国防会议,根据“持久战为作战指导之基本主旨”的作战指导方针，将南北战场划分为五个战区。第五战区连接南北两战场，具有“中枢”地位，作战区域为苏北及山东。第二次在1938年1月。第五战区司令长官为李宗仁，率于学忠、李品仙等6个集团军和庞炳勋1个军团等。第十一集团军，1937年底奉令组建，首任集团军总司令李品仙，下辖韦云淞的第三十一军桂系部队。后来该集团军历经改编，于1944年创造过中国军队对日作战单一战场战绩的重大胜利。第十一集团军属桂系，故而吴伯箫称之为广西军。其散文《踏尽了黄昏》云：“是的，我，跟着广西军在安徽一带跑了半年，对行伍的事我也感到了极浓厚的兴趣。”①

《怀寿州》是吴伯箫唯一一篇专写他在广西军负责招考学生军以及关于淮南古城寿州的纪实性散文。文中写到第十一集团军在1937年底从田家庵进驻寿州的情景，描绘了寿州百姓对广西军的态度，也交代了吴伯箫与七百名学生军在寿州前后两个多月的部队生活。比如这样的记述：“一九三七年十二月三十日早晨，雾鸭绒的絮被将安徽田家庵周围的田野都笼罩了起来，庐墓房舍也都荫蔽得一塌模糊……其实田家庵村头那时正集合着××集团军总部底大批人马准备出发；即便人们都默守着严格的军纪肃然无哗，‘沙场秋点兵’的那俨然的行列，同前前后后萧萧的马鸣，对一个初入行伍的人还是极紧张极热闹的。‘出发吧”！——命令下来了，新任上尉处员的我跟了大家一块儿跨上了马。那次出发的目的地就是寿州。”

吴伯箫提到了广西军的“戎”字招牌：“将民众安定下来，替商店开了门，招来了主顾使卖菜卖鱼肉的朝市重新

① 吴伯箫：《踏尽了黄昏》，《吴伯箫文集》上册，第448页。

苏醒了活了起来的，是总部底‘戎’字招牌。老百姓说：‘你们戎字兵好，戎字远看象“成”字，不打人，不骂人，公买公卖，替我们打日本’。”

在寿州招收学生军的情形，吴伯箫也有介绍：“学生军的青年朋友，你们还记得么？是在寿州我们聚在一起的。照壁街复兴居是我们底招生场。记得你们从临近的县分爬山越岭地跑来，家失了，偶然凑巧就兄弟般挤在一家小店里等一个入伍的机会。”①

另一篇散文《记乱离》，也写到从正阳关带学生军乘船往寿州进发情形：“入伍来虽不过二十多天，经历却颇多新奇、紧张，值得记忆的事。将来有机会，愿意一件件告诉你们。写这些话的时候，我正在淮河舟中，带了一帮像你们样的男女新兵向寿州进发。昨天在正阳关，听旅馆隔壁一个剧团排演《放下你的鞭子！》，唱各种救亡歌曲、令我特别想起了你们。”②

1938 年 1 月 30 日，乃是农历丁丑年腊月廿九日，吴伯箫与学生军在寿州驻地度过除夕，第二天为戊寅年正月初一，吴伯箫则带领学生军第二中队在寿州八公山打靶训练。

《怀寿州》里写到：“记得平时我们都忙着学生军底训练工作，彼此想不起朋友，也无暇想家。不过旧历除夕却将我们底记忆搅醒了；委屈着，眉间都锁紧了郁悒……那晚总部有化装晚会，怕热闹我们没去参加，你说：越热闹的地方越感到寂寞。看学生军聚餐之后，半培仓小学一间小

① 吴伯箫：《怀寿州》，《吴伯箫文集》上册，第 450—452 页。

② 吴伯箫：《记乱离》，《吴伯箫文集》上册，第 442 页。

屋里才开始了我们底除夕大年夜。将木炭火烧得旺旺的，踏着黑沉沉夜底街巷去买一瓶酒，买一些肴菜，糖果，很像过年的样子啊！不过喝了酒，却想不起那时为什么都没有话说。沉默，沉默！忽然你自言自语似地：‘不知家里怎样了’？听那酸酸的语尾知道你在落泪用话岔开，你笑着，微微不好意思。……就那样，烤着柿红的炭火，送完那一个漫漫长夜。……元旦，绝早，第二中队去八公山打靶。人人都很兴奋。”①

八公山，在今安徽寿县城北，其名出自西汉淮南王刘安及其门客八公在此学道成仙的神话故事，因有“一人得道，鸡犬升天”成语。又因晋时著名的“淝水之战”而留下“风声鹤唳，草木皆兵”的典故。在这样的地方带学生打靶，吴伯箫自然难免“思古”之情，因此他给学生军讲的是：“……古时候文人讲究元旦试笔，试笔要先写龙虎字，那大概是最吉利，希望梦笔化花，像龙虎样飞黄腾达。现在我们却是元旦试枪，将枪口对准我们的红日靶，希望每一颗子弹消灭一个仇敌。”

又说：“我们的靶场，是在八公山。下面流过的是淝水。在这里晋朝谢玄曾将投鞭断流的秦苻坚底大军，打得风声鹤唳，草木皆兵……这正象征着我们神圣抗日战争的必胜……”

就在东战场战争激烈、寿州紧张之时，身为集团军政训处上尉处员的吴伯箫在一个夜晚连接两道命令：先是让他翌晨开往前线，去慰劳难民伤兵并指挥作破坏工作，不想半夜三更另一道命令下来，又让他带领另一批新的学生

---

① 吴伯箫：《怀寿州》，《吴伯箫文集》上册，第453—454页。

军开赴后方训练……

于是离别寿州,而正阳关,而颍上三河尖,而河南固始,直到河南潢川,向第五战区抗敌青年军团集中。

从汉口到延安"抗大"

吴伯箫给萧乾信中说:"后来我因为又有一个办学校的机会(有着两千五百学生的大规模的学校)才离开了军队。"

此处所说"办学校的机会",当指 1938 年春流亡到河南南阳赊旗镇的国立第六中学(随后改称"山东联合中学")校长杨展云对吴伯箫的邀请。杨展云,字鹏飞,山东成武人,北京大学政治系毕业,抗战全面爆发时任山东省教育厅中等及社会教育科科长,他是当时山东各中等学校内迁方案的具体制定者和督导执行人,因此也是吴伯箫在教育厅的同事。此时他邀请吴伯箫去国立六中,对吴伯箫本人而言自然可以借机"归队",继续办学。不过同时吴伯箫教育厅另一位同事庄仲舒也介绍他去找时任十五集团军总部政务处长的庄明远,说是可以由庄明远介绍到部队。而吴伯箫出于工作方面的某种苦恼以及个人原因,两种机会都放弃了,最后决定去延安抗日军政大学。

当时延安抗大在报纸和各地街头都张贴了招生广告,吸引着大量知识青年去延安,吴伯箫也为这广告所吸引。

吴伯箫从潢川直接到了汉口,在汉口一家叫海陆饭店的旅馆住了二十多天,这期间曾以"来宾"身份在汉口总商会会堂参加全国学生会成立大会,又先后与老舍和臧克家重逢。当时老舍正在冯玉祥处,吴伯箫找到老舍,两个人在街上吃小馆的时候,吴伯箫讲了要去延安的想法。动身离开汉口的前一天，在街上遇到了友人臧克家，当晚臧克家到旅馆话别，吴伯箫告诉臧克家，一起从莱阳乡师出来的女生指导员蔡得琪已经得到介绍信去了延安，他自己向十八集团军办事处要求了两次并获同意。

第二天一早，趁教育厅同事庄仲舒还昏睡未醒的时候，吴伯箫把莱阳乡师的钤记留在他的床头，学校存款和图章留王深林处，只身一人离汉口过郑州到西安，从西安直接去了延安抗大。

此时已是四月底，吴伯箫被编入抗日军政大学第四期第一大队三支队政治班学习四个月，任班长，一直到八月。

吴伯箫后来多次回忆投奔延安的个人选择："我一九三八年四月到延安。从此真正走上革命的道路。先在抗日军政大学第四期一大队政治班学习四个月，于当年十一月参加八路军总政治部组织的抗战文艺工作组第三组，任组长。到晋东南前方工作。写了《潞安风物》《沁州行》两组通讯报道和《响堂铺》《路罗镇》等几篇散文，多寄给老舍转《抗战文艺》。"①

又："抛却一切牵挂，家庭，戚朋，学校钤记（趁教育厅一科长还昏睡未醒的时候弃置在他的床头），只身跑到延安，就为了找党，归队。一望见嘉陵山的宝塔，凤凰岭东麓的古城，立刻感到心情舒畅，呼吸自由，到家了。在抗日军政大学跟济南乡师的学生编在一个队里，年龄相差十岁，出操却一样先迈左腿。在瓦窑堡一大队我写的第一篇壁报稿题目是《抗大，我的母亲》。我们的政治委员胡耀邦同

---

① 吴伯箫：《吴伯箫——答〈调查提纲〉》，《中国现代文学研究丛刊》，第1辑，北京出版社1979年版。

志,四十年后还记得我。新时期在新侨饭店举行的第一次文艺茶会上,他说:‘你不是带学生一起进抗大的么?’”[①]

进抗大没几天,就是5月5日马克思诞辰120周年纪念日,哲学家艾思奇在抗大演讲,吴伯箫第一次见到这位大众哲学家,得到了他的题辞:“团结全国为争取抗日最后胜利及建立自由幸福的民主共和国斗争到底。”

艾思奇时任抗日军政大学主任教员,吴伯箫对这位比他小几岁的著名学者非常尊敬,与之结下了深厚的情谊。后来从艾思奇那里看到一本德国诗人海涅诗集《波罗的海》的英文译本,出于对海涅诗的喜爱,他开始依据这个英译本进行翻译并且在很多年以后得以正式出版。

吴伯箫晚年写过一篇《我所知道的老艾同志》,对他心目中的艾思奇有不少动人的描写:“我认识老艾同志是1938年初夏,在延安城里。那时他正给千多名抗大学员上露天大课。学员们坐在地上,各就膝头作笔记,既肃静整齐,又愉快活泼。灰色军装汇成的湖面上,阳光灿烂,微波荡漾。周围还站着一伙一伙衣着斑驳的听众,那多半是像我一样,刚刚到延安,像渴了找水喝,饿了找饭吃,由于慕名而鹜集旁听的。”“散课后,我到他简陋的平房住室去看他,作了自我介绍。我比他大四五岁,算是老学生。他给我纪念册上写了这样的话:‘团结全国为争取抗日最后胜利及建立自由幸福的民主共和国斗争到底。’艾思奇的题词表达了抗日民族统一战线和《论持久战》的精神。那天是马克思诞生一百二十周年。作为新学员我被编入抗日

---

① 吴伯箫:《无花果——我和散文》,《吴伯箫文集》下册,第496页。

军政大学第四期一大队。”①

在抗大，吴伯箫贴出了自己的第一篇壁报《抗大，我的母亲》。不久，一大队即由大队长苏振华、政委兼副大队长胡耀邦率领，离开延安城开赴瓦窑堡。行前编好队伍，在凤凰山下的窑洞门前听毛泽东讲话，吴伯箫对毛泽东所说的“宝塔山上有两面旗子：一面是民主，一面是自由”留下了深刻印象。

当时也在延安的作家徐懋庸碰巧看见这一场景，后来也有回忆：“大约是四月下旬或五月上旬，有一天我在城里闲逛，走到北门里的一个广场边，看到毛主席在对一个队伍讲话。原来以苏振华为大队长、胡耀邦为政委的‘抗大’一大队，要开到瓦窑堡去了。我就站下来旁听，听见他这样一段话，印象特别深刻：‘同志们，瓦窑堡那里还有国民党和它的政府，也有我们的党和政府，那里的老百姓，熟悉的是国民党，对共产党还不很了解。同志们去那里，老百姓就要通过你们来观察共产党，所以你们一定要把党的政策和作风带去，使得老百姓拥护我们。同志们都是经过长征的老红军，二万五千里，这很光荣。但是二万五千里也是一个包袱，可以使人骄傲；背上这个包袱，而骄傲起来，老百姓就不喜欢我们，我们就会脱离群众。’这是我第一次听到‘背包袱’这句话。”②

徐懋庸还补充说抗大第四期乃是猛烈发展的一期，学员多达五千五百六十二名，绝大部分是外来知识青年。这

---

① 吴伯箫：《我所知道的老艾同志》，《吴伯箫文集》下册，第517—518页。

② 徐懋庸：《徐懋庸回忆录》，人民文学出版社1982年版，第100页。

一期的学习内容为毛泽东的《论持久战》和中共扩大的六届六中全会文件。①

四个月之后,吴伯箫自抗大结业返回延安,在与带队回来的区队长分手时,吴伯箫向区队长提出,请他在自己的纪念册上写几句话留念。没想到这位担任过毛泽东警卫员的农民出身的干部说:"我请毛主席给你写吧。"果然,当天,区队长就请毛泽东在吴伯箫的纪念册上用毛笔题写了"努力奋斗"四个字。

晋冀战地之行

吴伯箫写给萧乾的信中又说:"到延安就是为了想将学校办得好一点,给青年们一些新方法的。日子过得很快,到此已经有相当长的时间了。最近卞之琳、何其芳两位来,我底办学校的计划又将迟些日子;新的工作是与之琳兄组一'抗战文艺工作团',到西战场一带看看。"

由信中的语句可以判断出:1.吴伯箫报名到延安抗大的目的本来还是为将来继续办学学习战时教育方法;2.此信是在从瓦窑堡回延安后领到新的前线工作任务后所写;3.当时卞之琳、何其芳两位老朋友也到了延安;4.所谓"抗战文艺工作团"刚刚组织起来,尚未出发。

对这段等待新工作到来的相对清闲的日子,倒是暂留延安鲁迅艺术学院任教的卞之琳后来有过生动的回忆:"当时延安城早被日本飞机炸成了一座空城,已不见北门外沿延水一带小饭馆林立的景象。因为大家平时在各自的学校、机关、民间团体吃惯了小米饭加胡萝卜的缘故,外

---

① 徐懋庸:《徐懋庸回忆录》,第114页。

来知识青年总是特别嘴馋，爱凑钱吃吃小馆子。我在等候过黄河去前方的一段时间内，暂住城里文化协会（当时戴爱莲、欧阳山尊等也住在那里）。大家可以只花几分钱从街上买一大抱花生回去共享。吴伯箫晚间还常带我到城中心十字街头的小吃摊上，花几分钱吃一碗醪糟鸡蛋，也感到其乐无穷。半年后我在 1939 年五六月间回到空城，市场已迁到城南一个山沟里了。”①

“抗战文艺工作团”终于在 11 月 12 日开始出发了，这是陕甘宁特区文化救亡协会（“文协”）和中华全国文艺界抗敌协会延安分会（“文抗”）组织的系列文艺工作团之一，吴伯箫任组长的这一组是第三组，组员有卞之琳、马加、林火、野蕻，“由晋东南去冀察晋边区，鲁西北，冀东，绕道北平附近出长城再转晋西北回来”是最初的计划，实际上并不曾完全实现，只到了晋东南和河北邯郸一带。此行前后约半年，吴伯箫写了十余篇战地报道，先后投稿给香港《大公报》文艺栏的萧乾与重庆《抗战文艺》的老舍，1947 年结集为《潞安风物》由香港海洋书屋出版。卞之琳此行也写了总题为《晋东南麦色青青》的长篇报道，发表于 1939 年重庆《文艺战线》杂志。

东北作家马加是此行成员之一，他后来写过回忆录，对第三组的组成和行程是这样记述的：“刘白羽严肃而正经地对我说：‘这是毛主席提倡的。希望作家和工农兵相结合，深入敌后抗日根据地，写出能够鼓舞人心的好作品。现在延安文艺工作团已经组织了两批。第一批有我和金

① 卞之琳：《“客请”——文艺整风前延安生活琐忆》，《卞之琳文集》中卷，第 112 页。

肇野,第二批有雷加,第三批报名的有卞之琳、吴伯箫、韩冰野、朱野蕻。如果你愿意去,你就是第三批的团员。'我报名参加了第三批延安文艺工作团,只带了一些随身用的东西,轻装上阵,就出发了。……1938年初冬,霜降刚过,第三批延安文艺工作团出发了。一行共是两辆敞篷大汽车。朱总司令和警卫员乘坐第一辆车,我们延安文艺工作团和地方干部乘坐另一辆汽车。"①

马加对吴伯箫带领小组成员去见八路军总司令朱德的情景也有细腻的记录:"第二天,我们这个文工团的成员都去了八路军的总部,见了朱总司令。八路军总部的办公室陈设得很简单,墙上挂着军用地图,桌上放着牛皮制的图囊。那工夫,朱总司令刚送走一位包着羊肚子手巾的农村干部,又戴上老花眼镜,接着看刚送来的一份电报。他看完了电报,用四川话和我们打着招呼:'我们一路从延安出发,没有工夫和你们摆龙门阵。'……文工团的团长是吴伯箫,他善于外交,也客气地回答说:'我们知道朱总司令很忙,没有敢打扰。'……朱总司令说:'现在抗战了,我们八路军在山地打游击,处处需要群众配合。动员参军,交纳公粮,抬担架,站岗放哨,送信,哪一样也离不开群众。没有了群众,八路军就不能打胜仗。'"②

对于工作团没有完全实现最初的工作计划,马加也有说明:"按照延安文艺工作团计划,是经过晋东南军区、冀

---

① 马加:《漂泊生涯》(三),《新文学史料》,1996年第4期,第29页,人民文学出版社1996年版。

② 马加:《漂泊生涯》(三),《新文学史料》,1996年第4期,第30页,人民文学出版社1996年。

南军区、冀中军区、晋察冀军区、平西军区、晋西北军区，然后再返回延安。当时，有一支由朱瑞率领的山东总队，准备到山东开辟工作，要通过平汉路封锁线。我们于是跟着这支队伍，一夜急行军百里，准备过平汉路。可是由于敌情的变化，还是没有过平汉路，而在河南的武安一带停止了前进。这一停顿就是一个多月，毫无消息。在焦急等待的情况下，韩冰野到太行日报去做了主编，吴伯箫和卞之琳回了延安，朱野蕻开了小差，只剩下我一个了。”①

返程中，吴伯箫与卞之琳自垣曲南渡黄河，再搭乘送子弹的回程汽车于午夜到河南渑池，微雨中二人入住一个退伍军人开的“交通饭庄”。吴伯箫在散文《微雨宿渑池》里记述：“我们那次是带着复杂的情绪渡黄河的。我们是从火线回来，想想前面还开展着激烈的战斗，我们却回来了。仔细听不是还听得见隆隆的炮声么？有炮声的地方就免不了有争夺，有肉搏，有牺牲。将万千弟兄留在火力网里，倒觉身子底逍遥成了心灵底重负了，过黄河又适逢夕阳西沉的黄昏时候。”“晋东南二十六县底抗日根据地借它的滋养才能一天天扩大，一天天坚强。也为此，七天走六百里山路之后，我们才有缘趁黑夜摸过黄河，又趁黑夜沾光搭送子弹的回头汽车。渡船是辛苦的，我祝福撑渡船的舟子。”“‘交通饭庄’是新开张的，房间里，床、桌、盆架，悉仿都市风光安置，素朴，也雅洁。苇席作隔壁，和另一家旅客可以息息相通。实在有些倦了，照行军规矩擦擦脸、洗洗脚，季陵占床，我用一张席打一个地铺，便草草就睡

① 马加：《漂泊生涯》(三)，《新文学史料》，1996年第4期，第31页，人民文学出版社1996年。

了。窗外开始落着渐渐飒飒的微雨。”①四月,吴伯箫与卞之琳经西安回到了延安,被安排到了陕甘宁边区文化界救亡协会。

副篇:《潞安风物》

前线! 前线! 前线!

王统照先生1918年开始发表作品,长吴伯箫九岁,是民国新文学第一代文学家。1932年,时在青岛大学任职员的吴伯箫经臧克家介绍与几年前开始定居青岛的王先生结识,此后二人便成为介乎师友之间的文友。二十五年后,王统照在济南病逝,吴伯箫撰写悼文《剑三,永远活着!》,文中写道:“记得25年前,像一个学生就教老师,我开始认识你,你那样厚道,谦逊,平易近人,使人一见如故。在青岛观海二路你的书斋里,我们不知道一同送走过多少度无限好的夕阳,迎接过多少回山上山下的万家灯火。你写好了《山雨》,我以初读者兴奋的心情,一气读完;写读后感,把《山雨》跟《子雨》并论:一写中国农村的破产,一写城市民族资产阶级的败落。我称1933年为‘子夜山雨季’。”

而王统照之于吴伯箫,还有一重重要意义,就是在国难当头之际接受吴伯箫之托,将吴伯箫散文的剪贴稿本《羽书》妥善保存并带到上海交给巴金,最终由巴金收入

---

① 吴伯箫:《微雨宿渑池》,《吴伯箫文集》上册,第433—434页,人民教育出版社1993年第1版。

"文学丛刊"第七辑出版,使之成为吴伯箫散文正式出版的第一个集子。王统照还好事做到底,亲自为《羽书》作序,发表在上海的杂志上,吴伯箫竟然在延安看到了这篇序文。

其实,序文并未对《羽书》本身说多少话,倒是对吴伯箫去延安之后发表在《大公报》上的新作多有褒扬。不妨稍作引述,略见其义:"伯箫自从领导一校青年流离各地以后,曾数在前方尽文人的义务。奔走,劳苦,出入艰难,当然很少从容把笔的余暇。然而在《大公报》文艺栏上我读到他的文艺通讯,不但见出他的生活的充实,而字里行间又生动又沉着,绝没有闲言赘语,以及轻逸的玄思、怊怅的怀感。可是也没有夸张,浮躁,居心硬造形象以合时代八股的格调。生活是解剖思想的利器,经验才是凝合理智与情感的试金石。写文字,文才固居第一,但只凭那点'文才',不思不学,其结果正是所谓非'罔'即'殆'。怎样方能开辟出思的源泉备办下学的资料,还不是要多观察,多体验,多懂人生那几句常谈?不必说当此水深火热的时代,就在平时,如果只隐伏于自造的'塔'上,徒凭想象的驰骋,徒炫弄文词的靡丽,至多也不过会涂几笔呆板彩绘的工细山水,或写意的孤松怪石罢了。伯箫好用思,好锻炼文字,两年间四方流荡,扩大了观察与经验的范围,他的新作定另有一样面目——我能想到不止内容不同,就论外貌,也准与这本《羽书集》有好大区别。"

这篇序文,当是最早对吴伯箫及其散文写作给出认真、中肯评判的文字。

不错,延安时期的吴伯箫,其生活既与全面抗战前有了大不同,其写作无论就题材还是就文笔也的确与《羽书》

有了“好大区别”，《羽书》中那类美文少了，而如《阴岛的渔盐》《黑将军》那类的纪实之作大增，所谓纪实之作，用王统照的话说，就是发表在香港《大公报》文艺栏上的“文艺通讯”。

这些通讯，包括1939年2月3日发表的《怀寿州——随军草之一》，2月4日发表的《踏尽了黄昏》，特别是6月27日至7月24日连载13次的《潞安风物》和1940年2月19日至3月18日也连载13次的《沁州行》，其影响可谓大矣。据当年编辑萧乾回忆：“刊物问世后，很自然地引起香港及大后方文化界的注意。《文艺》终于雄赳赳地走上抗战的前哨。接着又刊出美国友人史沫特莱的《冬夜行军》和《八路军随军记》（译者艾风），黑丁的《我怀念吕梁山》，吴伯箫的《随军草：怀寿州》等一系列直接来自战场的文章，其中还有几篇将军访问记，如谢冰莹的《会见赵侗将军》。”

这段晋东南之行所写文艺通讯，最终编成《潞安风物》收入周而复主编的“北方文丛”第二辑，在1947年由香港的海洋书屋出版印行，总共收了作品12篇。

踏尽了黄昏

吴伯箫的散文集，若论题材之“专”，没有比得上《潞安风物》的。此集专写1938年底到1939年春五个月间的晋东南前线之行。

细读全书，通过文字里的记述和文末的写作时间并参之以年谱，可以推断其大致行程如下：

1938年11月12日与“抗战文艺工作团”第三组组员共5人，从延安出发乘坐载重汽车出发。

11月17日，在河南灵宝换乘火车往渑池方向进发，继而从渑池北渡黄河进入山西垣曲县境内。

11月22日，“文工组”自山西垣曲县往阳城县，当夜入住阳城县候井村汤王庙。

11月23日，在阳城县参加各界为“文工组”举办的座谈会。

11月底进入潞城境内，12月1日，在“潞城故彰”写战地通讯《夜发灵宝站》等。

12月12日，“文工组”到达晋东南第一座大城长治，当晚写战地通讯《潞安风物》第一、第二节，14日、16日，又分别写第三、第四节，

自长治去沁州，在小宋村大雪日与卞之琳分头行动。吴伯箫独自经长子城、鲍店镇、余吾、关上、榆林村、李家社、老庄、襄垣县首镇篪亭，“雪行三日”到乌苏村，住联络处招待所，听“安主任”介绍小游击队员王翰文并采访。12月27、28、29日在乌苏整理《潞安风物》，并在这里迎来新年，采访薄一波，参加晋东南二十四县的群众大会。

1939年1月11日，从山西黎城到河南（现为河北）涉县境内的响堂铺并留宿，后写成战地通讯《响堂铺》。

2月，与卞之琳路过河北邢台路罗镇。

4月，与卞之琳过西安回延安。

抗战改变了许多中国人的人生，吴伯箫便是这由抗战改变人生中的一个。如若没有抗战，吴伯箫也许就在山东终身从事中等教育工作了，文学写作或许会坚持下去，但大半只可能沿着《街头夜》《羽书》的路子走，或更贴近京派风格，而未必能有《潞安风物》这类向“战地文学”的转折。

战争不但改变了人生，也改变了文学。从这个角度理

解吴伯箫和《潞安风物》,或许会掂量出《潞安风物》不同的意义来。

从渑池北渡黄河之后,在晋东南的行程就全靠徒步了。在文字中,经常可以看到关于行程的记载。《露宿处处》开头一段:

> 从豫北渑池县的南村渡过了黄河,就是山西南部的山峦地带了。东是太行山脉,西是中条山脉,中间又横亘以王屋,析城,行路的艰难,虽不像"危乎高哉"的西蜀栈道,但山径的崎岖处,峰崖的峭拔处,也颇使落脚时费些斤两与踌躇。
>
> 出入山套的鸟道,车辆代步便失掉了它的效用:陡上急下,偏陂隘狭,要来除非是骡马牲口。可是战争忙时,军用第一紧要,想请几匹骡马送送衣物,那也殊非易事;于是铺盖卷一背,草鞋一蹬,或请一名伕子将行囊用槐木扁担两头一挑,便尔郎当就道,既便当,又自由,一路上慰问,宣传,采访,笔录,一天快了百余里,慢了五六十,七八十里,也极有戎马倥偬中闲适味道。
>
> 这次我们就于八天的功夫在晋东南蜿蜒跑了整五百里。

《沁州行》有吴伯箫独自一个人从长治到沁州"雪行三日"的豪壮,《微雨宿渑池》里又有"七天走六百里山路之后"趁黑夜摸过黄河的潇洒。抗战改变人生的最一般方式便是让多少知识分子从城市、从书斋、从学校真正走到了中国最广大的乡村土地上去,亲眼看到了最广大普通民众的生活本相。路翎小说《财主的儿女们》蒋纯祖走的是这样的路，奥登的《战地行》和穆旦的《出发》《原野上走路》也是这样的路。这或许正是战争给予人生另一面的意义吧。这另一重意义，吴伯箫在这次晋东南行程所写另一篇《踏尽了黄昏》（未收入《潞安风物》）中作过正面表达，他写一个流亡中走失的学生经过半年多参军打仗的磨练忽然出现在延安，抒发那种“士别三日当刮目相看”的“羡慕与钦敬”之感，又引述青年战士的话：“缩紧的心里，活跳着火热的发亮的意志；想到在枪托上自己扛着的是一队人的安全，是民族解放战争中争取胜利的负担，你就会感到你的任务是多么神圣多么伟大了。”

> 我们终于离开了渔网似的城市
> 那以窒息的、干燥的、空虚的格子
> 不断地捞我们到绝望去的城市呵！
>
> ——穆旦《原野上走路》

战争背景下的晋南风物

《现代汉语词典》解释：“风物，一个地方特有的景物。”《词源》《辞海》的解释均为：“风物，风光景物。”又引陶渊明《游斜川诗序》云：“天气澄和，风物闲美。”

风光景物之外，似乎也可以延伸到一个地方的风情民俗，但总之给人以和平日常生活的印象。吴伯箫将自己战地通讯集命名为《潞安风物》，起初稍觉不太吻合抗战背景，不过细读下来，倒也的确有名副其实之处。盖此集写战地之“慰问、宣传、采访、笔录”而不尽于此，以小分队中人甚至独自一个人步行于战争间隙中的晋东南群山峻岭、雪地屋舍，毕竟不同于一线战场的紧张与单调，山川风物和乡村人生总能给人以某种新鲜、从容、闲适感,作者的心境迫近却又悠远,写在纸上的战地通讯也就多多少少有些优雅的风俗诗意了。

自然,说优雅,说诗意,并非战争局外人的无端闲愁,而是一个丰富人生在恪尽民族义务时内心保留着的那份别样的敏感和意趣,故而这战地风物,自不同于升平年代,却是脱不掉烽烟和战火的底色了。

兹举数端,回味作者当年心境。

《送寒衣》记述一行五人自垣曲到阳城途中,自己因精神不佳落在后面,作者自嘲道:“走不快,索性让别人头里先走,乐得自己跟了行李挑子在后边蹒跚逍遥。这样也好吧,一个人在孤寂的时候,倒更容易用思想,做白日梦,看沿途的风光。”

接下来就先是写了“东哄哄、西哄哄、马家河、赵窟窿”那些地方红火火的柿子,再写了那天阴历十月一日当地妇孺于路边田里为死去的亲人“送寒衣”的情景。最后一句是:“送寒衣,度幽魂,由来久了,在人们的心里已种下了根。不把它看作一种自然的迷信,于今说倒是一种苦心。也是可悯的。”

《露宿处处》写匆匆路途中留宿的印象,写了几个主人和他们的房舍、故事。开头提到:“真是赶着走的,一村一县,沿途山水风物,云雾林泉,不少入诗入画的境界,东听西说,神圣战争中也很多唤得出善感人眼泪的故事。”第一处露宿的垣曲县垛底村积善堂王家:“门前有一个高高的月台,砖砌花墙子,方石铺地,极整齐平阔。月台南临高岭,作了很好的屏障,西望溪流山峦,可以看日落送夕阳,倍多深秀悠远之致。门旁一株年老的槐树,大可两围,一窝蜂就在树的椏杈处安家造酿，正像这家人家的古老和书香气息。”

阳城县借宿的魏氏楼：“房子真雅致，四面二层的楼房挤成一个小小的院子；堂屋柱子上一付抱柱对联：‘青萍叶动知鱼过，朱阁帘开看燕归。’知道房主人是雅人。楼上有字有画，字是华世奎写的四幅炕屏，里面有‘诗成枕上常难记，酒满街头却易赊，’那样的句子，很喜欢。摆设是很精致的桌椅木器。很久不看书了，搁板上也竟找得到阳城县志，唐诗，青楼梦；睡前翻阅一过，很像多年漂泊，忽然回到了故乡那样亲切。”

风物，要说写得更多更繁复，还属《潞安风物》、《沁州行》《路罗镇》《神头岭》诸篇。

以篇名作书名的《潞安风物》，写的是工作组到达“太行山晋东南的第一座大城”长治后几天内的见闻和采访，与《沁州行》同为该集较长的通讯，全篇四节，其中一、三节较多“风物”内容，二、四节多写抗战。第一节“先说这座城”征引文献介绍长治的历史，也有对长治城不凡气象的描述：“宽宽的街道，宏阔的建筑，庙宇多半像故宫一样用黄琉璃瓦盖顶的。城里还有一座土围子皇城。处处都显得它大方、雄壮。就气氛来说，有些地方像西安，又有些地方像北京。当地人俗传：长治有三宽：马路宽，厕所宽，女人的裤脚宽；虽不免近乎滑稽，也还是就它的‘大’来着眼的。”第三节“小南京”更是从容把笔，细细写出了“战后的长治城，市街比战前还繁华还热闹”的一番景致：古潞安府物品的丰足，西门道北市集和南关货市的繁华，“天天晚上都满座的饭馆”，日本人来洗过澡的浴室，夜晚街头看戏的男男女女……真不愧是“小南京”。

自然,这一切,都是战争背景下中国军民精神风采的写照,传达出的是一个古老民族面临新的蜕变时的从容、乐观、大度。你看:“长治,屋顶有广播收音的天线;街上有洋车;墙上有抗战建国的标语传单,各色的壁画。人,熙熙攘攘的有一半是武装。是一种向上的年轻的气象……”

朱将军与薄专员

“……我亲眼见过朱师长,脸黑黑的,穿得破衣烂衫的,戴一顶鸭舌帽。经常连个护兵也不带,就出来和老百姓一块儿晒太阳谈天。——哼,从前还‘围剿’,好容易,四下里围得紧紧的,水泄不通,以为这回可跑不了了吧?却不知他老人家早已拄着小拐棍慢步逍遥地走了。从你眼前过,还抬头看了你一眼,你却不知道。”

这是吴伯箫在前往火线的火车上听一位四川口音军人讲述的八路军总司令朱德将军的传奇故事。

《潞安风物》记述朱德,不止此处。《马上底思想》记录八路军老五团誓师晚会上的朱德风采:“当台下涌起掌声、欢呼声而台上出现一个老兵的时候。那老兵稳稳地站着,双手握在胸前,为了内心的欢喜而蔼然地笑着。——那就是敌人听了发抖的朱德将军。”接下来讲自己在行军路上亲眼看到的将军:“士兵们爱他。提起来都叫他‘朱德’。老头子是平常一起打篮球的人啊,为什么要客气呢?真是,朱将军怕是最没有架子的平凡的伟人了。西安到灵宝的路上,我见他坐载重汽车,穿一身灰布军装和汽车司机挤在驾驶室里;华阴县岳镇底北关头上,同警卫员一起吃煮白薯,吃带芝麻的关东糖,从他毫无骄矜的谈吐,纯正自然的态度,谁知道他就是千百万人常常念叨的人物呢。灵宝到渑池坐夜车，悄悄地走过，连站长都不晓得。”

两段记述，一为耳闻，一为目睹，实得不能再实，也神得不能再神，活活将朱德集朴实、睿智、和气、神奇于一身的非凡气度展示得淋漓尽致，为这位八路军总指挥留下了一幅生动的面影，着实可贵。

《沁州行》第三节“衙门下乡”，记的是抗战改变的另一种社会生活，政府机关的办公方式。吴伯箫先从历来衙门与民众的隔膜说起：“城市与乡村的距离，几乎一出关厢，便尔咫尺千里；一道城墙连城乡间人们的风俗习惯与思想意识都隔断了。”继而转写“七七”事变之后“衙门下乡”的新气象：“为了向群众解释合理负担与空舍清野的道理，山西高平县底县长曾半月价在乡村里奔波着。为了指挥游击队作战，沿了平汉铁路的磁县、邢台县长就完全过的是军队生活；一颗黄封大印怕就是与文书底油印机和饲养员底马干放在一道的。南宫专员在香城战斗前后与敌人辗转追逐，又一次连自己底铺盖大行李都丢掉了。就是这号称晋东南行政支柱的沁县专员薄一波也是终天在部队里在群众中转圈圈的一个，他底专员公署是早就下了乡的。”

采访这样一位下乡的山西省第三行政区专员，可谓一波三折。从乌苏骑马一上午才在一个山岭环抱的村庄里找到“专员公署”，却得知专员已经五天不在家了；“跨下来的马又骑上去，”赶到郭村，决死游击一团的誓师大会结束了，并没看到薄专员的影子；在黄昏里继续赶路，“赶到另一处小村子，赶到另一所下了乡的衙门我才会见了也是决死队政治委员的薄专员。”

吴伯箫笔下的薄一波，与朱德不同，那是另一种风采：“白皙的面孔，刮得青虚虚的络腮胡子，有点西洋美的是那样一个精干漂亮的人物。听说曾为了思想进步坐过六年监狱哩！态度是从容而亲切的。给他谈谈话吧,他绝不会使你感到一般作客的局促。像在自己家里,笼了火盆的屋里是姓张、姓梁、姓傅的他那么一些部下;谈话中勤务员也插嘴,真是又自然又洒脱。他是健谈的,说话到深夜,精神还很饱满。传闻他有'铁嘴'的绰号,若然没有更好的暗示,至少是对他一开口便滔滔不穷的一个特写。"

这里的描写算不算率真、清爽的白描？可又于字里行间透露出真诚的赞赏和钦佩。抗战考验着整个民族的勇气和智慧,也造就了众多大勇大智而又个性突出的领袖人物,无论是国共两党还是民间,此类风流人物数量既不少,复足智多谋且幽默达观,实在是华夏民族必有光明前途之象征啊!

"敌人"的另一面

人性自身的复杂与观察人角度的多重性,都要求文学、艺术在写人时从人自身着眼,而不宜从某种偏狭的利益和原则出发,从而力戒教条、平面、刻板、概念化,庶几令文学达致人学之境。

譬如抗战,固然不能失去对大是非的基本判断,亦不可无原则地"化敌为友",不过原则归原则,是非归是非,具体人性总还须在具体语境下具体对应,"敌人"只是个相对性的概念,具体到个体的人和特殊的背景,就复杂多了。

吴伯箫的《潞安风物》理所当然地揭露了日军在中国土地上犯下的罪恶。《送寒衣》里:"战区,敌人蹂躏过的地方,他们将抱着母亲尸体而啜泣的少女在轮奸之后宰杀了！他们把活活的挣动着的一个女人剥开衣服,说是'剥下她的皮来看看吧！'"《响堂铺》里："兵站刘站长告诉：响堂铺东街一个二十多岁的妇女，因为没有来得及逃跑，被敌人捉住了，从晌午在大街上轮奸起，直到傍晚，人都不能动了。等到夜里敌人退出才被人背着逃走。又西街有一个十五岁的姑娘被敌人捉住奸淫，羞愧地跳井了，从井里捞出来还要继续奸下去。"

类似这种罪恶，既是野蛮的侵略和不义，也是人的原罪，大到发动侵略战争的国家元首，小到每个士兵，都难逃干系。可是换个角度，从日军普通士兵的个人境遇着眼，也会看到他们可悲可悯的一面。《送寒衣》引述一个叫平尾的日军一等兵的哭诉："战场上的身体早已预备死了，草虫哟，请不要替我悲鸣。"见出敌人内心的悲凉，句子很可能就是一首俳句的汉译。《马上底思想》记载一位"敌军工作部长"告诉的"一个日本马夫和一只鹦鹉的故事"，从缴获的一个战死的日军马夫所写日记里，看到他思念家乡妻子的诗句："如果是能飞的鸟，或是能飞的东西，快快越海到日本，那里有妻在等待"，看到他收留一只与主人离散的中国鹦鹉时对战争的诅咒，还看到他在日记里对长官发的牢骚。"说不定是一个厌战的多言的人。"《沁州行》记载1938年3月16日攻打沁水城时战死和被抓住打死的四个少年兵，尽管牺牲了，还是得到日军由衷的敬佩："痛恨、敬仰和惭愧，几种心理纠缠着，石黑命令将四个孩子的尸体埋在一起，题曰：'中国阵亡四勇士墓。'"

还有《潞安风物》里记载一个侍候过日军的浴池茶房的话："日本人有勇无谋，虎头蛇尾"，"日本军事行，政治不行"，也值得玩味。

路罗镇的“传奇”

《潞安风物》所记所写之“风物”,除了一般意义上的风光、景物,也还有不少地方民情、民俗乃至颇有传奇色彩的兵匪故事。

《路罗镇》,写的就是一个特殊地方的特殊文化,地方武装势力“红枪会”在抗战背景下的蜕化与演变,以及另外一些令人感觉奇异的事。

特殊的地理环境往往是形成特殊文化个性的基本原因。“往往是这样子,在中国几个省份交错毗邻的所在,人总来得比较刚强;言语杂沓,风俗习惯亦多奇特。原因是过去省界划分,多凭天然的山势河流,数省交界的地方,不是山关叠嶂,道路梗阻;便是湖河纵横,行旅艰难。行政上容易陷入三不管状态,人们便可利用‘官家’治事那种‘自扫门前雪’的积习在这些地方自行其是。苏鲁边境有丰沛萧砀,湘鄂之间有洞庭湖,都是以这种情形出名的。”沈从文笔下的湘西、艾芜笔下的云贵边陲亦莫不如此。

“高踞在紧接晋豫的河北底西南”的路罗镇是这一带俗称“四川”所经流区域四个较大镇店中最大的一个,“原来这地方是会门底中心:什么红枪会,什么真武道、太乙道,在这里都有他们底把师首领。历来声势浩大,没人敢惹得。”以此种独立天外的姿态,历史上就有了“路罗国”之谓。

红枪会,“起初”不过是当地人为避免“兵燹祸患”和“保卫自家底生命财产”才组建起来的民间组织,惜乎愚昧无知而依赖“拜把师,画符念咒,将天大的神圣行动罩在了迷信的网里”。终致为地痞流氓、土豪劣绅、失意军阀和大小官僚所控制所利用，而变了味，至抗战竟也“劫过先遣支队底粮秣，杀过八路军侦查排底弟兄，暗算过多少过路客商……”“成了抗战中的逆流”。

在这种情况下，八路军派了一团人的正规队伍“将他们几个头目包围解决了。”

接下来，吴伯箫讲述了红枪会和当地民众的新生：“路罗，自从‘国界’打通，民众的进步很快。现在他们有自卫队，也有农救会。一切救亡工作都有飞跃的开展。浆水镇是邢台抗日县政府所在的地方。”

也记载了这新生路上出现的新问题：“群众好了，落伍的军队却又要施展他们的威风了。”冒充中央巡视团的河北民军，驻扎路罗的某战区游击总司令部，骚扰百姓，害怕日军，这些仍然是困扰、阻碍此地民众抗日工作持续进展的势力。

到这里，吴伯箫所率工作组的脚步自然已经越出了“晋东南”范围，所见也时有不同于长治、潞安、沁水处，因路经路罗川边的市镇，也就顺带记录了耳闻目睹的风物民俗：便宜的虎皮，当药材的酸枣仁，清澈而湍急的石子河，不甚整齐却极干净的街道，“在街上挨门挨户团拜”的娶亲队伍，更有河南岸“怪峰突兀、极尽峻崛倔强”桑圪塔寨山，“若真的地灵则人杰，这倒正是那一带风俗人情最好的象征”。而作者的期望则似乎是：“若是山中健儿都能好好地组织起来的话呵！”

《路罗镇》一篇，某些地方很像沈从文的湘西故事，某些地方又不像，相像的是乡土背景，不同的是作者的想法和写法，作者之间的差异，于此可见。

行旅中的“季陵”与“伯箫”

季陵,便是那著名的《断章》小诗“你站在桥上看风景,看风景的人在楼上看你。明月装饰了你的窗子,你装饰了别人的梦”的作者,诗人卞之琳也。

卞之琳是这次晋东南之行的同行五人之一,五人之中,吴伯箫写一组《潞安风物》12 篇,卞之琳则写了一组《晋东南麦色青青》9 篇,陆续刊发于当时重庆的《文艺战线》杂志。

因为有大半的路程为同行,所见所闻亦差不多,故所记所写也相当有趣地构成了一种广义上的互文关系,参差对照,彼此交互,对同一件事而有着种种同与不同的关照和描述,读来别有意趣。

且由二人行文中对彼此的点滴记载来看看两人作为旅伴、文友、同道的交谊。

季陵,乃卞之琳所用笔名,吴伯箫的文字中数度出现这个名字。《沁州行》第一节:“然而是在作客啊,振一下身子起来,喊醒睡在对面炕上的季陵兄,是分手的时候了。……在我正是离开了长治到沁州的途中;季陵则是专为访问山西新军决死三纵队而来的。以来宾资格而被优渥招待留了一宿的翌晨,正大雪纷飞。季陵回总部,我开始我的漫漫长途。”这是写 1938 年冬天二人在长治境内小宋村开始分头行动的情形。《响堂铺》结句:“在村子里看到了敌人焚毁的我们底房舍,在河滩里看到了我们捣毁的敌人底汽车。站在烂汽车的旁边,让同行的季陵兄给照一张像,留它一个纪念;对战绩我们虽只是读者,也分它一份光荣吧。”这是在八路军“断绝敌人给养的响堂铺战斗”一年后晋豫交界处神头河滩上拍照留念的记述。《路罗镇》里："听说有一年川水大涨，冲去了半条镇街，买卖便萧条了下来。我和季陵路过那里的时候，逢着市集，又逢着好日子，却相当热闹。附近八起娶媳妇的，家家都奏着鼓乐从镇上穿过。"这是记他们在1939年初出晋入冀过河北省西南带些传奇色彩的路罗镇的情景。"'交通饭庄'是新开张的，房间里，床、桌、盆架，悉仿都市风光安置，素朴，也雅洁。苇席作隔壁，和另一家旅客可以息息相通。实在有些倦了，照行军规矩擦擦脸、洗洗脚，季陵占床，我用一张席打一个地铺，便草草就睡了。"这是《微雨宿渑池》中对他们从前线回来午夜入住河南渑池一家小旅店的记载。

卞之琳所写《晋东南麦色青青》一组通讯，较吴伯箫的《潞安风物》篇幅略少，内容上的参差错落之外，写法上也似乎稍显简略些，不过所记也有吴伯箫未记的地方。譬如写长治某县境内访问一座"煤窑"的《煤窑探胜》，就难得地为同伴吴伯箫留下了一幅小影：

> 我们进了热和力的来源的口子，十八丈深，坐的不是电梯，而是竹筐子。
>
> "揪牢了绳子。"导游者告诫我们说。
>
> 穿了一件黑布大褂，戴了一顶草帽，我看见站在同筐子的伯箫也穿了一件黑布大褂，戴了一顶瓜皮小帽，觉得样子很好笑。他们太客气，给我们找来了这么两套衣帽，要我们换上，其实我们穿的军衣帽也已经够脏了。我们每人都提了一盏马灯。

在导游者的带领下，他们在漆黑、低矮只能"把身体弯到九十度，有时还超过九十度"的煤洞里前行了一里半路，体验了一次前线煤窑的黑虎洞生活,卞之琳记述他们当时的想法:“好,饮水思源,在以产煤著称的山西,在雪夜,在围炉的时候,我们想起了到乡下去看看煤窑。”

可这次乡下煤窑之行,吴伯箫笔下却未见记载。究竟是出于什么考虑,如今已难于揣测。

卞之琳笔下明确提及“伯箫”处虽不多,不过一些文字中以“同伴”代称处也约略有着伯箫的影子。如《山道中零拾》记入住北垛村村长家的西厢房时“二人占炕,一人占桌,一人占门板”那占门板者(吴伯箫《露宿处处》有“也正为门板上睡了一夜舒服觉”为证),再如《长治马路宽》里那见到长治的大街而说着“到了北平的西直门大街了”的同伴,更有若干篇章中与吴伯箫所记见闻多有交叉重叠处。这些地方能看到的,也不只是伯箫一个人的影子,自然也包括晋东南种种引人入胜的自然风貌和战地奇闻。

文字的记录确是神奇的,它们于不经意间给阅读它们的人提供了穿越时空的机会,令人揣想战争年代两位文友彼此之间的亲切和默契。

有趣的是,多年以后,同为延安文学家的雷加在追怀吴伯箫的悼文里提供了另一幅吴、卞行军的插画:

> 抗日战争时期,他同卞之琳一起去晋东南前线。他俩在行军途中,遇到一对新婚夫妇。新郎长袍马褂,新妇凤冠霞帔,又骑在毛驴上。战火纷飞中的凤冠霞帔,在卞之琳看来就是一首诗,忙着用照相机拍下了这个镜头。当时吴伯箫应该是无动于衷的,他没有照相机;即或有,他也不会用它,只能是默默地印在心里。因为继续行军,底片没有马上冲洗。等到冲印

出来时，那张底片上，只留下了一个驴头和两只长耳朵，那位凤冠霞帔的新妇，竟落在胶片之外！吴伯箫对我叙述过这件趣事，这个不诙谐的人的惟妙惟肖的叙述，给我留下了深刻印象。

本章年表(1937—1939)

1938年(民国二十七年)，三十二岁。年初，随第十一集团军向潢川第五战区抗敌青年军团集中。二月到汉口，过郑州到西安。四月，只身到延安，被编入抗日军政大学第四期第一大队三支队政治班学习四个月，任班长。8月，抗大结业返回延安。11月，参加陕甘宁特区文化救亡协会(又称边区文化救亡协会，简称“文协”)和中华全国文艺界抗敌协会延安分会(简称延安“文抗”)组织的“抗战文艺工作团”，到晋东南长治一带，任三组组长，组员有卞之琳、马加、林火、野蕻，至1939年4月。11月12日从延安乘坐汽车到西安再到河南灵宝。17日，在河南灵宝换乘火车往渑池进发，从渑池北渡黄河进入山西垣曲县境内。先后到阳城、长治、沁州。写散文《踏尽了黄昏》《夜发灵宝站》《游击司令唐天际》《露宿处处》《送寒衣》《潞安风物》。

1939年(民国二十八年)，三十三岁。在沁州乡下辗转采访到沁县专员、八路军决死游击一团政委薄一波，参加晋东南二十四县的群众大会。从山西黎城到河南涉县(现属河北省)境内的响堂铺，与卞之琳自垣曲南渡黄河，再搭乘送子弹的回程汽车到河南渑池。4 月,与卞之琳过西安回延安,被安排到陕甘宁边区文化界救亡协会工作。写散文《沁州行》《踏过响堂铺》《路罗镇》等。

第四章　山谷里的桃花

正篇：客居的心情

文协秘书长

从1939年5月到1941年10月，这两年多，吴伯箫都在延安“文协”，此后一直到1943年“审干”约一年半时间，则在陕甘宁边区教育厅。1942年五月“延安文艺座谈会”举行，吴伯箫是接到正式通知的参会人员，在座谈会上的发言也是从中学教育的角度切入的。

陕甘宁边区文化协会，成立于1937年11月14日，原称“陕甘宁特区文化界救亡协会”，随后即改名为“陕甘宁边区文化界救亡协会”，简称“边区文协”或“文协”，是“陕甘宁边区文化运动的总领导机关，也是一个极其广泛的群众性的文化组织”。边区文协主任由哲学家艾思奇兼任，副主任是柯仲平，1939年冬丁玲亦被中组部派到文协任副主任，负责文协日常工作，另有党支部书记师田手，秘书长雷加，成员有刘白羽、柳青、李又然等。

吴伯箫在文协先是参加编《文艺突击》，该杂志创刊于一年前,据说是边区第一个纯文艺性刊物,后改名为《大众文艺》,1941 年后又改名为《中国文艺》。吴伯箫自己也在这个刊物上发表过不少文章。

在晚年回忆艾思奇的文章中,吴伯箫提到文协时期的主要工作,除了编《文艺突击》,还有筹备文协代表大会、接待从“大后方”到延安的文艺工作者、成立延安文艺界抗敌协会诸项。

以时间先后为序,成立延安文艺界抗敌协会是在 1939 年 5 月 14 日。说“成立”也许并不准确,实际上不过是更名。因为 1938 年 9 月就成立了陕甘宁边区文艺界抗敌联合会(简称“边区文联”),现在是正式更名为中华全国文艺界抗敌协会延安分会,简称“延安文抗”,原先“边区文协”所办的《文艺突击》杂志改归延安文抗领导。这也就是吴伯箫“文协”、“文抗”双重身份的缘由。

5 月 25 日出版、吴伯箫参与编辑的《文艺突击》是新 1 卷第 1 期,也称“革新号”,实际上已是总第 5 期。这一期上有吴伯箫写的通讯《文化人在战斗着》,6 月份出版的新 1 卷第 2 期则不但刊载了吴伯箫的译文《纪念高尔基——献给玛克辛·高尔基》(苏联莫洛托夫作),还刊载了卞之琳与吴伯箫根据晋东南前线观察合写的《从我们在前方从事文艺工作的经验谈起》一文。

筹备边区文协代表大会可能稍早些,但会议召开却已是 1940 年 1 月上旬,会是在延安女子大学礼堂开的,身为中共中央书记处书记、中宣部部长的洛甫(张闻天)作了题为《抗战以来中华民族的新文化运动与今后任务》的工作报告,毛泽东也到会并作了长篇报告《新民主主义的政治与新民主主义的文化》,艾思奇代表边区文协作题为《抗战中的陕甘边区文化运动》的报告。大会通过了边区文化协会简章，决定将“陕甘宁边区文化界救亡协会”改为“陕甘宁边区文化协会”。会上，吴伯箫被选为边区文协新的秘书长。当时，延安《新中华报》对选举事项都有报道，如：“大会选出边区文协主任吴玉章，副主任艾思奇、丁玲，秘书长吴伯箫。选出执委会委员有毛泽东、洛甫、王明、罗迈、吴玉章、林伯渠……”①

女作家丁玲回忆当时的延安文协：“这时文协机关人员很少，只十几个人：雷加、吴伯箫、李又然、李雷、庄栋、王禹夫、王力夫等，还有一个哲学家，一个管理员，一个炊事员。大家都住在中央机关所在地杨家岭的后山沟，除自写文章外，还在抗大、陕公、女大等处建立业余文学小组，文协的同志们分头去辅导，此外还出一个小刊物。”还说边区文协第一次代表大会开过之后，“就渐渐热闹起来了，机关里人增加了，萧三从鲁艺搬来，高阳也从鲁艺搬来，刘白羽从前方回来了，萧军和舒群一同从重庆也来了，舒群应鲁迅艺术学院邀请去了鲁艺。我曾建议最好萧军也一同去鲁艺，但有关方面没有同意，便留在文协了”②。

作家方纪调到边区文协，作为秘书长的吴伯箫派他到住在文化沟的萧三那儿帮忙，但他后来又从文化沟边区文协调回在蓝家坪的“文抗”了。

照另一位文协、也是文抗作家刘白羽的说法，延安的两个文艺单位，一个是鲁迅艺术学院即鲁艺，一个是文抗。

---

①　《文协举行第一次代表大会》，《新中华报》1940 年 1 月 20 日，转引自艾克恩主编《延安文艺史》上册，第 169 页。

②　丁玲：《延安文艺座谈会的前前后后》，《新文学史料》1982 年第 2 期。

文抗的一批作家,丁玲、萧三、艾青、罗烽、白朗、萧军、吴伯箫、马加、罗丹、杨朔、柳青、于黑丁、魏伯……作为独立的个体,其实不少方面也各有特点:“有人形容作家每个人都是一个工厂,每个工厂都冒着自己的黑烟。换一句话来说,每一个人有每一个人观察人生、处理事物的不同的立场,不同的角度,因而这是一个单纯的集体,也是一个复杂的集体;这是一个亲密的集体,也是一个疏远的集体;这是一个清澄的集体,也是一个污浊的集体。”①

这当然也很正常,吴伯箫老年在回忆艾思奇的文章里写到过一件事:“记得在一次俱乐部的晚会上,有人为一件生活小事向大家搞突然袭击,把匕首从皮靴筒里拔出来,猛然往桌子上一插,嘴里嘟嘟囔囔,说什么‘别怪我不客气!’大概有两三秒钟,空气紧张,全场默然。就在第三秒的时候,老艾在座位上从容地说:‘你这是干什么?有意见好好讲嘛!想吓唬谁?别看错了地方和时间。这里驻的是长征的英雄部队,大家在抗日。我们需要的是团结一致对付日本帝国主义,拿匕首对谁?’说着,用右手食指轻轻一指,严峻地说:‘收起来!’三个字,声音不大,但斩钉截铁,无可抗拒。就这样,那食指指处昂着的头低了下去。”②

文中的“有人”就是东北籍作家萧军,事情则是生活检讨会上萧军因为边区文协党组织欲将 L 调离动怒而被艾思奇制止的事,时间在 1941 年 5 月 25 日晚间。萧军《延安日记》里也有记载:“晚间在生活检讨会上,我终于把 L

---

① 刘白羽:《心灵的历程》上册,解放军文艺出版社 2003 年版,第 367 页。

② 吴伯箫:《我所知道的老艾同志》,《吴伯箫文集》下册,第 519 页。

调动的事情公布了，这引起了他们意外的惊骇，这不是他们所能意想的，这是一次胜利……我把我的短刀插在桌子上了，它在灯影里动着红绸，人们是沉默的。我是决心，如果真的冲突了，我决定要用刀对付他们。”①

萧军日记里也有关于与吴伯箫一些小摩擦的记录，这里可以看出吴、萧因脾性不同而不能成为亲近的朋友，或许文人就是这样吧。

在文协和文抗，吴伯箫经历的重要事情还有：

在鲁迅逝世四周年祭日，由延安文抗作家丁玲、舒群、萧军发起组织的“文艺月会”在杨家岭文化协会俱乐部成立，同时决定创办会刊《文艺月报》，文艺月会举行了12次巡回座谈会，吴伯箫是活动参加者之一。转年初，延安鲁迅研究会在文化俱乐部成立了，吴伯箫主持了在大砭沟举行的鲁迅小说朗诵会，逯斐朗诵了《在酒楼上》。

另外一件事是“星期文艺学园”的活动。这是由丁玲首先倡议，由文艺月会为开展文艺运动和帮助文学青年等学习与写作而创办的一个业余文艺补习班。最早拟叫“星期日文艺补习班”，1941年3月9日文艺月会第五次座谈会上正式提出该方案，3月15日定名为“星期文艺学园”。学期两年，课程“分为基本的与一般的。前者是有顺序的，由中国新文学运动史起到读书与写作、诗学、世界文学史、文艺理论等止。后者是不拘的，由讲授人自己拟题目，自己决定钟点多少，但也要按目的性质，来配合基本课程进行。主讲人聘请在延安的诸位知名的文艺工作者来担

① 萧军：《延安日记1940—1945》上卷，第182页。

任”[①]。吴伯箫是“星期文艺学园”的报告讲师和看稿委员会委员。

4月15日,“星期文艺学园”开始招生,5月18日举行开学典礼。本年6月1日至12月21日,第一期讲座陆续举办。第二期自1942年3月开始在蓝家坪作家俱乐部授课,其中第11次讲座由吴伯箫主讲《契诃夫的〈套子里的人〉》[②]。

就在吴伯箫从晋东南前线回到延安,刚到文协时,作家老舍曾以“全国慰劳总会北路慰问团”文艺界代表名义到延安。吴伯箫出席了在大礼堂举行的欢迎会,且座位就在慰劳团的后边五六排地方,但他却未上前打招呼。统战部宴请慰劳团,吴伯箫也接到了通知,亦未参加。事后吴伯箫给老舍写信致歉,老舍复信云:“见而不谈,你真该打!”。吴伯箫老年写到这件事时,他的解释是因为看到老舍与西山会议派的老顽固张继这些人在一起而觉得不理解,但究竟出于什么心理,怕是很耐人寻味的。

客居的心情

晋东南前线之行回延安后的几年,也是吴伯箫在写作、翻译方面又一个自觉时期。

一是《羽书》的出版。

先是1939年12月16日出版的上海《宇宙风》第90期刊载了韦佩(王统照笔名)的《〈羽书集〉序》,谈及吴伯箫在

① 《拟创办“星期文艺学园”座谈会纪要》,《文艺月报》1941年第4期。

② 雷加:《四十年代初延安文艺活动》,《新文学史料》1981年第2期至1982年第1期连载。

香港《大公报·文艺》的近作并忆及二人在青岛时期的交往。

王统照在序言中说："伯箫此集存在我的乱纸堆里已两年半了，那时本想为找一出版处，恰逢大战突发，印刷困难，遂尔搁置。幸而这个稿本随我留此，否则也要与我的存书同一命运——即免劫火，定遭散失。现在他能有与阅者相见的机会殊不易易。""伯箫好写散文，其风格微与何其芳、李广田二位相近，对于字句间颇费心思，这是我一向素悉的。他与何君同校任教，尤有交谊，现在听说都在痛苦的荒地服务。伯箫自从领导一校青年流离各地以后，曾数在前方尽文人的义务。奔走，劳苦，出入艰难，当然很少从容把笔的余暇。然而在《大公报》文艺栏上我读到他的文艺通讯，不但见出他的生活的充实，而字里行间又生动又沉着，绝没有闲言赘语，以及轻逸的玄思、怊怅的怀感。可是也没有夸张，浮躁，居心硬造形象以合时代八股的格调。""回想作者写这些文字时，我少不了与他有晤面的机会。那软沙的海滨；那黑石重叠的山谷；那大公园的海棠径上；那个小小的庭院中——饮'苦露'（酒名），斟清茗。或当风雪冬宵烧饼铺外的匆匆招呼；在炫彩的碧波上隔日相遇；在老舍的二黄腔调的猛喊之下，彼此纵笑。现在！——现在，不需说什么感伤话，然而凡记得起的熟人，哪个不曾捧一份真诚心愿，切望着总有一天大家从历劫的挣扎后再得欢颜相向？纵使头发白了多少，皱纹多了几条（其他的损失当然不必计算），算什么呢！"①

---

①　王统照：《〈羽书集〉序》，《宇宙风》1939 年 12 月 16 日，第 90 期。收入吴伯箫《羽书》，花城出版社 1982 年版。

王统照为《羽书》写的序先行发表于上海《宇宙风》杂志第 90 期,署名“韦佩”,1941 年《羽书》出版时却没有此篇序言,直到 1982 年广东花城出版社重新出版《羽书》时才将王《序》置于卷首,仍署名“韦佩”。

第二年,也就是 1941 年 5 月,《羽书》始由文化生活出版社在上海出版,收入巴金主持的《文学丛刊》第 7 辑。共收入 18 篇散文:《山屋》《话故都》《岛上的季节》《马》《野孩子》《夜谈》《啼晓鸡》《梦到平沪夜车》《灯笼》《说忙》《羽书(惊沙坐飞之一)》《我还没见过长城(惊沙坐飞之二)》《几棵大树》《荠菜花》《边庄》《萤》《海上鸥》《阴岛的渔盐》。

吴伯箫并不知道《羽书》出版,但阴差阳错的是,就在《羽书》出版而漏掉了韦佩序言之时,吴伯箫却在延安杨家岭读到了《宇宙风》杂志上王统照(署名韦佩)为散文集《羽书》写的序言。

又过了一年,1942 年 1 月,《羽书》的桂林 1 版问世,吴伯箫仍然蒙在鼓里。

二是晋东南前线题材及流亡、从军题材通讯、散文的写作。

晋东南前线题材多为通讯,实际上在晋东南战地生活中一直在写,回延安后又写出《神头岭》《郭老虎》《夜摸常胜军》《微雨宿渑池》等,这些通讯汇成了后来在香港出版的《潞安风物》。

流亡、从军题材。主要是《引咎篇(一)》《引咎篇(二)》《致同学》以及 1939 年写的《怀寿州》诸篇。

三是发表在延安《解放日报》副刊上的抒情性散文。

中共中央机关报《解放日报》是在 1941 年 5 月 16 日创刊于延安的,毛泽东撰写了发刊词。博古任社长,杨松任总编辑(1942 年 8 月,杨松离职养病,11 月 23 日去世,由陆定一接任总编辑),余光生任副总编辑,丁玲受命主编副刊文艺栏(1942 年 3 月由舒群接任)。

当时的副刊编辑之一黎辛后来回忆:“《解放日报》最早的副刊是《文艺》专栏,由毛泽东称为‘昨日文小姐,今日武将军’的丁玲主编,编辑副刊的行政组织为文艺栏,文艺栏由社长博古与总编辑直接领导,丁玲参加编委会的有关会议,不是编委会委员……丁玲任主编时,编辑有刘雪苇(中央研究院文艺研究室的特别研究员,中灶待遇,借调来三个月)、陈企霞与我,报纸初期,作家马加来帮助工作过一段时间。”①

吴伯箫此前发表作品,延安以外以《大公报》《抗战文艺》为主,延安当地主要以《文艺突击》(即《大众文艺》)、《文艺战线》《中国文化》《谷雨》为主,如产生较大影响的散文《书》即刊载于延安《谷雨》1941 年创刊号和《创作月刊》1942 年第 1 卷第 3 期。自从《解放日报》创刊后,吴伯箫随即成为副刊版的重要作者,短短几年中发表创作、译作甚多,其中散文创作主要是:《向海洋》《思索在天快亮的时候》《客居的心情》《论工作的灵魂》《山谷里的桃花》《论忘我的境界》《谈日常生活》。

《论忘我的境界》一篇刊载于 1942 年 5 月 20 日的《解放日报》,学者金灿然看到后,写了《论忘我的境界——借吴伯箫同志的题目就商于吴伯箫同志》,对“忘我”提出了他的看法,此文稍后也发表在《解放日报》上。

对同一篇文章有不同观点或看法自然再正常不过,就

---

① 黎辛:《亲历延安岁月》,陕西人民出版社 2016 年版,第 58 页。

如《论忘我的境界》,金灿然觉得“忘我”很寻常,可也有读者读过吴文即赞赏有加,甚至从报上剪下来贴在眼前成段诵读。在吴伯箫去世之后,作家雷加撰文悼念,更是对《论忘我的境界》和《客居的心情》两篇给予高评,甚至说吴伯箫的一生就是用“忘我的境界”和“客居的心情”两面镜子照亮的一生。

只有读懂了这两篇散文,才会意识到雷加不愧是吴伯箫的老朋友,雷加对“忘我的境界”和“客居的心情”两篇散文与吴伯箫本人关系的阐释实在是知音之论。

实则,连同《论工作的灵魂》《谈日常生活》几篇以畅想、说理为主干的散文,都是吴伯箫在延安这个特殊环境中对个人生命与人生的一次庄重的、深度的思考,其意义不只限于对写作本身的探索。观点不同,读者的认同度自然有异,甚至会觉得这些思考也不超出“常识”范围,然而在吴伯箫,他是认真的、诚恳的,绝无玩文字游戏的动机。他是要用“忘我”的境界和“客居”的心情塑造自己、要求自己,以使自己也能达致“非有超出于自我的目的不可,非有超出于自我的理想不可”那样的高度;告诫自己把“责任心、计划性和认真积极的作风”当作工作的灵魂;喜欢“居家也像做客”,“永远以陌生的异乡人的心情,我迎接每一个新的日子,我处理每一件新的工作”。正是在这一组文章里,我们会看到最真实的吴伯箫的灵魂画像,自然而然的,《论忘我的境界》和《客居的心情》也一定是吴伯箫最重要的自我写照。

至于《山谷里的桃花》,不过借他所爱的女性表达对美德的称颂,虽说文字琦靡跳荡了一些,但后来以“小资”视之怕只能见出“思想改造”给作者带来的心理阴影了。此文也可以说是对一种爱情观的表达，由对一个跋山涉水来到延安的女战士的赞美而延伸到更多可爱的女性，又阐发出不少富有哲理性的思考。如："于我，爱一个人，像爱一种美德。一个多么美的具体的人，到我爱她的时候就往往变成一个抽象的美底概念，美底理想了。有的我爱她坚贞，有的我爱她洒脱，有的我爱她忧郁，沉静；进而聪慧，娴雅，强项（荣国府的王熙凤我都爱过），……只要是好的，我没有不爱的。没有不可以作我意想中的爱人的。"以至于"一个人底一种美德，只要它存在，便永远像一颗璀璨的宝石在我心里发光，爱她，因想到她而觉得幸福和愉快"。《山谷里的桃花》可谓吴伯箫散文中一篇比较特别的美文。

四是对海涅诗集《波罗的海》以及其他外文作品的翻译。

英文系本科出身的吴伯箫，在延安似乎对文学翻译产生了空前的热情，翻译了不少英、美甚至德、俄国家的文学作品，当然，对于德、俄国家作品，他用的是转译，即由别人的英译本转移为现代汉语。

这些译文，不少刊载于《解放日报》，如：美国作家亨利·巴比塞的《论写作与战争》，苏联作家苏桑娜·尤姆的《重逢》，美国作家 S. 斯温勒勃著《春天的天空：伦敦一九四一》，译自苏联英文版《国际文学》上的《苏联红军小故事》三则，德语作家 M·吉特曼著《德国流亡作家在苏联》，德国诗人海涅的诗《宣言——〈波罗的海〉一部之六》，美国诗人惠特曼的诗作《两个老兵的葬歌》和《船的城》，A. Blagoi 教授的论文《寂寞的普式庚》，苏联普里什芬著《铲形皇后》，苏联爱伦堡的《他们将被迫偿还》以及加拿大医生诺尔曼·白求恩的演讲稿《国际和平医院开幕词》。

还有不少译文则刊载于延安的《大众文艺》《中苏文化杂志》《中国文化》《文艺月报》上。吴伯箫翻译德国诗人海涅的诗很偶然,是从哲学家艾思奇那儿读到了海涅诗的英译本而出于喜爱借来翻译的,1941—1942 年是他翻译海涅《波罗的海》比较集中的一段。1942 年 2 月 20 日,《近卫兵》一首发表于延安《诗创作》1942 年第 8 期春季特大号,题下有译者注云:"这是海涅早期作品《年轻的忧郁》集里最好的一首诗,它充满了法国诗人龙贝热底精神,是一八一五年写的,那时海涅还不到十六岁。"同年 3 月 15 日,译海涅诗《哈兹山旅行记》发表于延安《谷雨》1942 年第 1 卷第 4 期。

对于吴伯箫的译文,当时的《解放日报》副刊编辑黎辛也有印象:"文艺栏发表的第一篇稿子就是译稿,是戈宝权译的苏联爱伦堡的《另一个法国》,1941 年 6 月爆发了希特勒德国侵犯苏联的苏德战争,这是关系到世界反法西斯命运与人类命运的战争。为此,文艺栏较多地发表苏联卫国战争的报告文学作品,如爱伦堡的《墨索里尼的本领》(岳鸿译)、《列宁格勒永远是我们的》(林宁译)、阿·托尔斯泰的《希特勒军队的真面目》(识者译)和《伏尔加在为战争工作》(山屋译)、肖洛霍夫的《静静的顿河》(魏伯译)……对于外国现代与古典文艺作品也有介绍,如发表曹葆华译的左琴科的《列宁的哨兵》《电灯匠》,萧三译的拉甫列涅夫的《人小心大》、纪坚博译的古典犹太作家白里茨的《母亲》《明奇·塞林特》等。还发表了吴伯箫、天蓝等译的惠特曼的诗歌,吴伯箫译的英国古典小说家费尔丁的《创作漫谈》等。"文中的山屋当然也是吴伯箫,从黎辛提到的三篇作品,亦可感知到吴伯箫文学翻译视野的开阔和译笔之勤。

他的另一篇译文《春天的天空》(S. 斯温勒著)还被收入周立波编选的《雪山集》,由桂林华华书店 1942 年出版,也署名山屋。

可不可以说,散文写作之外,延安时期的吴伯箫也是一位勤奋的文学翻译家呢?

延安内外

除了文协、文抗和教育厅的正式工作,吴伯箫在延安也有属于自己的政治生活和日常生活。从他后来写的文章里,读者也可以感受到这些生活的意义或趣味。

所谓政治生活,指的是吴伯箫围绕新的个人政治定位而争取、而参与的政治组织和政治性活动,主要包括加入中共、与中共领袖人物的接触以及对文艺座谈会的态度。

吴伯箫多次谈到在延安听毛泽东演讲的事。1939 年 5 月 4 日是五四运动二十周年纪念日,第一个青年节。那天晚上在延安城北门外靠山傍河的坪坝上,举办了一个"盛大的露天火炬游行晚会",在这次晚会上,吴伯箫在听了毛泽东《青年运动的方向》演讲之后,经人介绍,结识了作家朱子奇,吴伯箫去世后,朱子奇在回忆文章里谈到他们那晚一起听《生产大合唱》的情景:"我们是在一次偶然而又激动人心的场合相识的。那是一九三九年五月初,他从前线刚回延安,我留'抗大'政治工作训练队学习。我们同在延安北门外靠山傍河的广场上,听毛主席作纪念'五四'运动二十周年的那篇著名讲话《青年运动的方向》。虽然那时没有扩音器,但毛主席清晰响亮的湖南音听得很清楚,一万多延安党政军民及学生参加大会。同志们热烈地围着呼呼响的闪亮的汽灯,静听人民领袖发言。主席讲完话休息时,我们经一位东北作家介绍相识,一面交谈,欣赏夜景,一面听音乐家冼星海指挥鲁艺合唱队第一次演唱《生产大合唱》。夜深了,大家还留恋广场,不愿离去。在群众的欢迎声中,星海同志又站在一张临时搬来的小桌上指挥全场合唱《青年进行曲》(田汉词、星海曲)。万人放声高歌,歌声震响四周群山,就象要把这黑夜震破,迎接东方黎明的到来。"①

1942 年,吴伯箫也参加了延安文艺座谈会并在讨论中作过简短发言,发言的角度是从个人教育厅的工作出发,表示欢迎文艺工作者到学校教学,说明那样既可以深入实际,熟悉群众的生活,搜集陕北丰富的民歌,描绘阶级斗争、生产斗争的生动场面;也可以接触学生和工农,做一些文艺普及工作。因为那时他正想为中学和师范请些语文、音乐和美术教师。没想到会议结束后第二天,吴伯箫骑了一匹马从南门外教育厅到杨家岭接洽工作,回来路上恰好遇见散步的毛泽东,正走上渡口通大道的斜坡。毛泽东认出了这位昨天发言的同志,主动与吴伯箫打招呼,并且站下来与吴伯箫作了简单交谈,肯定了他的发言,这给吴伯箫留下了深刻印象。

吴伯箫是 1941 年加入中国共产党的,当时的中组部部长陈云还将吴伯箫约到他的住处谈话并留饭。第二年 10 月,由中共预备党员转为正式党员。

在大生产运动中,吴伯箫还被评为纺毛突击手。

1942 年,从 4 月起,妻子郭静君携五岁的长子吴光琦

---

① 朱子奇:《怀抱理想俯首耕耘——悼念吴伯箫同志》,《文艺报》1982 年第 10 期。

从青岛经安徽亳州长途跋涉到达西安，前后用了23天。又在西安住了四五个月。直到初冬，吴伯箫才去关中将妻、子接进边区。

可是，几乎与吴伯箫去关中接妻、子同时，时任中共中央社会部部长的康生也在精密布置着一场令人恐怖的“审干”反特工作，一张密密的网正在张开，一场风雨正在到来。

副篇：《波罗的海》

“解放的中国出版了海涅的第一部译诗……”

吴伯箫的著译中，译诗集《波罗的海》也许是最被忽视的一种。就算偶尔有人提到，也往往语焉不详甚或认知有误。

有梳理海涅诗在中国的译介与研究历程者提及此书，有如许表述：“1957年，吴伯箫（萧字误，子张按）根据英译本译出海涅诗集《波罗的海》，书中收录《波罗的海》、《哈尔茨山旅行记》以及《西里西亚织工》、《路易皇帝的赞歌》、《两个掷弹兵》等短诗。他总结了海涅作品的特点，即‘丰富的想象’、‘尖锐的讽刺’和‘崇高的理想’。并提到：‘海涅，若不是更以诗著名，他在法律、宗教和哲学方面的研究也许会很显著。’”

梳理者将《波罗的海》出版时间写作“1957年”，不能说不对，可的确又不准确。因为这只是修订版或再版本，而并非最早的初版本，修订版或再版较初版本整整迟了七年,作为严格的历时性学术梳理,这表述可就过于离谱了。

不妨引用艾思奇1949年3月26日复吴伯箫信中的一句话看看:“谢谢你寄来的译诗集,庆祝解放的中国出版了海涅的第一部译诗!我读了几首,我很喜欢它译得自然!”

“解放的中国出版了海涅的第一部译诗……”这才是对吴译《波罗的海》出版时间的准确表述。查《中国现代作家著译书目》“吴伯箫”之“译文部分”,《波罗的海》出版信息为两条:1、上海文化工作社1950年2月初版188页30开(上海文化社译文丛书9);2、上海新文艺出版社1957年4月初版133页32开。再对照手头《波罗的海》两个版本的版权页,确定无误。

不妨回顾一下1949年中华人民共和国成立之前对海涅诗文的译介。

据说,最早在文章中引述海涅诗的中国人是辜鸿铭,其后胡适、鲁迅、郭沫若、李之常、成仿吾、邓均吾、冯至都分别译介过其诗其文,其中已经有《波罗的海》中的诗章,冯至还在1928年翻译了含有散文和诗两部分的《哈尔茨山游记》。另外,段可情、剑波、杜衡的译品都出版过单行本。进入三十年代,朋其、李金发、艾思奇、林焕平、林林也都是海涅诗的译者,李金发还译有《北海之诗》,可见在吴伯箫之前,《波罗的海》已有了译本。可惜一时查不到李金发原书,不知他翻译的是否完整本?

吴伯箫对海涅诗的翻译其实缘于延安时期与哲学家艾思奇的交往。“我很喜欢他从德文海涅原著翻译的《德国——一个冬天的童话》,流丽,押韵,保持了海涅诗歌的隽永幽默、情感炽热的特点。我学习翻译的《波罗的海》就是从老艾同志收藏的一种海涅诗歌英译本翻译的。在延安抗日战争年代里他主动借给我那本书又鼓励我翻译它，那是治学中无私的帮助，令人至今深切地怀念。”（吴伯箫《我所知道的老艾同志》）

从拙编《吴伯箫先生编年事辑》看，吴伯箫从艾思奇收藏英文版海涅诗集转译的海涅诗比较集中地发表在1941—1944年延安、重庆的报刊上。如下列数条：

1941年12月9日，译文《宣言——〈波罗的海〉一部之六》刊载于延安《解放日报》第四版，署名“吴伯箫”。

1942年2月20日，翻译海涅诗作《近卫兵》刊载于延安《诗创作》第8期。

1942年3月15日，译文德国海涅诗作《哈兹山旅行记》刊载于延安《谷雨》第1卷第4期，署名吴伯箫。

1944年2月，译诗《海涅诗抄》（三首）刊载于重庆《文阵新辑》之二（总62号）：“哈罗尔德的旅行及其他”，署名“孙纬、吴伯箫译”，1944年2月出版。

除了延安《解放日报》和重庆《文阵新辑》，吴伯箫还在《波罗的海》1950年初版的《追记》中说“译诗的有些篇章曾在艾青同志主编的《诗刊》和延安《解放日报》发表过；”那么，创刊于1941年的延安《诗刊》也该算在内。

顺便说一句，《追记》写于1949年12月15日，初版本1950年问世，照这个时间，可不正是“解放的中国出版了海涅的第一部译诗”？

文学史充满了偶然性

这里说的是吴伯箫翻译德国大诗人海涅诗集《波罗的海》的事情。

译者为1950年初版本《波罗的海》写的“追记”仅只数百字,可也有不少内容。罗列一下,大致有这些意思:一、译海涅诗篇的时间(1942年左右);二、不是译自德文原版,乃从英文转译(依据艾思奇提供英译本);三、诗难译甚至不可译(完全保留作者的精神、风格、韵致不容易);四、有些篇章曾在延安《诗刊》《解放日报》发表过;五、结集后的稿本由艾青保存三年,第一次文代会时交还译者;六、最后由上海周而复介绍出版。

也许还应该包括第七个意思,即“追记”最后一句所表达的谢意:“这里向鼓励和帮助我的同志们致谢。”那么,给译者以“鼓励和帮助”的,首先应该是前面提到过的艾思奇、艾青和周而复吧?

艾思奇,就是那位以《大众哲学》为三四十年代左翼青年所熟知的哲学家,吴伯箫在老年时期写的《我所知道的老艾同志》中有介绍:“对辩证唯物主义哲学作通俗的阐述,这本书是大胆的尝试。纸贵洛阳,影响很大。抗日战争初期印行到第十版。那时进步的知识青年谁不知道《大众哲学》呢?而且提到《大众哲学》就想到艾思奇。书名和作者的名字几乎成为同义语。”吴伯箫1938年初夏在延安抗大学习时,以学员的身份结识了小他四五岁的教员艾思奇,后来又在陕甘宁边区文化协会同事过三年,此后也一直保持较为密切的来往。至于翻译海涅诗,自然也与这种交往有关。艾思奇本人早在三十年代初期就开始研究、翻译海涅的诗作,1934年上海《春光》杂志第1卷第2号就刊出过他翻译的海涅政治讽刺诗《德国,冬天的童话》的章节,四十年代且在上海读书出版社出版,吴伯箫喜欢艾思奇的译文,艾思奇又主动将他手头的英译本出借,鼓励吴伯箫由英译本转译，这才使英文系出身的吴伯箫多出了文学翻译者的身份。这样的鼓励和帮助，自然是值得铭谢的。

吴伯箫提到的第二个人是诗人艾青。与吴伯箫译诗有关的是两件事：一是译稿曾在艾青主编的延安《诗刊》上发表过，二是译稿结集后由艾青保存了三年最后又交还译者。初版《追记》中还有一段话专讲这段“佳话”：“译诗的有些篇章曾在艾青同志主编的《诗刊》和延安《解放日报》发表过；集结之后，艾青同志又曾在国民党反动派进攻解放区的日子里带着它出入战争环境三整年，直到在北京一块参加全国文学艺术工作者代表大会，他才又交给我转周而复同志介绍印行。”这里，吴伯箫提供了一个与其《羽书》集相似的“托孤”故事，当年《羽书》托王统照保存，是出于全面抗战爆发自己不便带着稿本流亡，现在又把《波罗的海》译稿交艾青保管又是因为什么？

查吴伯箫年谱，知 1945 年日本投降后吴调入延安大学，又很快接受随学校干部队到东北创建东北大学的任务，并于当年 11 月动身，翌年 8 月到达佳木斯东北大学。而“曾在国民党反动派进攻解放区的日子里带着它出入战争环境三整年”云云，就提供了两种可能性：一是离开延安前将稿本托付给艾青，二是 1946 年从张家口或佳木斯将稿本寄给艾青。无论是哪一种可能，最后的结果都是艾青“完璧归赵”，将稿本重新交还给了译者，这在那样的战争环境下，无论如何是令人感激和振奋的。

至于吴伯箫与周而复，实在也早就有过文字因缘。吴伯箫的通讯报告集《潞安风物》就是被纳入周而复主编的“北方文丛”第二辑由香港海洋书屋出版的，当时周而复正在香港担任中共华南分局文化工作委员会委员、副书记,而此前在延安“文协”二人就是同事,1944 年还与另两位作家合写过报告文学《海上的遭遇》,当时吴与周同为中央党校学员。再考虑到《波罗的海》初版本 1950 年在上海文化工作社出版,周而复当时已调任中共上海市委和市政府多项职务,“转周而复同志介绍印行”实在也是顺理成章的事了。

文学史就是这般充满种种偶然的巧合、机缘与细节,到处都晃动着人的影子,哪里像教科书那样空洞与刻板呢!

事情到这里,也还没有结束。到了 1957 年,《波罗的海》经过一番修改和调整,又在上海的新文艺出版社重版了。译文改动之外,书的封面、插页也都变了,还有,书后的《追记》删去了关于艾青、周而复的信息,增加了 1957 年 1 月写的两句话:“这本译诗于 1956 年纪念海涅逝世 100 周年的时候,曾作了比较多的修改,现在加一篇附录《谈海涅》重印出来。错误的地方一定还有,仍请读者指正。”

至于为什么要删去那段艾青保留稿本三年的佳话,恐怕就不能不考虑再版本问世的时间背景了。印在书上的出版时间是 1957 年 4 月,但实际印出一般总要迟一段时间,如果是拖到艾青被卷入反右风暴的下半年,译者或出版社作出这样的文字处理就不奇怪了。

为什么是海?为什么是诗?

1980 年春,已经 74 岁的吴伯箫远游海南岛归来,为表达“洋溢在内心里的真实的颂歌”,将“自己喜爱的德意志诗人亨利希·海涅”的诗句引入正在写作的散文《天涯》里：

我用有力的手臂从挪威的树林里
拔下那最高的枞树，
深深地把它浸入
爱特纳炽热的喷火口，
然后，用蘸着烈火的巨笔
我写在黑暗的天上……

其实这段译诗，在1956年2月写的《谈海涅》中也曾经重点介绍过："《波罗的海》里边有一篇《宣言》，抒情的力量非常强烈。为了表示对安妮斯永恒的爱情，诗人诉说，要用强有力的手臂，从挪威的树林里，拔下最高的枞树，把它插入欧洲最大的火山，西西里岛的爱特纳火山口，用这样被烈火浸透的枞树写在黑暗的天上：'安妮斯，我爱你！'那气魄是惊人的。"

而这首吴伯箫转译自英译本的《宣告》，最早以《宣言——〈波罗的海〉一部之六》（海涅作）的样子刊载于1941年12月9日延安《解放日报》的第四版上。

由此见出吴伯箫对海涅"喜爱"之真实、强烈、持久。

尽管吴伯箫大学专业是英文系，可真正从事翻译还是从延安时期开始，延安的报刊上不时会有署名"吴伯箫"或"山屋"的译文。所译多为俄国或苏联的文艺作品及论文，且由英文转译，真正的英文作品可能只有惠特曼的几首诗和白求恩的演讲稿。吴伯箫大学时也学过一点德文，而翻译海涅用的却还是艾思奇手里的英译本。

不确知吴伯箫是从何时开始接触并喜爱海涅诗作的，在找不到更早线索的情况下，不妨就把他阅读艾思奇所译

《德国,冬天的童话》和在延安看到英译本海涅诗集作为引发他自己翻译海涅的一个契机。不过,这只是契机,若说心理动因,我总觉得与当时吴伯箫对睽违三四年的家乡亲人特别是爱人郭静君的思念有关。

吴伯箫1937年离开山东走上流亡之路,结婚才刚刚一年的妻子郭静君只能带着刚出生的长子光琦留在青岛等消息。1939年初夏,吴伯箫从晋东南前线回到延安,工作基本稳定下来,想念妻、儿自是人之常情,证据就是他在1941年5月写的抒情散文《向海洋》,其中不但有"喔,青岛!给了我第一幢海的家的好地方啊"这样热情的感叹,更有大段大段对海的想念的告白,文章劈头就是:"我的岗位是在高原上,我底心却向着海洋。"

盖海涅者,"文学史家说他是德国诗中第一个使人听到海洋的咆哮和它无穷的变幻和威力的"。而《波罗的海》作为海涅的游记诗,"在那里边海涅写了沙滩的贝壳,空中的海鸥,写了暴风雨里的海,风平浪静的海,写了白天和夜晚,岸上和船里,晕船、白日梦、海神和女神,关于海的各个方面几乎都写到了。幻想、传说、新鲜神奇的景象,有时情意深长,使读者都变成诗人的密友;有时幽默讽刺,诗句穿进人们的心里而在里边留下了刺;更多的是诗人的回忆、哀伤和希望"。(吴伯箫《谈海涅》)

神奇的大海,永恒的爱情,还有什么会比这些更能挑动一个客居高原者缱绻乡思的呢?

诗,其实也是吴伯箫素所喜爱的文体,甚至可以说是散文之外第二种持续喜爱的文体。北师大读书时尝试新诗,有《希望》《夏之午》《恳求》诸作,青岛济南之际又有《万年山的绿》《秋夜》,延安时期复有《炮声在呼唤》《骆驼队》,

五六十年代还写过《谒列宁—斯大林墓》《钢铁的长虹》，不同阶段另有一些旧体诗。不过，更多时候，吴伯箫是将诗情融入其散文，使其更近乎散文诗的结构、章法。从他喜爱、熟悉语体诗文体形式的角度说，选择诗体的《波罗的海》和《哈尔兹山旅行记》加以译介，并非特别难以理解。延安时期的译诗，除了海涅，也还有美国诗人惠特曼的少量作品。

吴伯箫译《哈尔兹山旅行记》

哈尔兹山（Harz Mountains），是德国中部地区的名山和旅游胜地，18 世纪就已经名扬海外，最高峰为布罗肯山，海拔 1142 米。当年大诗人亨利希·海涅的游览更为这座山增添了色彩，这里最有名的旅馆便是被称为“亨利希·海涅”的旅馆。

吴译《哈尔兹山旅行记》，今多译为《哈尔茨山游记》，这里以较流行的译法为准。

回到 19 世纪的 1823 年，还在读大学的海涅曾到北海之滨易北河入海口附近的库克斯港，写下八首以大海为主题的诗。翌年初秋，又徒步旅游哈尔兹山，经哈勒、耶拿，到魏玛拜访歌德，再经哥达、卡塞尔回哥廷根，1825 年上半年准备毕业论文和写作《哈尔茨山游记》，同时领受基督教洗礼，7 月被哥廷根大学授予法学博士学位。8 月去北海诺德奈岛疗养，计划写作《游记》，1826、1827 年《游记》第一、第二卷分别出版，接着，《短歌集》也出版了，此集是其第四部诗集，收入 1827 年以前的作品。

也就是说，《哈尔茨山游记》和《北海》（即《波罗的海》）都是海涅大学期间和毕业之后不久写的作品。

先说说《哈尔茨山游记》。

首先，完整的《哈尔茨山游记》是以散文为主而穿插着诗的，早在1928年就有了冯至译自德语的全本，北新书局初版，战后又经重译在报刊发表，1954年在北京由作家出版社出版。故吴伯箫的译本非整本翻译，乃是其中诗歌部分的翻译，包含“序”和1、2、3、4、5、6，共7首，除了“序”诗，其他各首在原文中的确并没有标题，吴伯箫以阿拉伯数字为序。后来的译者有的加了标题，如“序”标示为“序诗”，第一首至第三首是一组，便标示为《山间田园诗》三首，第四、五、六首分别标示为《牧童》《布罗肯山上》《伊尔赛》，整组诗标题也改为《自〈哈尔茨山游记〉》，意谓从《哈尔茨山游记》选出的诗，倒也更准确些。（参见胡其鼎译《海涅全集》，第一卷，河北教育出版社2003年1月第1版。）

全本《哈尔茨山游记》作为海涅的早期作品，素以强烈的讽刺和对大自然出色的描绘为人称道，其中的这六七首诗作也有类似的特点，但更突出了爱情的主题。比如“序诗”就是先对贵族式的生活作了嘲讽，接着进入了对自己山中旅行的抒写：“我要攀登那远山了，/那里有幽静的茅屋，/那里有自由的微风在吹，/自由的胸襟可以尽意舒展。”第一首至第三首为组诗，写的是山上茅屋里一对男女青年相互的述说，氤氲着浓浓的爱情气息和神奇的神迹：“但是我们，我可爱的姑娘，/比我们所看见的一切变得更多；/黄金、锦衣和火把的光亮/都欢乐地围绕着我们闪灼。”第四首第一节为：“牧童是一个国王，/宝座是绿色的山峦，/他头上光辉的太阳/是永恒的金黄的王冠。”形象鲜明亮丽，洋溢着自然的芬芳。接下来便是对这位牧童身边绵羊、小鹿、猎狗的描绘以及这位“国王”睡梦中的缅想，有着童话般的意境。第五首是柔美的情诗，节奏明快，韵律和谐，诗境温馨浪漫。最后一首以伊尔赛公主的口吻表达她对“你”——“可怜的不幸的汉子”爱情的慰藉。伊尔赛，既是哈尔茨山北麓河流的名字，又是传说中河中水妖的名字，据说她日日清晨沐浴河中，会将遇见她的男子带入水中岩宫，故诗中有“来哟，和我一块到我的城堡，我们要幸福地生活在快乐中间”的句子。

在吴伯箫的译文之前，早有过冯至译文的初版本(1928)，当时，吴还在北师大英语系读书，或许读到过此译本。不过，冯至以当时德文水平和“不能容忍的错误”而至战后重译，而吴译时间在冯至重译之前，二人是否相互借鉴不得而知。然对照二人所译，确乎能看到他们之间的近似处。举例说，第5首第一节，冯1954年重译本为：

通过太阳的微光
东方已渐渐明亮，
远远近近的山巅
在雾海里浮漾。

吴1950年初译本为：

通过太阳柔和的微光
东方是渐渐地发亮；
远远的宽阔的山顶
在雾气的海里荡漾。

1957年修订本则为：

通过太阳柔和的微光
东方已渐渐地发亮；

远远的宽阔的山顶
在雾气的海里浮漾。

除了每行诗中的音组数略有差异外，句式、词汇基本相同，特别是吴译第四行“荡漾”改为“浮漾”更与冯译保持了一致。由第 6 首中“伊尔赛公主”“伊尔赛石岩”译名的变化亦能看到这一点，吴译初版本为“爱尔思公主”和“爱尔赛斯坦”，修订本分别改为“伊尔赛公主”和“伊尔赛石岩”，与冯译“伊尔塞公主”“伊尔塞石岩”基本一致。不过，也不能绝对肯定吴译对冯译的全面借鉴，毕竟在另外一些章节中也有很不同的译法。而不管怎么说，单纯就吴译而言，阅读效果总体上是简洁、流畅和谐的。

冯译、吴译都先后有过对自己初译本的修改，一方面看出二人对自己要求的严格，另一方面也的确说明诗的难译。这一点，在吴译“追记”中也有过感叹，真乃甘苦寸心知。

《北海》还是《波罗的海》?

凡事若不深究，往往马马虎虎就过去了，一深究，事情便复杂起来。

吴译《波罗的海》，也面临这样的问题。

德国北部有两个海，一为西北侧的北海，德语为 Nordsee，英语为 North Sea；一为东北侧的波罗的海，德语为 Ostsee，英语为 Baltic Sea，照说吴译《波罗的海》的原文应为 Ostsee 或 Baltic Sea，可据“维基百科”查询，海涅原著却明明写作 die Nordsee，且自民国时期李金发以来的译者（包括冯至），一般都直接译为《北海》或《北海集》。

这是怎么回事？莫非吴伯箫依据的英译本 The Poems of Heine(E. A. Bowring 1866)就是如此？

可仔细读过吴伯箫 1956 年撰写的《谈海涅》一文，却发现有这样一句："海涅的第二部大著作是《旅行的图画》，一部分是诗，一部分是散文……诗的部分分三部：《归家集》《哈尔兹山旅行记》和《北海》(或《波罗的海》)。"这么说，至少在准备再版《波罗的海》的时候，已将《波罗的海》与《北海》之间划了等号。

可既然划了等号，又为何不趁着修订、再版的机会径将书名改为《北海》呢？而仅仅用一个"或"字表示两个名字等同呢？况且，海涅疗养的诺德奈岛和原诗的标题所指都是北海而不是波罗的海呢！

一时找不到合理的解释，只好作为一个问题暂且搁置于此。

一般的传记介绍到这部诗集，必会言及海涅年轻时期两度北海之游的事。一次在 1823 年以身体虚弱拿到伯父给的十个金路易，便去北海之滨易北河入海口附近库克斯港疗养，这次写了八首大海主题的诗；第二次是 1825 年 7 月拿到法学博士学位后又得到伯父五十个金路易的奖励，海涅于是再次到北海，在诺德奈岛疗养。此后的两三年内，包括《北海集》在内的两部《游记》先后出版，更为丰富的一个集子《短歌集》也问世了。

文学史上提及海涅这组诗，通常有"开创了德国诗人描写大海的先例""不押尾韵的自由韵律体""机智、幻想、幽默是这两组诗的要素，但这里也不乏严肃的话题"这样的评述，且将海涅视为法国革命遗嘱的执行人，封建桎梏的摧毁者，德意志各邦封建君主的对立面。

1956年海涅逝世100周年之际,在当时的东德举办了关于海涅的学术会议,吴伯箫代表中国出席。在为大会撰写的介绍海涅的论文中,吴伯箫对这组诗有所评析:“《波罗的海》是游记诗。在那里边海涅写了沙滩的贝壳,空中的海鸥,写了暴风雨里的海,风平浪静的海,写了白天和夜晚,岸上和船里,晕船、白日梦、海神和女神,关于海的各个方面几乎都写到了。幻想、传说、新鲜神奇的景象,有时情意深长,使读者都变成了诗人的密友;有时幽默讽刺,诗句穿进人们的心里而在里边留下了刺;更多的是诗人自己的回忆、哀伤和希望。文学史家说他是德国诗中第一个使人听到海洋的咆哮和它无穷的变幻和威力的。诗人曾在诗里呼喊着:‘我祝贺你,永恒的海呀!’”

除此之外,吴伯箫还通过这组诗中《宣言》《海里的幻影》《在海港里》诸作,分析和称赞了海涅诗中的抒情力量以及“浪漫主义跟现实主义两种要素的融合。”

《北海》或吴译《波罗的海》,是海涅两度疗休北海陆续写下的,一共有两组,每组各12首抒情诗。自民国以来,陆续有人译介过其中的部分篇什,而将其完整译出并且以之作书名出版的,吴伯箫却还是第一人,尽管他是自英译本转译的。

从这个角度说,吴译《波罗的海》在海涅译介史上的贡献值得铭记。

《奴隶船》及其他

吴译《波罗的海》虽以海涅一组诗命名,可并非专集,而是海涅的汉译诗选集。除了《哈尔茨山游记》和《北海》两组较大规模的诗作外,也还含有海涅不同阶段创作的另外一些诗作。它们是:《奴隶船》《西里西亚织工》《路易皇帝赞歌》《两个掷弹兵》《消息》和《夜思》。

《奴隶船》,选自海涅的《1853 年与 1854 年诗抄》(1854),此诗是海涅 1853 年读了美国作家斯陀夫人的名作《汤姆叔叔的小屋》后写的,显然,它是一首社会批判性的叙事诗,刻画了黑奴贩子贪婪虚伪的嘴脸。吴伯箫认为:“题为《最后的诗》里有一篇《奴隶船》,那是呼吁保障人权反对贩卖黑人的最富人道主义精神的有力作品。”

《西里西亚织工》,出自海涅《集外诗》(1828—1844)中的“时事诗”部分,1844 年 6 月作。原题《可怜的纺织工人》,刊载于当年 7 月 10 日《前进报》。本年 6 月普鲁士西里西亚的朗瑞比劳和彼特斯瓦尔道两地发生纺织工人饥饿暴动,遭军队镇压,死伤数十人。吴伯箫在《谈海涅》中谈到该诗,认为“《西里西亚织工》是德意志专制制度的丧歌,里边表现出诗人对无产阶级最后解放的信心。”

吴伯箫称《路易皇帝赞歌》是“讽刺巴伐利亚国王的”,且在《谈海涅》中谈到海涅诗“尖锐的讽刺”时特别提及此诗。这首诗也出自《集外诗》(1828—1844)的“时事诗”部分,或译为《路德维希国王赞》,作于 1843 年 12 月,系阿诺尔德・卢格约稿,原载《德法年鉴》,该刊 1844 年 3 月 7 日出版,27 日在普鲁士遭禁。吴伯箫译诗中“巴威的国王”译法不同,或译为“巴伐利亚的国王”,或译为“巴燕国王”。历史上的巴伐利亚国王路德维希一世(1786—1868),1825 年即位,在政治、经济、教育上实行开明措施,崇尚文艺,借助天主教会力量实行其统治。1827 年 11 月,海涅移居慕尼黑,曾希望在慕尼黑大学谋职,为此请出版商科塔向这位巴伐利亚国王路德维希一世呈献他的《短歌集》和两卷

《游记》,不过他的谋职并未成功。

以上三首都属于海涅后期作品,《波罗的海》中的最后一首《夜思》也是后期作品。《夜思》,1843 年夏写,此年 10 月,海涅流亡巴黎十二年后首次回汉堡省亲,故诗中有这样的句子:"流年逝去的多快哟!自从我离开我亲爱的母亲,12 年已经过去了;我等得愈长,我的怀念就变得愈强。"吴伯箫选译此诗,显然也有寄托个人亲情之意。海涅此诗亦出自《新诗集》中的"时事诗(1841—1844)。

《近卫兵》是海涅早期名诗,不少译者都译介过,吴伯箫将诗题译为《两个掷弹兵》。该诗写于 1815 年,最早收入海涅 1822 年第一部诗集《哈里·海涅的诗》,后收入《短歌集》之"青春苦恼",以罗曼采诗体写成。诗的内容写 1812 年拿破仑(1769—1821)率大军征俄败北,两名近卫兵被俘,遣返后始知法国已一败涂地:"在那里他们第一次听到那不幸的消息:说是法兰西已经完全灭亡,雄伟的军队遭到了复没,人家俘虏了他们仁慈的国王。"接下来便写这两个士兵的话语,先是担忧妻儿,此后则转到'更沉重的责任',表达了他们对祖国和国王伟大的忠诚。这首诗受到高度赞誉,有人甚至认为贝朗瑞《人民的怀念》也显得逊色,舒曼、瓦格纳也都为这首诗谱曲传唱。另外,该诗所用的"罗曼采罗",是罗曼语诗体中西班牙诗体的一种,这种诗体采用口头(民间)语言的叙事短歌,节数和每节行数都不限,每行八音节(四音步),常用扬抑格,叙述一则故事,突出一个母题。

短诗《消息》,或译《探听消息》,与《近卫兵》同出《短歌集》之"青春苦恼"罗曼采。是一首写得俏皮、幽默的爱情诗。表达如果自己爱的金发姑娘出嫁了,干脆让听差给自己买根绳子就是了……吴伯箫《谈海涅》说："有时诗人也讽刺自己，像一首小诗《消息》所写的那样。"指的便是这种俏皮、幽默的写法。

总之，两组长诗，七首较短的诗，构成了《波罗的海》这部海涅的诗选集，从规模和出版时间上，它不但是"解放的中国"出版的海涅的第一部译诗，也是第一部较大规模的汉译海涅诗选。

本章年表(1939—1943)

1939年(民国二十八年)，三十三岁。4月自晋东南返回延安后，在陕甘宁边区文化界救亡协会，编《文艺突击》，后任协会秘书长。12月16日出版的上海《宇宙风》第90期刊载韦佩(王统照笔名)《〈羽书集〉序》。写散文《神头岭》《引咎篇(一)》《夜摸常胜军》等。

1940年(民国二十九年)，三十四岁。在延安陕甘宁边区文化界救亡协会。写散文《微雨宿渑池》《引咎篇(二)》《谈事务工作》《范明枢先生》《马上的思想》等。

1941年(民国三十年)，三十五岁。担任延安"星期文艺学园"报告讲师及看稿委员会委员，8月加入中国共产党，为预备党员。10月由边区文协调入边区教育厅工作。5月，散文集《羽书》收入巴金主持的《文学丛刊》第7辑，由文化生活出版社在上海出版。写散文《向海洋》《书》《论忘我的境界》并翻译海涅《波罗的海》等。

1942年(民国三十一年)，三十六岁。在陕甘宁边区政府教育厅工作，任教育厅中等教育科科长，起草中学、师范规程。5月，受正式邀请参加延安文艺座谈会。北平《吾友》杂志1942年第2卷第88期刊载署名“吴鼎甫”的散文《灯笼篇》，随后即有读者投书该刊，揭露《灯笼篇》乃抄袭自吴伯箫散文《灯笼》。10月，转正为正式党员。初冬，去关中接妻子郭静君与长子进边区。写散文《论工作的灵魂》《客居的心情》《山谷里的桃花》《谈日常生活》，翻译海涅《波罗的海》等。

第五章 “坦白”

正篇：人生之痛

教育厅“审干”与中等教育规程

从学生时代起，吴伯箫就是个富有政治热情的人，终其一生，吴伯箫为这种政治热情所驱使、所塑造，而且也付出过痛苦的代价，甚至至死都有某种耿耿于怀的块垒。但另一方面，吴伯箫在重新确定了自己的政治选择之后，无论受过多少委屈，遭遇过多少不公正待遇，他又从未后悔过他的政治选择，其政治热情也从未有丝毫减弱。也许这就是那一代人共同的信仰吧？

前面说到，吴伯箫在北师大期间，曾因为加入一个群新学会而迫于压力写“保证书”，又因为登记加入国民党从而为他生命中另一个大痛苦埋下了伏笔。令吴伯箫没想到的是，这另一个大痛苦竟然发生在他最后确定政治信仰的红色之都、发生在他刚刚加入的中国共产党组织之内。

本来，吴伯箫 1942 年秋由文协调入陕甘宁边区政府教育厅，担任中等教育科科长，负责边区中等教育规程的制订,又开始他熟悉的学校教育工作,这实际上是一种“归队”,吴伯箫对此是满意的,工作也是有成效的。

但他没想到,正是他所竭尽所能负责制订的边区中等教育规程惹出了麻烦。

吴伯箫五十九岁时写过一篇很长的《自传》,这部自传从未发表过,是作为单位人事档案存档的。在这部自传中,他对“延安”审干遭遇的政治厄运有过痛苦的记录,为了准确表达他的痛苦,还是引用吴伯箫自己的原话比较好。先看第一阶段:

> 在我那是晴天霹雳。教育厅审干是从我开始的。
>
> 火从“中学规程”点着,认为那政治思想体系完全是国民党的。从此便动辄得咎,自传写得太长了,不解决实际问题;妻子来边区后的考虑;保留的C.C问题当然更成问题;连热心俱乐部工作也会别有用意。……那时自己虽然感到莫名其妙,但一点点朴素的“实事求是”的精神还是有的,坚持了“是就是,不是就不是”。直到被隔离反省,自己痛苦万分,向同志们发脾气,但还没有欺骗党,乱戴帽子。……在教育厅实在搞不出结果(连车轮战也用过了),才被撤职转党校三部学习。[①]

这个阶段,透露出的信息是:1. 吴伯箫是边区教育厅“审干”的第一个目标,依据就是吴伯箫负责制订的中等教育规程被认为“政治思想体系完全是国民党的”,由此而扩大到学生时代的“C.C问题”以及在延安“热心俱乐部工

---

① 吴伯箫:《自传》。

作”这些不成问题的问题;2.此时的吴伯箫犹坚持“实事求是”,没有违心地“欺骗党,乱戴帽子”;3.教育厅“审干”施加了相当压力,车轮战其实相当于“逼供”,最后被解除教育厅职务,转到中央党校继续“审”。

2002年暑期,笔者在北京与吴伯箫次子吴光玮见面时,吴光玮给我看一篇专写吴伯箫在延安“审干”中遭遇的文章,我看了十分震惊,当即请光玮帮我复印了一份。文中讲到教育厅的“审干”背景时是这样说的:“这次边区中等学校整学会议是在边区政府秘书长兼政策研究室主任罗迈(李维汉)的直接领导下进行的,实际工作由教育厅整风学委会具体负责。教育厅长柳湜,虽是以救国会代表的身份参加边区政府工作,但实际上他是没有公开身份的共产党员,因此,教育厅的整风学委会仍是由他主持。学委会成员有教育厅里党支部的主要成员和中等教育科科长吴伯箫。边区中等学校整学会议期间,教育厅学委会又吸收参加会议的边区各中等学校主要负责人组成了会议主席团,具体领导和主持这次会议。”“对绥德师范和米脂中学负责人的批判并不是这次会议的重点,这次整学会议要整的重点恰恰就是教育厅中等教育科长吴伯箫,这是早有准备的,而各中等学校参加会议的人员并不知情,一直被蒙在鼓里。”“整学会议结束后,吴伯箫就以‘重大特嫌’的名义被逮捕了。”①

柳湜在后来写的《边区中等教育发展情况》中把边区六年(1937—1943)的中等教育划分为两个时期,第一期为

① 高浦棠、曾鹿平:《吴伯箫:在抢救运动中》,林贤治、章德宁主编:《记忆》,2002年第1辑,中国工人出版社2002年版。

1937—1941年边区第二届参议会,此后为第二期。他的“简单估计”是:从第一期的边区师范就在教育科目和教材内容上即存在一种“正规化”倾向,所谓“正规化”,也就是“国民党化”。而到了第二期,他的看法是:“这一时期从四一年冬起到今年各校开始整风止,各校教育实际内容一般说,无论教学科目和教材内容上,都无大的改变,只是继续前一时期,但‘正规化’这一严重的倾向,在领导机关是将它发展了。这就是厅中在四二年秋,重订了边区中学、师范两个暂行规程草案。”①

吴伯箫恰好是1942年秋到教育厅担任中等教育科科长的,主要工作就是负责制定中学、师范两个教育规程,结果这些规程甫一制定出来尚未执行,就遭逢“审干”之灾,而吴伯箫就这样被莫名其妙地推向了枪口。

柳湜还说:“这两个规程代表的精神是:一、肯定了国民党化的错误倾向,并精致地提出了国民党化的中等教育的一全套,将绥、米两校的方针,加以批准,并加以成文化,变为一种法令,变为全区中等教育总的方向。二、明确的否定了鲁师时代的方向,并将采新办法的几个学校中继承着鲁师时代的一些优良传统,一些自己的创造以及摸索新的规律的精神都加以抑止了。”柳湜此文最后还提到“特务”问题:“这一时期由于‘正规化’的领导,便利了坏分子,使各校的特务活动加强。甚至个别学校由特务把持包办,毒化大批边区子弟,陷入特务泥坑。”

---

① 柳湜:《边区中等教育发展情况》(边府工作总结报告参考材料之四),《陕甘宁边区教育资料》(中等教育部分)上册,教育科学出版社1981年版,第40页。

欲加之罪，何患无辞，遇到这样不由分说的诬陷，即使有百口，又如何去“辩”呢！

痛哭着到鲁艺、边区政府作了“坦白”……

吴伯箫被撤销教育厅职务，进入中央党校第三部，由此进入“审干”第二阶段。吴伯箫人事档案的《自传》如此描述：

> 在党校学习，实际是审干的继续。可是这时我考验垮了。多少年不哭，写到这里我无论如何禁不住痛哭！那时看到坦白的‘特务’那样多，我怀疑党是不是‘实事求是’。参加了彭真同志所主持的深夜的大会，当场捕人，并宣称要当场枪毙，怕自己被误会，死于非命，于是便自暴自弃，照着同志们所要求的，戴了帽子，欺骗了党。甚至按照张如心同志的指示，痛哭着到鲁艺、边区政府作了‘坦白’。自己污蔑自己，自己又欺骗党，欺骗群众！十多年来我用工作鞭策，不愿意想到这件事情，偶一想到，难过是没法说的！/……一言出口，驷马难追。说错了再改已来不及了。特别外边有了追悼我的事，肮脏更洗不清了！……等到平反之后，张如心同志用个人名义写给我一张纸，还说我到边区是有任务的，我真感到失望，认为至少三部的党不是实事求是的！党在替敌人扩大队伍，发展组织，岂不是天大的笑话！……直到现在我扪心自问，除了‘戴帽子’是欺骗了党之外，我没有对党不忠实的地方，从到边区的第一步起，我没有

做过对不起党的事！①

文中提到彭真主持的深夜大会，指的是1943年7月15日晚在杨家岭中央大礼堂召开的中央直属机关干部大会。在这次大会上，康生作了《抢救失足者》的动员报告，宣称“特务如麻”，正式掀起了所谓“抢救运动”。

时任共产国际驻延安记者的彼得·弗拉基米洛夫参加了这次大会，他写道：“会场里挤满了1000共产党员。彭真宣布会议开始。他告诉共产党员们，形势十分严重，有一大批‘国民党特务’已经暴露，并被逮捕。”“第二个发言的是康生。这个情报局头子怒气冲冲。他咬牙切齿，发了疯似地挥手叫嚷：‘你们十分清楚，你们有很多朋友被捕了！等你们一离开这个礼堂，就会发现你们之中又有很多人失踪！要是今天在这里参加会的许多人明天被关起来，你们不要大惊小怪。’”②

对于这次会议给“审干”带来的“偏差”，胡乔木的解释是：“但是，审查干部的实际工作并没有像毛主席设想的那样顺利发展。负责“审干”工作的同志往往把干部队伍不纯的状况作了过分严重的估计。一个时期，似乎‘特务如麻，到处皆有’，把一些干部思想上工作上的缺点和错误，或者历史上未交代清楚的问题，都轻易地怀疑成政治问题，甚至反革命问题，不少单位违反政策规定，仍然采用‘逼、供、信’，使“审干”工作出现了严重的偏差。特别是在1943年7月15日，专门负责“审干”工作的中央总学委副

① 吴伯箫：《自传》。

② ［俄］彼得·弗拉基米洛夫：《延安日记》，第140页，东方出版社2004年版。

主任、中央社会部部长康生在延安干部大会上作深入进行“审干”的动员报告，提出开展‘抢救失足者运动’以后，混淆敌我界限的错误进一步扩大，造成了大批冤、假、错案。审干运动实际上变成了‘抢救运动’。在延安，仅半个月就挖出了所谓特嫌分子一千四百多人，许多干部惶惶不可终日。”①

关于“审干”的是是非非，本书不拟展开讨论，但无疑，“审干”给吴伯箫本人带来的精神压力是他从未遇到过的，以至于濒临精神崩溃状态。即使“审干”结束，党校三部所做的“结论”犹带着尾巴，给吴伯箫的影响是长期的。这从吴伯箫《自传》中张如心的话可以看到。

张如心当时担任党校三部副主任，刘白羽、马加在回忆录里都描述过对张如心的印象。譬如刘白羽的描述：“中央研究院在抢救运动的风暴中已经改为中央党校第三部，三部主任郭述申是鄂豫皖苏区的创始人，是一位老革命家，他有着忠厚待人的长者风度。副主任两位，一位是阎达开，阎是组织过冀东暴动的党的地下工作者，另一位就是张如心，我想他之所以任副主任，恐怕是由于三部全都是知识分子，其中还有不少知名的学者文人。他本人就是出名的红色教授。他个子稍矮，嘴角上常常叼着一支香烟，平时脸上有一股傲气，甚至冷若冰霜；但有时又活泼清闲，随意自如，比如在最紧张的抢救运动中，经过大土屋子那一夜挑战，斗争转入各个支部，一个一个审查，有的大哭大闹，有的吵嚷不息，但一到吃过晚饭后，满院里充满了欢

① 胡乔木：《胡乔木回忆毛泽东》（增订本），人民出版社 2003 年版，第 278—279 页。

乐。这时,张如心就找我们打起扑克来……张如心对我有时冷峻,有时亲热,他好像有两副面孔。"①

关于吴伯箫在边区教育厅参加整风"审干"并以"重大特嫌"遭逮捕一事,曾经有过切肤之痛的女作家韦君宜在她晚年撰述的名作《思痛录》里提及,且为吴伯箫鸣不平。她写道:"当时有一位作家吴伯箫,他在延安挨整的消息传到了'蒋管区',传说是他已被整死,西安为他开了追悼会。延安一听这消息,立即要吴伯箫亲自出来'辟谣'。于是吴伯箫也就真的出来写文章,自称在延安愉快地生活和创作,从来没有挨过整云云。这些话,我不认为是吴伯箫在压力之下勉强写的。他是一个极其老实忠厚的共产党员。写这样的文章,我想是他出自内心,愿意为了维护党的声誉忘却个人的一切不幸的。只可惜的是,到'文化大革命'期间,'四人帮'又把他打倒了一次。他现在已经去世了。在他的追悼会上,我不能讲这些话,我只能在我未死之前替他说出来。"②

韦君宜说的"西安为他开了追悼会",指的是在"抢救失足者"动员大会召开之前的 3 月 29 日,西安国民党当局在民众教育馆举行"追悼被共产党迫害致死的二十八位文化名人"活动,目的是反共,被追悼人员中有吴伯箫名字,这对陷入"审干"泥坑的吴伯箫来说,无疑是雪上加霜。

时过境迁,实在无法想象处在空前高压下的吴伯箫心头的创痛,但同在党校三部的东北籍作家萧军的日记倒留

① 刘白羽:《心灵的历程》上册,第 385 页。

② 韦君宜:《思痛录:增订、纪念版》,人民文学出版社 2013 年版,第 20 页。

存了些许印痕，让我们多少可以看到吴伯箫当时痛不欲生的情状。

那已是1944年的6月，毛泽东到中央党校作报告首次公开谈及“审干”工作扩大化的错误并向“受了委屈”的同志敬礼、赔不是之后了。党校第三部连续开“伸冤”座谈会和甄别讨论会，在6月9日的会上吴伯箫发言，详细报告了个人被批捕审查的全过程：1.由开中学教育调查会，做教育计划，及开会不成，罗迈说他要负责，由思想问题引到政治问题。2.他曾割喉与撞头企图自杀。3.他不能决定自己的态度——委屈承认或不承认？4.党方面对他家中进行过检查，他不知道党内斗争对党员应持何种态度？5.他七岁的儿子曾问他：“爸爸，你‘报告’过吗？”使他心痛。他临来三部时，曾给妻子留遗书。6.终于在“长期埋伏，单线联系”决定他是C.C特务。①

由“割喉与撞头企图自杀”“给妻子留遗书”这些表述，当不难想象吴伯箫当时的心境。

然而就在同一天，重庆的“中外记者西北参观团”一行21人也到了延安。十几天之后，在延安边区银行组织了一次“延安文化界招待中外记者团座谈会”，吴伯箫与丁玲、萧军、艾青等发表口头声明，“驳斥”西安方面的“追悼”，又将发言写成《斥无耻的“追悼”》，发表在《解放日报》上。

这当然是一种庄重的表态，发言铿锵有力、无可挑剔，其核心的内容是：“这次他们把我诬为被革命队伍不名誉地处死，事关名誉，人格，甚至是人籍，是可忍孰不可忍，我无论如何不能再事缄默！若‘国民政府’真能保障人权的

① 萧军：《延安日记》上卷，第443页。

话,我是要提起诉讼的:要求赔偿名誉损失。只是一纸声明‘我还活着’的启事,在大后方的报纸上都不许刊登,申诉的要求看来是太苛了,我就不再作那种奢望。现在趁中外记者团诸先生在座,我把西安特务们追悼活人的丑剧揭露出来,算我向全国及全世界的一种控诉,也算在记者先生们面前,登一个义务启事吧。”①

对于吴伯箫的口头声明,记者团成员、重庆《新民报》主笔赵超构在他随后写的长篇报告文学《延安一月》中有两处提及。开头部分写道:“那天情形有如戏剧,主演人是吴伯箫和艾青,配角是萧军。作为一幕戏剧来看,主要的观客是外国记者,并非中国记者。”第二处记录“开场白完毕,‘斗争’剧揭幕了”:“第一位上场的是吴伯箫,气势昂昂地,声明他每天‘照常吃三餐饭,而且是毛纺的突击手”。“他们说了许多许多话,一句一句,由周恩来氏的秘书陈家康先生译成英语,供给外国记者们记录。”视角不同,或许就存在评论的差异,谨录于此,算是聊备一格吧。

越过长城

吴伯箫的“审干”经历始于边区教育厅,终于中央党校。

甄别工作从 1943 年底开始,据胡乔木回忆:“为了总结“审干”运动的经验教训,中央书记处于 12 月 22 日举行工作会议,听取康生关于反特斗争的汇报。会议指出,延安反特务斗争的过程,是由熟视无睹(指开展斗争前)到特务如麻(指抢救运动后),现在应进到甄别是非轻重的阶

① 吴伯箫:《斥无耻的“追悼”》,《吴伯箫文集》上册,第 723、727 页。

段……在会议讨论中，弼时同志专门就如何看待来延安的新知识分子问题作了发言。”①到 1944 年 5 月，毛泽东在中央党校作报告时首次公开谈及“审干”工作扩大化的错误，并向“审干”中“受了委屈”的同志敬礼、赔不是。

党校第三部也连续开了“伸冤”座谈会和甄别讨论会，到这时候，吴伯箫才有发言陈述自己精神痛苦的机会，也就有了萧军日记记载的吴伯箫“割喉与撞头企图自杀”、“给妻子留遗书”这样痛不欲生的表现。

其实就在“审干”最可怕的阶段，吴伯箫去鲁艺违心地“坦白”时，也并没有真正地放弃自己的政治信仰，而是强忍着内心的痛楚继续写作着。还在 1943 年 9 月，他就随党校第三部组织，与杨朔、艾青、马加、陈波儿、金肇野等坐卡车到南泥湾参观，受到王震接待。回来就写了报告《丰饶的战斗的南泥湾》，发表于 10 月 24 日的《解放日报》。接着又写了《“火焰山”上种树》《徐义凯新村》《一坛血》《文件》《“调皮司令部”》《打娄子》《黑红点》《游击队员宋二童》《化装》《一个农民参议员——记赤水参议员蒙恒吉》《参议员看参议会》《火焰山上种树》《记王国宝》《群英会——陕甘宁边区劳动英雄模范工作者代表大会印象》，还与周而复、刘白羽、金肇野合写了一篇通讯《海上的遭遇》(周而复执笔)，翻译的海涅诗也不断出现在重庆的《学习生活》《文阵新辑》等杂志上。

这样，到了 1945 年的秋天，吴伯箫在党校毕业，又接到了去延安大学任教的调令。在延安大学，他曾于一个夜晚到城南门外延安大学行政学院西山坡平房拜访徐特立先生。

---

① 胡乔木:《胡乔木回忆毛泽东》(增订本)，第 281 页。

此时,中共中央陆续派干部团去东北开展工作,丁玲率领的延安文艺通讯团在十月中旬也出发去东北了,延安大学的骨干力量也将被派去东北创建新的东北大学。10月25日深夜,毛泽东在陕甘宁边区政府接见了周扬、张如心等延安大学中层以上领导干部,指示说:你们去创办的东北大学,是新型的东北大学。毛泽东甚至对延安大学的干部提到吴伯箫,说:“伯箫同志文章写得好。”①

在与延安大学干部一起听了毛泽东《关于重庆谈判》的演讲后,吴伯箫和妻子郭静君,连同两个孩子,就随延安大学的干部队从延安出发,东渡黄河,步行一个月,经山西岢岚、五寨、平鲁、右玉、丰镇到河北孔家庄,再乘火车到了张家口。

吴伯箫后来多次在文章里回顾这次难忘的行军。

在刚到东北佳木斯后写的《文艺的阶级性》中,吴伯箫写道:“那年冬天,行军路过岢岚县境的三井境,大休息,我有机会在一座戏台旁边的黑板报上看到一首民谣;字写得一笔不苟,粉笔的笔画,苍老里带些稚气,支离中又显得整齐,有点远年石刻汉魏碑味道,猜想一定是出自识字小组的高材生壮年农民之手,觉得很可爱;读读民谣的字句,真实生动,素朴有力;就更加喜欢起来。记得原文是这样——//眼看籽眼手摇耧,/脚踢‘克拉’口骂牛,/老子不受你吃个球!/穿的是真青绸缎,/住的是金銮宝殿,/花的是不弯腰钱;/尽是老子的血汗。”②

五十年代,在《〈烟尘集〉后记》里,他写道:“跟二十年

---

① 吴伯箫:《自传》。

② 吴伯箫:《文艺的阶级性》,《吴伯箫文集》下册,第223页。

前《我还没有见过长城》来比，作者不但早已见过了长城，而且从五寨到平鲁，从右玉到丰镇，曾自由出入长城内外……”①

在1956年写的《火车，前进！》中，吴伯箫又谈到那次长途跋涉：“记得一九四五年冬天，长途行军，一天傍晚沿着蜿蜒的内长城下山到丰镇，远远望见了水塔、扬旗，闻到了车站特有的那种铁锈、油腻、煤灰混合的气息，一队三五十人都高兴得跳起来。那时丰镇并没有停的车辆，车站上人也很少，冷冷落落的，可是大家都有一种‘他乡遇故知’的欣慰的感触。等从孔家庄到张家口，坐上自己同志驾驶的自家的火车的时候，心里就满是幸福和骄傲了。”②

副篇：《黑红点》

党校“学习”的副产品

作为吴伯箫正式出版的散文集，《羽书》《潞安风物》之后，就是《黑红点》了。此集先后有两个单行本：一、1947年4月，新华书店佳木斯东总分店（东北书店印行）初版，印数5000册，定价2.50元。收散文11篇，序1篇。篇目：《黑红点》《打娄子》《游击队员宋二童》《化装》《一坛血》《文件》《“调皮司令部”》《战斗的丰饶的南泥湾》《“火焰山”上种

---

① 吴伯箫：《〈烟尘集〉后记》，《烟尘集》，作家出版社1955年版，180—181页。

② 吴伯箫：《火车，前进！》，《吴伯箫文集》下册，第329—330页。

树》(附录《建设边区运动》)《新村》《孔家庄纪事》《后记》;二、1950年9月,散文集《黑红点》北京版由新华书店发行,繁体字竖排,印数10000册,定价2.90元。在1947年《后记》之后增加北京版“后记”:“本书在北京重印,抽去一篇《孔家庄纪事》,添入一篇《十日记》。原东北佳木斯版正文及后记印错了的地方,都有改正。1950年4月10日,作者。”篇目如“后记”所言,以《十日记》替换了《孔家庄纪事》,还是11篇。两个单行本的封面也不同。

作者在1947年佳木斯版《后记》中交代此集作品的由来:“这里印的11篇短文,大都是从我1944年10月到12月三个月中间所写的散文里选出来的;算是稗谷里扇簸出的一撮粮食吧,但因笔耕欠收,粮食也没到稔熟的火候。”不过,对照每篇后面的写作日期,不少篇目却并不在1944年10月到12月三个月间,有的写于1943年,有的写于1944年上半年,《孔家庄纪事》则写于1946年,“大都写于”云云,未必确切。此其一。

其二,《后记》又云:“11篇小文章,为什么还分作两集呢?不是故意小题大做,而是想区别一下文章的内容性质:一集写敌后战斗;二集写生产。”细看,前7篇是“敌后战斗”,又3篇是“生产”,最后一篇《孔家庄纪事》其实是写抗战胜利后张家口附近孔家庄以“减租减息、增加工资、清算斗争、扶弱济贫”为内容的社会变革,或曰农民的“翻身”。

其三,《后记》第三段:“这些短文,除《孔家庄纪事》发表于张家口出版的《北方文化》,其余最初都是在延安《解放日报》发表的,有几篇被别处的报纸或刊物转载过,加上另外六篇,也曾作为一个集子编入张家口文协分会主编的

《长城丛书》，因此看到不易，遂另选一下，重印出来。”这里有两点：一是“其余最初都是在延安解放日报发表的”，似不确；二是“也曾作为一个集子编入……《长城丛书》”，如果这真是一个集子，那么《黑红点》单行本就不是两个而是三个了，可惜这个集子目前找不到。

其四，1947 年《后记》最后一段：“印这样一个集子，没有什么很大的目的：有一点意思的话，就是在表明一下听了人民的领袖毛泽东同志《在延安文艺座谈会上的讲话》之后，自己朝着为工、农、兵服务的文艺方向摸索前进走得如何迟缓，并从而知所警策，期于今后继续努力而已。”这可能是本集最重要的标志性意义，即标志着吴伯箫散文写作的一个自觉转向：自觉按照毛泽东延安文艺讲话的要求写作。

对吴伯箫而言，这种政治方向的明确至少有几方面的力量促成：1941 年加入中国共产党，1942 年听取毛泽东文艺讲话，1943 年初“审干”遭捕及随后的党校学习。最终，政治上的“改造”带来写作上的“自觉”，《黑红点》之不同于《羽书》《潞安风物》，而又开启了以后的《出发点》《北极星》，尽在于此。

听来的敌后故事

“到敌人后方去，把强盗赶出境。不怕雨，不怕风；抄后路，出奇兵；今天攻下来一个村，明天夺回来一座城；叫强盗顾西不顾东，叫强盗军力不集中。”这是抗战时期流传甚广的歌曲《到敌人后方去》的一段歌词。吴伯箫散文集《黑红点》有一组通讯，写的便是抗战中河北、山东一带的敌后斗争故事，其中最为人称道的两篇是《黑红点》和《一坛血》,不少人正是因为这两篇通讯才知道吴伯箫的。比如罗竹风就回忆道:“我对吴伯箫同志的第二个间接印象,是在读过他所写的报告文学《一坛血》之后。这是专门揭露鲁西一个制造摩擦、曲线救国、残民以逞的土顽戚(迟)子修累累罪行的,当时就感觉到深刻而又生动,不亏为一篇力作,在根据地也是影响较大,流传相当广的。”

对这两篇通讯,吴伯箫自己老年时期也有说明:“《黑红点》,事例是多方面采访的,从前方回到延安才写出来,常有人提起。《一坛血》,记的事情是听聊城专员谢鑫鹤同志谈的,谈就是一道写作过程,我记录整理之后又送他看过,当时作为电讯稿发到各根据地,知道那篇东西的人就比较多。很多同志认为我在山东打过游击,大概就是从《一坛血》引起的。”这里“多方面采访”“从前方回到延安才写出来”“听聊城专员谢鑫鹤同志谈的”云云,经细读原文和查阅资料,可判断为是 1939 年春从晋东南回到延安后、特别是 1943 年到中央党校学习期间采访相关人员而写作,因谢鑫鹤 1943 年 11 月后确有到中共中央北方局党校、延安中央党校学习的经历,而作品中的故事亦多发生于 1940 年前后,属于抗战中后期的事了,这与《潞安风物》有所不同。

写这组敌后斗争故事的 1944 年,吴伯箫正在延安中央党校第三部学习。

故事性强、英雄形象、调子乐观,是这组故事的特点。

《黑红点》里说,所谓“黑红点”就是冀南敌占区老百姓、八路军和抗日政府“对汉奸、伪军、帮敌人当狗腿做坏事的家伙的善恶记录”。老百姓有那些坏人的名册,做好事名字下面点红点,做坏事名字下面点黑点,1942 年有了根据点数“抗战胜利后算总账”的提法，故而那名册也被叫做“生死簿”。吴伯箫此文就围绕这生死簿讲述了若干个有趣的故事：老父亲到当伪军的儿子的炮楼前骂儿子，八路军优待转变了的伪军家属，对贪利和糊涂的伪军则以劝说、宣传、警告等方式“攻心”，警告也不奏效就“消灭他们”……此篇虽也是大题材，而写来笔调轻松，欢快幽默，表现的是民族性格中的大义和智慧，也看得出抗战中后期人民胜利信心的明显增强。

《打娄子》《游击队员宋二童》《化装》《文件》《“调皮司令部”》诸篇亦大致如此，无论是战斗小组，还是单独一个如宋二童，在具体的斗争中固然也有严肃和悲壮，而底子里透出的却仍然是轻松、乐观和欢快。譬如游击队员宋二童的三个小故事，先是用吹哨子迷惑日军搅乱了敌人的保卫计划，第二次是用一杆没有子弹的“独出子”枪截取了汉奸的“三八盒子”，第三次则硬是从敌人盘踞的县城追回了自己停放在村里的脚踏车。“宋二童小伙可真漂亮呵：身子发育得壮健结实，性情又明朗又爽快。”“真的，聪明、机智、勇敢，没叫宋二童失望。”——吴伯箫如此称赞他欣赏的年轻英雄。

比较起来，《一坛血》却是沉郁悲壮的。其中写了汉奸军队与日军合谋对阚庄抗日自卫队的疯狂报复，“男的被屠杀，女的被奸污”，“青年壮丁，都被用枪逼到东门外，那里摆了四把铡刀。没有审问，不要口供，凡是能使用枪的结实些的小伙子，都一律上了铡。劈腰两断，一连铡了 82 个。”也写了老百姓对这血海深仇的牢记：“葛富生老先生在那个最悲惨的日子里，瞅机会用一个白瓷坛子装了满满一坛血，焚了香，磕了头，他把它放在葛家祠堂里。每逢初

一、十五,他便虔诚地去祠堂看看,多皱的肃穆的脸上,每每是老泪纵横。”最后,老百姓迎来了八路军……

《一坛血》的故事,给读者心灵的撞击是强烈的,我最早读它,最受触动且留下最深印象处即是葛老先生以白瓷坛子装起满满一坛血这个场景。葛老先生这个人物身上,似乎蕴藏着一股强大的民族精神的深沉力量。

以负罪之身去南泥湾参观

1943年,或许是吴伯箫一生中最难堪和痛苦的一年。年初,他在边区教育厅以“重大特嫌”遭到逮捕。接着,西安国民党当局在民众教育馆举行“追悼被共产党迫害致死的二十八位文化名人”活动,目的是反共,被追悼人员中也有吴伯箫名字。夏天,教育厅中等教育科科长的职务被撤去,安排到中央党校第三部学习,名义上是学习,实际是“审干”的继续,遭受着空前的精神压力,被迫违心到鲁艺等单位作“坦白”……

而《南泥湾》一文,也正是写于这年的秋天,发表于《解放日报》,原题为《战斗的丰饶的南泥湾》。从从容的叙述和乐观的调子,一点也看不出吴伯箫此时正经历着的内心波澜。第二,从延安文学角度言,《南泥湾》可能是至今评价不够的一篇开拓之作,不止是它首次正面、全面报道大生产运动的代表性和象征性之地“南泥湾”,还在于该文最早对南泥湾文化内涵作出了思考和提炼。文中表述:“这是建立革命家务。不剥削人,不敲诈人,用地利和自己底劳力,白手起家,大家享受,真是再好也没有!”又说:“八路军在南泥湾,生产还是次要的……它主要的还是整训和教育。”“更真切地说:八路军生产、教育,解决供给,提高质量，更大的目标是为了战斗。”建立革命家务、整训与教育、战斗，这些说法很能醒人耳目。

吴伯箫老年时期回忆：“去南泥湾参观，是中央党校第三部组织的。同行的记者有杨朔、艾青、马加、陈波儿、金肇野等六七位同志，或者还多一些。坐卡车。坐在卡车最后边的一路没说一句话的同志，后来知道是西北局的张秀山。那时没有自由主义，不必问的事不问，没有必要介绍的同志也不介绍。”“到南泥湾的当晚，王震将军就在窑洞门前接待了我们。”“在三五九旅两个团部都住过。南泥湾山上山下，沟里沟外，部队的班排生活出操、射击、生产，都见习了，参观了。在后方，又像在前线；作客，又像在自己家里……丰富多彩的活动，感受，《南泥湾》所记的不过是万分之一。”（吴伯箫《〈南泥湾〉的写作》）

作为陕甘宁边区经济建设一个重要标志的南泥湾，如今人们提起来只模模糊糊有个一知半解，对具体情况并不真正了解。吴伯箫此文比较全面地介绍了八路军三五九旅从开垦、基建，到工业、农业生产和畜牧，以至习武（训练）、文化教育的成绩，尤其是用了不少数字来体现这些成绩，给人以深刻印象。“我们每个战士，节约储蓄，加入军人合作社的，30 元一股，常常有人入到 30 股 40 股呢。过中秋节，每个人吃到半个西瓜，三个月饼。”

《南泥湾》之外，同属于“建立革命家务”主题的尚有《“火焰山”上种树》《新村》两篇。“种树”介绍了靖边一位“爱树成癖”的“植树和卫生英雄”白云瑞，《新村》原题《徐义凯新村》，介绍的则是五个“受苦人”投奔边区石门关，齐心合力，开荒种地，揽工打短，几年之内建起了一个新村，其中徐义凯还因为突出的组织能力当选为“移民英雄”。

吴伯箫写边区经济生产,角度新是一方面,写法的朴素、平实是另一方面。《南泥湾》还有着一些政治化、概念化的语言,《种树》《新村》就更加质朴,不加夸饰,写出了农民自身所具有的活力和智慧,令人信服。《种树》中很细腻传神的描述:“他爱树也像爱人爱牲畜一样。栽种时选苗,选地,选栽种时令。柳树选那皮带嫩绿,没有斑点裂缝,没有黑心的头次落椽的栽子。因为苗嫩水分大,地干也能补救,埋的深浅,要看栽子的高低。山地鸡蛋粗的低栽子比高栽子好。能载两季:春天清明前后(前 10 天比后 10 天好),秋天立冬前后(后 10 天比前 10 天好)。沙柳、毛乌柳、家柳要压梢,梢是肥些嫩些的好。地挖尺把深,先撩老土,后填新土。白杨、青杨要带根刨,不带根栽不活。水桐高栽子顶上要留三四根细梢枝。椿树起圪都(打苞发芽)再栽。桑树栽条子。榆树种榆钱(拣那熟透的,滚胖的)。桃杏种核(要秋里种,春里种往往沤坏了不出)。月牙树多久也能栽。龙柏梢春上种,栽一棵活一棵……”这一段,简直就是一部种树经,这显然是作者采访深入细致的结果,可也是作者本人农林知识积累丰富且对乡村经济富有感情使然。多年以后,作者在北京重写延安,犹有《菜园小记》那样充满田园风味的佳作,若没有这种乡土情感和田园经验做底子,那是无法想象的。

本章年表(1943—1945)

1943 年(民国三十二年),三十七岁。本年春,参加边区教育厅整风“审干”,以“重大特嫌”遭审查,至 6 月份被撤职,转中央党校第三部学习,被迫违心到鲁艺等单位作“坦白”。写报告《丰饶的战斗的南泥湾》、散文《“火焰山”

上种树》《徐义凯新村》等。

1944 年(民国三十三年),三十八岁。继续在中共中央党校第三部学习。6 月 9 日,重庆“中外记者西北参观团”一行 21 人抵达延安访问。6 月 24 日上午,在延安边区银行组织“延安文化界招待中外记者团座谈会”,吴伯箫与丁玲、萧军、艾青等发表口头声明,“驳斥”西安方面的“追悼”,并在《解放日报》发表《斥无耻的“追悼”》。写通讯《一坛血》《文件》《“调皮司令部”》《打娄子》《黑红点》《游击队员宋二童》《化装》等。

1945 年(民国三十四年),三十九岁。一月至 8 月、9 月,在中央党校学习,9 月、10 月间调任延安大学。11 月,随延安大学干部队行军东渡黄河,经山西岢岚、五寨、平鲁、右玉、丰镇到河北孔家庄,乘火车到张家口。写通讯《记王国宝》《群英会——陕甘宁边区劳动英雄模范工作者代表大会印象》。

第六章　打前站

正篇：白山黑水

东北大学(一)

吴伯箫是1946年6月正式调任新的东北大学的。之所以说“新的东北大学”，乃是因为早在1923年就已有过一个东北大学了。

1923年成立的东北大学是当时的奉天省省长兼财政厅长王永江奉张作霖之命在沈阳筹办的，王永江、刘尚清、张学良先后担任校长。“九一八”事变后遭日军占领，学校进入流亡状态，此后先后迁北平、河南开封、陕西西安和四川三台，校名也改称“国立东北大学”。抗战胜利后，国立东北大学从四川三台迁回沈阳，1946年2月在沈阳北陵原校址开学。1949年各学院或并入其他学校，或独立另建新的学校，其中工学院和理学院的一部分就在原基础上新建了东北工学院，直到1993年才又复名为东北大学，张学良被聘请为名誉校长。

而新的东北大学是中共中央决定由延安大学一批骨

干到东北创建的“新型的东北大学”，1946 年初建校，由东北局任命张学良胞弟、东北行政委员会副主席张学思兼任校长，校址初设本溪。继而先后转迁安东（现丹东）、通化、梅河口、吉林、长春、哈尔滨市，6 月初定址北满根据地佳木斯市的“满赤医院”。

然则吴伯箫在真正进入东北大学之前，先是有过张家口华北联合大学大约半年的一段过渡期的。本来，延安大学是要直接到东北的，只是因为当时国民党封锁了山海关一带的铁路线，队伍遇阻，中央决定暂时留在张家口，学校也并入华北联大。

华北联合大学是中共中央将陕北公学、鲁迅艺术学院、延安工人学校、安吴堡战时青年训练班等四校合并成立的。1939 年夏由延安开赴到晋察冀边区阜平，抗战胜利后到张家口，校长为成仿吾。1946 年以周扬为队长、张如心为副队长的延安大学部分干部、教师组成的“松江支队第四大队”到来后，周扬、张如心分别担任了华北联大的副校长和教务长。

吴伯箫在这里任中文系副主任，教学之余则为不久后成立的“北方文化社”写稿。发表于《北方文化》上的主要有杂文《揭穿丑剧，制止逆流》《把戏》和通讯《孔家庄纪事》《人民是正统——记张家口市第一届参议会》等。散文《出发点》也是行军到张家口写的，刚刚在《晋察冀日报》上发表，就有人成段朗诵，说明影响甚好，不过他后来也说，某些内容也有“对地方人事美化绝对”之处。（吴伯箫：《无花果——我和散文》，吴伯箫文集》下册，第 499 页。）

吴伯箫在延安中央党校写的《一坛血》也是当时很有影响的作品，发表后不但被作为电讯稿发往各抗日根据地,还被收入同名报告文学集。在华北联合大学,同在这里任教的陈企霞还将吴伯箫这篇作品当做教材在课堂上讲授。据当时联大学生鲁芝回忆,陈企霞讲作品阅读,先选出作品油印成册,让学生写读后感,之后由他批阅、讲解。由吴伯箫的《一坛血》对人物的处理,陈企霞谈到报告文学处理人物与小说不同,小说是写人物,报告文学不一定由人物完成主题。他也说到这篇作品的缺点,认为作品的语言中残留有旧的语汇,如写老人用的“一抹蓊翳”、“矍铄”这类词汇“太陈旧了,且离群众语言甚远,我们不要效法”。①

吴伯箫是随着张如心率领的延安大学及华北联合大学的教师、干部队伍从张家口出发,途经多伦、赤峰、洮南、白城子、齐齐哈尔,到达东北局所在地哈尔滨的。在哈尔滨,张如心和吴伯箫分别为东北大学和哈尔滨市青年俱乐部联合举办的青年讲座报告了《第二次世界大战后的形势》和《解放区文艺》,受到学生的欢迎。

路途遥遥,艰苦总是艰苦的,吴伯箫晚年回忆这段“打前站”的生活,说的却是:“隔年秋天又从多伦、赤峰、白城子一线,时而卡车,时而牛车、徒步、火车,胜利地到达齐齐哈尔、哈尔滨、佳木斯。一路横跨八省,简直记不起遇到过什么困难。在内蒙古草地遇雨,卡车捂进四无人烟的荒野泥沙里,两天两夜,拿炒面充饥,接雨水解渴,算是困难吧?但那有什么,我们早有思想准备。因此,在那种情况下,连同行的老人、小孩都照常欢欢喜喜,没有一个叫个苦字。”②

---

① 鲁芝:《不尽的思念——忆我的老师陈企霞》,《人物》1998年第5期。

② 吴伯箫:《“努力奋斗”》,《北极星》,第6页。

吴伯箫到达东北大学最后定址的佳木斯，因为佳木斯是当时合江省的省会，合江省省委书记是张闻天。

在东北大学，吴伯箫担任教育学院副院长兼图书馆馆长，当时教育学院院长为张松如，另一副院长为智建中。吴伯箫开始了“编《东北文化》，办抗大式训练班。随学生下乡，跟农民同吃、同住、同劳动。写《十日记》”①的生活。这段时间，从 1946 年 8 月一直持续到 1948 年 7 月学校迁往吉林之前，差不多有两年时间。

在 1947 年 5 月 10 日，东北大学教育学院举行开学典礼。10 月 10 日，东北大学教育学院第三届新生开学典礼举行，本届学生 324 名，编为政治班、语文班、青干班共三个班，吴伯箫兼任二班班主任（二班是国文班，副班主任是作家杨公骥），担任五四思潮课程的讲授。此前，吴伯箫以副院长的身份到吉林省招生，跑遍了各县。②

吴伯箫后来在《打前站》里描述到各地招生的情况，显示了他作为出色的管理者的责任心和才能：“招生，我们曾直接跑到城乡村镇考生的家里。对考生的家庭成分、经济情况，对考生的履历，文化水平，都了解得一清二楚。录取的学生，往往还没有到校，我们就已经跟他建立了感情，成为熟人了。”③

对于彼时新型大学的校风，他也有着发自内心的高度认可：“记得从延吉带百多名新生千里迢迢回佳木斯，凭护照坐火车，开饭的时候，沿途兵站把饭菜送到车上。冬天，

---

① 吴伯箫：《自传》。

② 《东北师范大学校史》编委会编：《东北师范大学校史》，第 13 页。

③ 吴伯箫：《打前站》，《吴伯箫文集》下册，第 540 页。

饭菜都是热的,而时间不早不晚,碗筷不多不少,准确得叫人吃惊。从敌伪十四年奴化教育下刚解放出来的男女青年,简直惊奇得目瞪口呆。象一觉醒来,忽然进入了一个崭新的世界。进学校门,那些不过只来了三天五天的同学,便一拥而上迎接'兄弟姐妹'。穿一色的衣服,吃一样的伙食,师生顿时形成了融洽的整体。上课,讲革命,讲解放,讲民主;就是在院子里坐在地上听讲,也都肃静无哗,惟恐漏听了'闻所未闻'的道理。下了课,唱歌,跳秧歌舞,又那样自由,活泼,谈笑风生。'见所未见',一切都是新的。除了十四年被逼养成的有些习惯:讲话结束用'以上'代替'完了';路上跟教师碰对面,学生要站立道旁,深深鞠躬……一时改不彻底,一般都是自然的,大家平易相处的。"[①]

有一位当年的学生这样说:"我是在东北解放战争虽有转机、却仍然战火纷飞的 1947 年 9 月,由原工作单位保送进入东北解放区最高学府东北大学学习的。当时学校坐落在'东北的延安'——佳木斯市区的边缘,是由一座被战火破坏的日伪时期的医院修复而成的。由于学校在此刚建校一年,战争年代一切为了前线,地方物资和经费依然十分缺乏,物质生活十分简陋,校舍的窗户很少有玻璃,多为木板代替。每间寝室兼学习室,大房间靠墙左右两面设置木板通铺,中间设几张木桌供学习用。我所在的宿舍是小间,一面是通铺,一面摆有学习桌。我们小组有 9 名男生,就寝时就挤在这张 4 米多长的通铺上。……师生一

---

① 吴伯箫:《打前站》,《吴伯箫文集》下册,第 541 页,人民教育出版社 1993 年第 1 版。

律享受供给制，过着军事共产主义生活。伙食为小米饭，白菜或萝卜汤，除年节外，平时没有荤腥。记得 1948 年‘三八节’，晚饭时伙房通知女干部、女学生另行就餐，男生仍是平时饭菜。晚自习时，男女学生又分别开会，男同学会议内容为检查轻视妇女、歧视妇女的封建思想影响；女同学讨论妇女解放。第二天，有年龄小的顽皮的男同学就问女生昨天单独会餐吃了什么好东西？被问者竟神秘兮兮地不说，只有被追问得不得不答时，才承认彼餐有鱼，立即引得大家捧腹大笑，并从此当成笑料留传下来。后来老同学聚会时，少不了的节目便是重提‘三八节’女同学翻身吃大鱼，男同学被迫作检讨的一段趣闻。……开学后不久的一天，突然市内防空警报响起，由于这是地处东北解放区大后方的佳木斯几乎前所未有的事，大家虽然跑到楼外，但也找不到妥善的隐蔽之处。事后通知，是国民党军机飞来侦查骚扰。学校从第二天起便动员学生一边上课学习，一边自己动手在校区周围开挖防空壕、猫儿洞，以防敌人来空袭。……那时学生每月人均得到东北流通券 800 元津贴，相当于建国后人民币 8 分钱，只能买一张邮票。一些抽烟的人将每月的津贴凑到一起，合伙买点黄烟叶过过烟瘾。”①

老学生的记忆鲜活，映现出校园日常生活有趣的一面。

1948 年 3 月 18 日，《东北日报》发表社论《为完全解放东北而战》，号召“后方党政军民要集中力量组织生产运

---

① 李鸿文：《与学校一起成长的岁月》，《文蕴东师系列丛书·往事(一)》，第 34—35 页，吉林人民出版社 2009 年版。

动”,“发展城市工商业”,以“加速全面歼灭东北蒋匪并进而支援全国战争,发挥东北解放区对全国的战略总基地的作用”。为响应这一号召,4 月 17 日,学校派 340 余名师生下乡到桦川县黑熊、大赉岗、太平镇、悦来镇 4 个区,参加生产劳动二十天,这是东北大学师生在佳木斯第三次下乡。[①]

4 月 17 日—26 日,吴伯箫与东北大学师生自佳木斯到合江省桦川县太平镇参加农村劳动十天。劳动结束后,他根据下乡劳动十日体验、见闻在“山湾子跑腿子窝棚”写报告《十日记》。文中写道:“土地改革后,东北大学三百四十几个干部和同学分别下乡,到合江省桦川县四个区,参加生产劳动,体验农村生活,从而加强自己思想、意识、作风的锻炼。这篇文章主要是根据到太平镇的学生和干部在四月十七日到二十六日十天内生活情形写成。”“一天的工作时间,大致是这样分配的:从早起到晌午,下地生产;下午干一气家家户户底零活,再读报,记日记,写心得;晚上漫谈,检讨,交换经验。附带作的组织妇女、儿童,办黑板报,帮办小学,唱歌、演剧、敲锣鼓扭秧歌,搞清洁卫生,都是瞅时间看需要来进行的。”[②]

东北大学(二)

吴伯箫在散文《打前站》中讲到东北大学五年三迁的事。所谓五年三迁,是分别指东北大学 1946 年第一次定址佳木斯,1948 年 7 月由佳木斯迁校到吉林市八百垄与吉

---

① 《东北师范大学校史》编委会编:《东北师范大学校史》,第 14 页。

② 吴伯箫:《十日记》,《吴伯箫文集》下册,第 136 页。

林大学合并再次定名为东北大学，以及1949年夏又由吉林市迁到长春市。除了这个“三迁”，其实还有两个办学方面的变化与调整：一是校名的改变，在1950年4月，学校易名为东北师范大学；二是从迁校吉林市以后就逐渐开始的正规化办学。

学校初建时期，特别是从“东北公学”改为“东北大学”时，其预科、本科、研究室和院部的设置，体现出学校的实际负责人如白希清、张松如正规化办学的思路，但因为当时的政治形势和佳木斯会合后领导成员的变化，正规化之路就没有真正走得通，教学以短期的政治训练班为主。或者如吴伯箫所言，主要办的是“抗大式训练班”，都是短期的，学习内容也是政治性的，即“强调思想政治教育”或曰改造思想。张松如名义上是教育学院院长，实际上仍然只是教员，给预科班学生讲美日问题、中国革命、中国近代史这类政治课。稍后学校改为“中等师资训练班”，张松如改任教务处长兼政治班班主任，吴伯箫任副处长兼国文班班主任，另一名副处长智建中兼历史班班主任。取消了社会科学院、自然科学院这些建制，还搞了以清除日伪国民党的文化影响和所谓特务分子的“回忆运动”，在招生方面也存在过火或过“左”的做法，如一律清退地富子女的“复审”。业务课只有一门国文，课文也比较突出政治性。学校的教职学员实行的也不是薪金制，而是供给制，军事化管理。

后来成为张松如夫人的吴翔，是东北大学第一届一班的学生，她回忆那时候上课的情形，一般是上午听报告和上语文课，下午分小组自习或讨论，听报告时不管是几百人都在一个班听，下午讨论则由教育干事主持。除了正常的学习,每个星期六晚上都会开生活会,就是小组之间相互提意见。住的是大通铺,吃的菜是萝卜、白菜和土豆,主食是苞米渣粥和馒头,一个星期吃一次米饭。

相对而言,国文班课程似乎正规些,据当时国文班学生回忆,他们开的课有《讲读与作文》《国学知识》《文艺思潮及解放区文运》《五四思潮》《文字学》以及《中学教材研究》。

虽然以短训班为主,吴伯箫因为还兼任学校图书馆馆长,在招生时就比较留意对图书资料的搜集。比如在吉林省榆树县,他在所住的县委一间茅屋里看到满堆的从《四书备旨》到《清史稿》这类线装古籍,是土地改革中从地主家里搜集来的,就向县委书记了解这些书的去向。而县委书记知道了吴伯箫办学需要书籍,也就爽快地把这些书全部送给了东北大学,靠新生七手八脚装了二十几木箱运到了佳木斯。

学校迁到吉林市后,前后待了约有一年。这个阶段是东北大学开始向正规化过渡的时期,实行的是双规式教育,既有如第一部以培养中学师资为主的专业教育,也有如第二部、第三部短训班性质的教育,但短训班教育结束后即可升入本科继续深造。所以这个时候就有了社会科学系、自然科学系和文艺系。

这时候,校长是张如心,副校长是张德馨,原吉林大学教育长何锡麟任教育长。吴伯箫佳木斯时期的两个好友,张松如和智建中分别担任副教育长和社会科学系主任,吴伯箫自己则任文艺系主任兼图书馆馆长。

张松如即诗人公木,他和智建中也是北京师范大学出身,只不过专业不同,公木是中文系,智建中是历史系。巧的是吴伯箫、公木和智建中后来又都到了延安，公木在鲁艺，智建中在延安大学，再后来三人在东北大学又成为同事，也是思想、性情相投的好友。在佳木斯时，三个人都在教育学院，公木是院长，吴、智二人是副院长，三个人的办学思想也比较一致，所以说到东北大学的正规化，当时一位干部认为学校存在两种不同的倾向，一种是延安培养的年轻干部，对正规教育不了解，“另一种人虽然也是从延安出来的，但是他们年龄较大，在旧社会又都受过大学教育，如张松如、智建中、吴伯箫等人，他们反映的是过去的训练班不正规，他们主张按旧的北师大、清华、北大的模板来办东北师大。”①

从吴伯箫、公木留下来的文字，可以感觉到他们对张如心在处理干部问题和办学方面存在“主观主义”、“机械死板”和“过‘左’”这些情况的意见，其实萧军、蒋锡金甚至张如心的秘书和另外不少师生对张如心也都有类似评价。比如曾经给张如心做过秘书的李铁心就一方面肯定了张对学校正规化等工作的贡献，同时也指出他搞思想改造、“回忆运动”、抓特务这些过“左”的不健康的做法。张如心是留苏学生，又是纯然的政治干部，吴伯箫、张松如、智建中与他在思路、作风上的确存在很大差异，吴、张、智三人尽管也都是老延安，可身上毕竟沉淀着更多传统文人的脾性，为人处事方面就比较接近，成为好友也是很自然的。李铁心的入党介绍人是智建中，他就说过作为延安来的老同志，智建中有个性，有学问，对工作有责任心，就是脾气

---

① 黄耘：《合校后》，《东北师范大学（东北大学）建校早期历史追述》（1946—1956），第292页，东北师范大学出版社2016年。

倔,不买任何人的账。其实这不过就是传统文人常见的脾性罢了。

吴伯箫1982年去世后,公木写了一首长诗《啊,伯箫,伯箫哟》长歌当哭,翌年智建中去世,公木又写了《哭智建中》,其中有云:“去岁悼伯箫,天低常气闷。今年哭建中,路窄披荆棘。吴长我二年,智少我两岁。人称吴张智,辕骧三兄弟。同攀燕岭云,共饮延河水。携手佳木斯,浇汗培桃李……”①

八百垄,地处吉林市城西欢喜岭下,靠近松花江,是张作相创办原吉林大学校址。

学校在七月中旬举行了与吉林大学的合校典礼,十月份开了学。

一年之后,东北大学再次迁校,这回到了长春,而且不久之后,校名也改为东北师范大学了。

这个东北师范大学,就是现在长春的东北师范大学。

打前站与“老妈妈”

东北时期,吴伯箫全身心投入办学,写作不多,即使写,也是围绕办学和政治性任务,而不是文学性创作。这时期的主要成果结集为《出发集》。不过,作为老资格和有影响的文学家,吴伯箫作为东北作家的代表,先后赴北京参加了第一、第二次文代会,并在第一次文代会理事会上被定为秘书长。

而所谓办学,也许对吴伯箫而言更确切的表述是“打

① 公木:《哭智建中》,《公木旧体诗抄》,四川人民出版社1984年版,第128页。

前站”三个字，也就是以类似先遣队员的身份为学校做一系列前沿开拓的工作：建校、合校、接收、招兵买马、置办图书设备甚至筹措办学经费……

他后来写的《打前站》一文首发在《解放军文艺》杂志上，从打前站更像一种军事行动来看，的确很合适。

《打前站》写了他从延安到东北办学的三次先遣经历，以他自己的话说，那是“一次比一次新鲜，一次比一次繁忙，一次比一次紧张”的战斗生涯。在佳木斯招生，直接跑到城乡村镇考生的家里，从延吉带着百十名新生千里迢迢回佳木斯。从佳木斯搬吉林，学校到火车站，火车站到学校，吴伯箫是运输队的指挥，桌椅板凳，家具图书，随车押运；上车下车，吴伯箫又是搬运伕、装卸伕的排头兵；学校驻扎下来，吴伯箫又带着学生拿起镢头、铁锹在空置的土地上开地种菜……几十年过去，当年的学生还记得吴老师以班主任身份带头搬运桌椅的情景。

带队到安东(现为丹东)，向一个朋友当厂长的造纸厂要来学校需要的纸张，吃饭时向辽东省省长提出学校需要的办学经费。结果，上万的款项支取了实物，回程路上，一个跟卡车运纸，一个跟火车运盐。到吉林，食盐立刻销掉，还赚了“利润”。纸，学校用了整整两年。辽东省教育厅一位副厅长在吴伯箫的纪念册上题词，对他“为了解决东大的困难，忍饥耐渴，舍不得用公费坐车，常见你满头大汗”的品质表示由衷钦佩。

在佳木斯时，吴伯箫就和张松如被学生称为“老妈妈”，到吉林、长春后，吴伯箫平易近人、真诚对待教师和学生的佳话也不少。在长春时，让人印象最深的或许就是学生丢失一百元钱的事了。

学校迁到长春后不到一年,东北大学正式改名为东北师范大学,原先的文艺系也逐渐扩大为文学院。吴伯箫名义上是副院长,实际上是学院的主要负责人。留校任教的孙中田回忆,伯箫老师整天吃住都和学生在一起,晚上学生们还经常到他的办公室讨论问题。他还出面与《吉林日报》沟通,开辟了《文艺》副刊,刊发了不少学生作品。

学生丢钱的事发生在文学院所在的"满炭大楼",一百块钱,又是刚入校的新生,的确不是小事情。但如何帮他把丢了的钱找回来,却有不同意见,有人主张采取最彻底的办法,关起楼门来个全院搜查。吴伯箫不同意这样做,而是在礼堂开了一个大会,由他公开宣布这件事,讲清道理。希望拿到那笔钱的人从哪里拿的还是自动放回哪里去。自己不必告诉别人,大家也不要随便猜测,怀疑,追问。更不希望有人栽赃,告密……这样一来,出现了意想不到的结果。第二天一早,在厕所的暖汽包上发现了包得板板整整的九十六元……

或许有人会觉得这种小事不值得一提,殊不知正是这样的处理方式,体现出吴伯箫身上那种"通人情"的品质,也是一般政治工作者身上最缺乏的品质。

曾经在东北大学工作过的作家丁耶(黄滁)回忆:"同吴伯箫老师认识是在1949年春天,我从华北联大调到东北大学工作搞创作的,我以为来到东大也会让我搞创作。一报到才知道,这座大学没有创作组,调我来是准备教书。我思想波动起来,想打退堂鼓。正在这时,一位中年同志来看我,从他那身褪色的蓝棉袄和满口胶东口音,我认为他不是管人事的就是管总务的。因为他一见面就摸摸我从华北解放区穿来的那身薄棉袄,说:'东北比晋察冀冷啊，等一会儿给你领一件棉大衣来。'我却连连拒绝说：'不用了，我还说不定在不在这里呆呢！'他听我这么一说马上猜出我的心事来，'是不是不愿意教书啊？还想搞创作？'我只好说了实话。他听完笑了：'你在国统区写的东西我看过.今后你还可以继续写嘛，我们文学院正需要懂写作的教师。你年轻，可以领学生下厂、下乡去体验生活。萧军、舒群都在东大任过教，公木、锡金、杨公骥、思基都在这里，我们还要把文学老前辈穆木天教授请回来。他是吉林省伊通人……'他一口气说了这么多文学前辈的名字，有的作家的作品，我在中学时代就读过，我将同这些文学前辈一起工作真是幸运。我终于被这位老同志说服了，答应留下来工作。他听了我的话却说：'不要过急决定，考虑好了再告诉我，我叫吴伯箫。'我一听吴伯箫的名字，心里一动，眼前这位老同志不就是写过《一坛血》和《黑红点》的解放区老作家吗？我在国统区就读过他的散文、小说，给我印象极深。这位老延安作家作风有多么朴素：一身蓝棉袄，满脸笑纹，在我脑海里留下了永久的印象。"

他还记录了学生们心目中的这位"老妈妈"——

伯箫老师当时是东大文学院院长兼中文系主任，同学们都称他"老妈妈"。他慈母般地关怀着这些曾受过十四年奴化教育的东北青年，循循善诱，以身教言传给同学们留下美好的印象。记得1949年夏天，东北大学从吉林市迁到长春，文学院设在解放大路的"满炭大楼"里，这座楼里极为讲究，橡皮地板，天天要擦洗。全院只有一个清扫工，所以清扫任务都是由干部、同学来担任。走廊里那些痰盂的倒洗和厕所的清扫,一些才从北平接来的大学生都不肯干,这个苦差事就落在我们几个干部的头上,吴伯箫院长就是我们的领头人。他穿着那身蓝棉袄,把袖子一挽,就刷起痰盂来。那些从旧学院来的大学生们把吴院长当成老工友了。有一位女同学在一篇作文中这样记叙着吴老师的印象:那天院部通知全体同学,听吴伯箫(原文有误,应为"箫",子张按)院长作关于学习《在延安文艺座谈会上的讲话》的报告。我们都知道吴院长是个延安老作家,并且亲自参加过延安文艺座谈会。陈日新秘书宣布开会之后,就看见一个老头一手提着暖水壶,一手拿只茶杯走上讲台.他倒了一杯水就坐下了,我们觉得这个老工友好笑,倒完水怎么坐下了呢。我们几个女同学正在窃窃私语时,陈秘书又从旁边伸过头来说:"同学们静一静,听吴院长讲话。"这时才弄清楚,坐在讲台后边那位经常倒痰盂,打扫厕所的"老工友"就是大名鼎鼎的老作家吴伯箫呀!①

因为丁耶教现代文选及习作课,才得以看到学生的这篇习作。不错,真正的高贵原本就出于朴素,吴伯箫的文人气质里也本来就有来自农民家庭的淳厚。

创办东北教育学院

诸如灾难、革命、战争这些非正常的生活状态,难免使平凡的人生在不经意间产生许多错位,叫人既意外又无奈。

---

① 丁耶:《教师的灵魂,作家的劲笔:忆吴伯箫二三事》,《文艺论稿》1983年总第10期。

犹如吴伯箫全面抗战初期托付给王统照的《羽书》出版于数年后的大上海，远离山东却有济南冒名的“吴伯箫”假借他的名义在上海、北平的杂志上发表各类作品，甚至有人剽窃他的散文《灯笼》骗稿费。在东北，他又遇到了这类“错位”的事，请参看第二章副篇《羽书》，此处不再复述。

但由此可知，连同当初西安国民党报纸上关于吴伯箫在延安遭“迫害致死”的假新闻，吴伯箫之“被死亡”的传闻竟然如此之多，也真够骇人听闻！或许这也是非正常生活状态下另一种令人无奈的“错位”吧。

实则，东北大学定址于长春和改为东北师范大学，仍然不是吴伯箫进入完全正常生活状态的标志，他的“打前站”生活就在改校名之后不久，有了新的开始。

这回是他受命单枪匹马独自去沈阳筹办一所全新的大学——东北教育学院。

吴伯箫晚年回忆：“新中国的第一个春天，在沈阳筹办东北教育学院，办抗大式的训练班，集中那时东北五省的中等学校校长、教导主任，宣传革命传统，讲建设的方针、政策，学教育学，曾经培训了一批办学校的骨干。又从关里招聘大中学校教师，分期学习四个月到半年，也为新东北输送了一批师资力量。那些工作对革命建设来说是有启蒙性质的，但对新中国的教育发挥了打前站开路的作用。”①

可见，在东北教育学院正式建成前的一年，吴伯箫即已在沈阳开始了新的工作。仍像在东北大学初期那样办

① 吴伯箫：《〈特级教师笔记〉序》，《吴伯箫文集》下册，第648页。

“抗大式的训练班”,只不过现在训练的是东北地区的中学校长、教导主任和大中学的教师罢了,性质相当于在职师资培训,培训的重点仍然是思想改造。这对于吴伯箫,自然是轻车熟路,故而在当年10月1日,也就是新中国第一个国庆日,吴伯箫便带队率领东北教育学院第一期毕业生到北京,参加国庆日天安门前游行,还在京拜望了老舍,向他转述了自己在文代会上亲耳听到的周恩来希望老舍回国的讲话。

1951年5月,东北人民政府教育部下发了《为批准成立东北教育学院并任命董纯才、吴伯箫为正副院长》的文件,正式批准成立东北教育学院,院长由当时东北人民政府教育部的副部长董纯才兼任,副院长由吴伯箫担任。

学校最初设在沈阳市皇姑区崇山西路二段,1952年迁到了皇姑区维德街。

在知道吴伯箫正式调任新职的消息后,东北师范大学的朋友们、同事们依依不舍,通过不同的方式与吴伯箫相别。现在能看到的有两张照片,就是专为送别吴伯箫拍摄的。一张是张松如(公木)、穆木天、蒋锡金、杨公骥、张毕来与吴伯箫六个人的合影,另一张是东北师范大学中文系教师近四十人送别吴伯箫在师大图书馆前的合影,照片上有“欢送吴副教务长赴沈工作1951.3.25”的字样。

这年2月,东北师范大学员工子弟小学改名为“东北师范大学附属完全小学校”,由教育问题研究室王祝辰兼任校长,吴伯箫夫人郭静君为副校长。

同年3月19日,教育部召开第一次全国中等教育会议,制定发展和建设中等教育的工作方针与措施,胡乔木讲话中首次提到语言教育和文学教育分科问题。

和在东北师大时一样，吴伯箫名义上是副职，实际上仍然是主要负责人，用现在的话说是主持工作。较之于东北师大时，现在这个副院长还高了一个层次，是校级的副院长，不是二级学院的副院长。

因为兼职的院长董纯才并不到校，只应邀偶尔到学校讲讲课，学校的日常工作主要由吴伯箫主持，同时，他还担任着东北教育学院的党总支书记。

为什么主持工作而又总是副职呢？没有人能解答这个问题，但想来可能仍与延安“审干”结论所留的“尾巴”或不彻底有关。故而在沈阳，吴伯箫一面投入工作，一面也向上级党组织请求重新考虑自己的问题。吴伯箫“审干”结论的责任人、在东北一直是吴伯箫直接领导的张如心，大概在长期的工作中总算认清了吴伯箫，此时也给东北局组织部写信，建议改写吴伯箫的历史结论。吴伯箫自己也跟组织部负责人谈过一次话，补写了相关材料，但却终无下文、不了了之。

所以一直到1953年下半年，东北教育学院再次改名为沈阳师范学院，院长仍是兼任，兼任者是新的东北教育部长车向忱，吴伯箫还是副院长兼党总支书记。

但是，院长也罢，副院长也罢，都无法改变吴伯箫乃是今日沈阳师范大学最早创办者的事实。

吴伯箫在自己的位置上，一如既往地投入到工作中，怀抱理想，俯首耕耘。

他一直想按照正规化的要求建设学校，为此多次提出创办教育系，但由于短训班一期连着一期，创办教育系的设想就暂时无法实现。

以干部培训和师资培训为主的八个月短训班前后办

了三期,基本上是一年一期,到1952年第二期学员结业,吴伯箫还是像往年一样,带学员去北京参观学习,到北师大听课,游览颐和园,参加国庆检阅。

1953年秋,趁到北京参加第二次文代会时,吴伯箫还同公木、马加、师田手等看望过丁玲、雷加等故旧。

到了年底,为迎接1954年,吴伯箫在大幅宣纸上书写了毛泽东的名诗《沁园春·雪》,落款为:山屋吴伯箫。

副篇:《出发集》

仿佛找到了新的"起点"

关于吴伯箫的《出发集》,我曾于1985年在笔记本上写过一则所谓"书话",如今看来,那是太过粗陋了。不过,在今日重翻此集且要写点什么的时候,我还是想把它保留在这里,聊以见出当初稚拙的足迹。

原文如下——

"全心全意地为人民服务,一刻也不脱离群众;一切从人民的利益出发,而不是从个人或小集团的利益出发;向人民负责和向党的领导机关负责的一致性;这些就是我们的出发点。——毛泽东:《论联合政府》"

以上是吴伯箫散文集《出发集》扉页上引用的一段话。这既反映了本书的写作背景,也是作者四十年代中后期散文创作的思想指针。

作为农民的子弟，吴伯箫很容易懂得中国农民悲剧性命运，也很容易接受中国共产党领导农民解放的道路。因为他有这样一个出发点，所以在进步的道路上，他始终是一个自觉的、孜孜不倦的追随者。他是一位语言教育家，同时是一位革命作家，他的思想、伦理观、艺术观都在其创作中得到清晰的表现。《羽书》代表了他抗战前的思想和情趣，显示了刚刚进入大社会时青春的欢欣和苦闷，乐观与朦胧；《潞安风物》《烟尘集》反映了他接受革命之后长足的进步。那些惊心动魄的，有时显得过于粗拙的通讯特写，把我们带入战火纷飞的抗日前线，令我们感动地回忆起那段充分显示了中国力量的伟大历史，同时强烈地感受着作者投入那些火热斗争中去时的巨大热情。

八年的抗战（按：当作“十四年的抗战”，今依原文）胜利结束了，这是近百年来中国第一次凭着自己的力量将外寇彻底赶出自己的领土。在延安度过了八年的吴伯箫开始奉命撤离革命圣地，经张家口华北联大，到了白山黑水的北大荒，投入建设新中国的准备工作。先在东北大学（后改为东北师大）迎来新中国的成立，接着便到沈阳东北教育学院任副院长，这段时间，吴伯箫主要忙于教学和高校领导工作，写作不多，一九五四年七月将十四篇散文、论文结为《出发集》，由上海新文艺出版社出版。作者有一篇“后记”写道：

“将一九四六年以来零星写的文章，选了十二篇，将一九四一年写的文章抽出两篇，集拢起来，印成这本小书。篇数不多，但也分两集：一集属散文，二集属论文。”

“这些文章曾先后在延安《解放日报》,张家口《晋察冀日报》,东北《知识》杂志、《东北日报》、《东北文学》及北京《文艺报》《中国青年》发表过;现在重新选印,目的只有一个:就是想简单总结八年的业余写作,藉以自我激励,期于写作生活的路上往前再迈一步。”

“书名《出发集》,意思是说:自己写文章,依然还只能算是开始学习;而写作的目的,则想遵照毛泽东同志的指示:从人民的利益出发。”

以1985年背景,写出这样的“正统文字”或者也在可理解范围内。不过,《出发集》作为吴伯箫在毛泽东《讲话》以后转换写作路径的一种表态,其书前引语、书后解释皆可视为发自内心,我的“书话”倒也没有什么藻饰性的话语,也还算如实表述。

三十多年后重读《出发集》,有一点不同的是,彼时所读《出发集》乃吴伯箫签名赠送其外甥的,今日我手头这本则是去年孔网上购买的旧书,原江西吉安某校的馆藏。书是新文艺出版社1954年7月上海一版一印,总印数14100册,定价“4,000元”,大概也是唯一的一版吧?

单行本只有1954年这一版,但1993年曾收入《吴伯箫文集》下卷,其中“第二集”删去一篇《从教育看武训》,由此可知吴文中的某一部分出现了“不合时宜”问题。只是这类文章并非写作时“不合时宜”,恰恰相反,是写的时候“应时”,时过境迁之后“不合时宜”而遭淘汰了。而这是耐人寻味且颇可寻味的。此种现象,至《北极星》又出现过,这里触及吴伯箫后期散文的一个问题,即与其同代作者都曾面临的“遵命文学”与主体写作的矛盾问题。这也是中国当代文学一个重大的问题。

第一个把延安称作“圣地”的作家

吴伯箫可能是第一个把延安称作“圣地”的作家。

在1946年1月21日写的散文《出发点》里，他以辞赋体的铺陈与抒情，明白无误地将“圣地”一词与延安连为一体。

> 帕米尔是世界的屋脊，多少山脉从那里绵延起伏；奥林匹克为众神所居，希腊神话记载着那里开始扮演的美丽故事。树有根，水有源，太阳辐射光热；延安，正是这样一类的地方，它是光明顶的灯塔，革命之力底发动机，新中国底心脏。它虽不是耶路撒冷，也不是玄奘取经的去处：但拿来取譬，它却不多不少称得起是一个圣地。这个圣地不是属于神的，而是属于人的，特别是中国人的。

这里，与延安相提并论的，是帕米尔，是奥林匹克，是类似耶路撒冷或玄奘取经的去处，也就是地理上、文化上一切的制高点。或者说，吴伯箫是以这些人类心目中最高的精神渊薮来比喻延安的。在吴伯箫之前，似乎还没有另外一个作家有过类似的表述。

而将延安视为圣地，倒也并非由盲目崇拜而生发出的宗教情怀，他明明白白地强调了：“这个圣地不是属于神的，而是属于人的……”

整篇文章都从“人”、特别是现实历史中的“中国人”立场出发，从延安所象征的现实革命精神出发，揭示了他所理解到的延安之“圣”。无疑,这里表达的一方面是吴伯箫心目中的延安,另一方面毋宁说是吴伯箫个人对其政治理想的描摹和抒发。

故,在“一个圣地”之外,作为对“圣地”内涵的揭示,吴伯箫又有了“两面旗子”之说。

> 延安有两面旗子,一面是民主,一面是自由。
>
> 延安,革命的帕米尔啊,你给了人民以民主,自由,你就给了人民一切了。

民主、自由,不是近百年以来,中国人梦寐以求且前赴后继争取的目标吗?

而延安之所以成为战时中国文化青年向往奔趋之地,也无非因为当时日人入侵而国共龃龉背景下,延安逐渐成为民众心目中民主、自由、国家希望的象征。

诚如历史学家所说,在对待抗战问题上:“与国民党‘攘外必先安内’的镇压号召相比,中共的政纲更符合中国城市人口的心态,其中包括学生、知识分子、很大一部分资产阶级和许多工人。”(费正清费维凯编《剑桥中华民国史》下卷第607页)

当时著名的新闻工作者、《观察》杂志的社长储安平也说:“国民党的腐败统治是造成共产党发展到今天这样庞大势力的一个主要原因。……假如二十年来的统治,不是如此腐败无能,何以致使人民觉得前途茫茫,转而寄托其希望于共产党?”(费正清费维凯编《剑桥中华民国史》下卷第746页)

民主和自由,也的确是中国共产党为坚持抗战而设定的政治基础。1937年5月,毛泽东在中共全国代表会议上所作《中国共产党在抗日时期的任务》的报告中就强调：

> 争取政治上的民主自由，则为了保证抗战胜利的中心一环。抗战需要全国的和平与团结，没有民主自由，便不能巩固已经取得的和平，不能增强国内的团结。抗战需要人民的动员，没有民主自由，便无从进行动员。没有巩固的和平与团结，没有人民的动员，抗战的前途便会蹈袭阿比尼亚的覆辙。
>
> 而要争取民主，必须进行两方面的改革：一是将政治制度上国民党一党专政的独裁体制，改变为各党各阶级的民主政体；二是实现人民的言论、集会、结社等自由。

一位当年投奔延安的革命者这样描述整风和“审干”以前的延安：“那时的延安，到处洋溢着一种自由、活泼、生动、欢乐的气氛。自由的空气，和平民主的精神，也许是我们这些青年学子到延安后最重要的感受。”又说到延安到处是歌声的生活气氛：“延安生活的一个显著特点，也许就是《延安颂》上说的‘到处传遍了抗敌的歌声’。只要一集合，就要唱歌。”

这其实也是延安留给吴伯箫的印象，多年之后，吴伯箫不是也写过一篇《歌声》吗？就在这篇《出发点》中，吴伯箫倾注了自己对延安的全部热情，一一抒写了他所亲身经历的延安生活：“在这两面旗子底下，人人有衣穿，有饭吃，有书读，有事做。过年过节，春秋佳日，人人都有机会看戏、闹秧歌，进行各种各样的娱乐。这里穷人都翻了身，富人也各得其所。买卖人有钱赚，因为出产丰富，家家商店都堆满了货物，而老百姓又都有买东买西盈囊的积蓄啊。”

接下来,他历数陕甘宁边区的民主选举、经济组织、部队屯垦、改造二流子,阐释了“为人民服务”的宗旨:“多少有名的政策,多少仁义的措施,直到通过联合政府,建立独立、自由、富强的新中国,没有一样不是为老百姓打算的。”

透过种种关于延安的历史记载,包括吴伯箫对延安毫无保留的褒扬,令人相信延安形象的确代表了中国共产党抗战时期展示给世界的真实而富有魅力的形象。不过,从吴伯箫这篇《出发点》来看,衷心的赞美之外,也似乎稍嫌空疏浮泛了些。这里便开始显露吴伯箫散文的不足之处,热情有余而往往思想力量不够,全凭信仰立论就难免忽略所观照事物的另一些侧面。吴伯箫自己后来提到《出发点》,也曾说过一句耐人寻味的话,道是:“行军到张家口,写《出发点》,抒发了留恋延安的炽烈感情,刚在《晋察冀日报》上发表,就有人成段朗诵,影响还好。但对地方人事美化绝对了。”(吴伯箫《无花果》)

“对地方人事美化绝对了。”吴伯箫的忠厚、诚挚,都从这句话里流露出来了。

纪实、抒情与说教

大体上说,吴伯箫虽以散文写作著称,然就其身份,似乎更属于一个有党派背景的实际工作者。写作,早先是他的一个梦想,到延安之初这个梦想兀自灿烂,使他写出了《论工作底灵魂》《论忘我的境界》《客居的心情》那样一组灵动、自由的畅想之作。迨至1943年初在边区教育厅任上以“重大特嫌”被卷入“审干”风波之后,吴伯箫的生活轨迹发生了一生中或许是最大的改变,他以宗教徒般的虔诚和痛苦的忍受暂时度过了这次政治劫难,代价却是交出了他内心抱持的文学之梦。此后,他开始以“文艺工作者”的身份从事写作。

《出发集》是身份转换之后写作方式转换的标志。

吴伯箫自序交代,《出发集》十四篇文章,其中十二篇乃 1946 年后新作,另两篇《向海洋》《书》是 1941 年所作,而《范明枢先生》是 1940 年写出(1947 年补记片段)。如从文字之可读、情怀之醇厚角度,令人印象深而较耐品评者也不过就是 1941、1940 年这三两篇而已。

原因也正在身份变换导致的文风变换。《向海洋》《书》《范明枢先生》犹保持着吴伯箫惯有的或纪实、或抒情的风致,其余多数则简化为一种符合作者身份的工作记录或宣传文字了。

即使以吴伯箫早期的散文言,也不能说完全达到了他自己期望的程度,他以传统辞赋形式构筑其抒情散文的结构与修辞,的确是吴伯箫独具一格的创制,不过往往也并非完美,最不够的就是繁复的铺排之外,少了一份冷凝和深沉。

缺少深沉思想支撑的抒情易致浮浅,而说教却会从根本上丧失文学之美。《出发集》或从政治上标示了作者的“出发点”,却无法保证同时也会是作者文学上的突破。

拿赞美“总路线”的《颂“灯塔”》来说,除了大量引用政治领袖的语录,剩下的就几乎全是热情而抽象的口号和截然的断语。兹举两例:其一,“个人主义,什么‘一切为了个人’,我们坚决反对;应当是集体主义,‘一切为了群众’。把五种经济成份,各行各业,统一归到单一的社会主义经济,这是一个复杂的,内容极为丰富的,日新月异的变化过程,这就是社会主义改造。”其二,“这个伟大的改造,是‘所有制'的变革,把私有制变成国有制或集体所有制。是人与人之间生产关系的变革,是社会经济基础的变革。按'社会存在决定社会意识'的原理,人们的思想意识,作风习惯也该大有不同。人,应当是新人;新思想(科学的宇宙观、革命的人生观)、新习惯、新的行为表现。要别有天地。"

这更像是宣传小册子的口吻,而非文学。

也就因为这些表态性、说教性的文字,《出发集》没能像《羽书》那样会在几十年后仍将获得新的艺术生命,除了《向海洋》《书》《范明枢先生》,其他的篇什也就只能在历史的演变中逐渐淡出读者的记忆了。历史的淘汰往往无情。

当然,事情或许并不如此简单,诸如《十日记》《回忆延安文艺座谈会》,因为多多少少还有纪实的成分,为延安文艺座谈会和东北大学师生下乡劳动留下了不少生动的细节性影像,遂产生了一定的文献价值。对此,吴伯箫老年提及,也是这么认为的,但也有所反思:"《十日记》在佳木斯写知识分子下乡,跟劳动人民结合,都是事实,一点虚假没有,学生看了也认为是写他们,受了教育。但又对生活观察不深,流于浮泛。"(吴伯箫《无花果》)

只是可惜,较之《潞安风物》,《出发集》里的纪实成分还是显得太少了。

本章年表(1946—1953)

1946年(民国三十五年),四十岁。上半年在张家口华北联合大学任中文系副主任;调任东北佳木斯任东北大学教育学院副院长兼图书馆馆长。写散文《出发点》、通讯《孔家庄纪事》《人民是正统——记张家口市第一届参议会》、杂文《揭穿丑剧，制止逆流》《把戏》《社会在前进》《人民的胜利万岁》《文艺底阶级性》等。

1947年(民国三十六年)，四十一岁。在佳木斯东北大学，任教育学院副院长。4月，新华书店佳木斯东总分店出版通讯集《黑红点》。10月，通讯集《潞安风物》由香港海洋书屋出版。

1948年(民国三十七年)，四十二岁。东北大学由佳木斯迁吉林市，任文艺系主任、图书馆长，4月，与东北大学师生自佳木斯到合江省桦川县太平镇参加农村劳动十天。写报告《十日记》、杂文《“眼高手低”》等。

1949年(民国三十八年)，四十三岁。到长春接收原长春大学，并入东北大学，7月，东北大学由吉林市迁到长春市。7月2—19日，以东北代表团代表身份在北平参加第一次中华全国文学艺术工作者代表大会(简称全国文代会)。8月，改任文学院院长。写杂文《为人民政协欢呼》等。

1950年，四十四岁。由英文转译的德国诗人海涅诗集《波罗的海》由上海文化工作社作为《文化工作社译文丛书》第九种出版。4月，东北大学改为东北师范大学，隶属于教育部。任文学院副院长、副教务长。并在沈阳筹办东北教育学院。9月，散文集《黑红点》北京版由新华书店发行。写散文《爱祖国》等。

1951年，四十五岁。调任沈阳东北教育学院(1953年改沈阳师范学院)副院长、总支书记，夫人郭静君为东北师范大学附属完全小学校副校长。写杂文《从教育看武训》

《我们的理论学习——理论学习阶段工作总结》《真理的发扬——庆祝〈毛泽东选集〉出版》等。

1952年,四十六岁。任沈阳东北教育学院副院长、总支书记。写散文《回忆延安文艺座谈会》

1953年,四十七岁。9月,沈阳东北教育学院更名为沈阳师范学院,仍任副院长、党总支书记。在北京参加中国文学艺术工作者第二次代表大会。

第七章 《文学》课本

正篇：再到北京

文学、汉语分科

就在吴伯箫正式调到东北教育学院那一年，教育部在北京召开第一次全国中等教育会议，制定发展和建设中等教育的工作方针与措施，胡乔木在讲话中首次提到语言教育和文学教育分科问题。

随后，语文教育界围绕这个话题开始讨论。到 1953 年，教育部把这个问题提交给了中共中央政治局，接着就成立了中央语文教学问题委员会，由胡乔木担任主任，组织了很多高层讨论。当年年底，胡乔木代表语文教学问题委员会向中央提交了《关于改进中小学语文教学的报告》，再次提出“语言、文学分科教学”问题。1954 年春，中央批准了这个报告，在中学实行文学、语言分科教学正式确定下来。“依据这个报告，教育部责成人民教育出版社，进入具体的施工过程。课本初稿，在全国 74 所中学(27000 名学生)中试教。”①

为何要搞文学、汉语分科?从大的背景说当然与全方位学习苏联有关,因为苏联的中学教育就是将俄语与文学分成两个学科分别进行的。但这显然不是深层的“因”,考虑到当时新中国刚刚建立,古代的和民国的语文教育方式既不能直接沿袭,小、中、大学的教育体系便都面临着与新政权相适应的改革,而苏联中学教育体系中的语言、文学分科也的确有其长处,似乎恰好足以改变如胡乔木所说中国语文教学存在的“特别混乱的现象”。

吴伯箫就是在这个时候突然被调到人民教育出版社具体负责中学语文室——实际就是文学、汉语分科后的教材编写工作的。

从时任人民教育出版社社长的叶圣陶日记来看,当时把吴伯箫从东北调到北京的是教育部,但具体总该有出面提议或点名的人吧?既然分科的事由胡乔木主管,而且与吴伯箫搭档兼任过东北教育学院院长的董纯才也已调任教育部副部长,联系胡、董与吴伯箫一直就有的工作关系,说吴伯箫调任北京与胡、董二人有关恐怕不是全无根据。

另外,吴伯箫的履历表和一般正式介绍都将吴伯箫到北京的时间写为1954年4月,这恐怕也只是档案里的正式调任时间,而不是吴伯箫实际到北京的时间。其实筹办东北教育学院时也是提前一年就去,正式调任文件公布已是学校建成之时。好在叶圣陶日记将吴伯箫提前到北京接洽工作调动以及董纯才口头传达吴伯箫任命的事记载

① 刘国正:《似曾相识燕归来——中学文学教育的风雨历程》,《课程·教材·教法》2000年第6期。

下来了，也就不那么费猜疑。

据叶圣陶的记载，吴伯箫是刚过了元旦没几天就到人教社接洽工作了，而一月底董纯才也当面向叶圣陶说明了要吴伯箫等三人任副社长的任命①。

叶圣陶日记显示，从一月十八日下午两点吴伯箫第一次来接洽工作，二月份、三月份、四月份吴伯箫也都在与他商讨教材编写的事情：

> 2月15日星期一：下午到社中，与吴伯箫谈。吴今后主持语文室编辑文学课本之工作，聆其所谈似颇有办法。余老实告以余之短处即在不会组织力量，不善作领导。
>
> 2月22日星期一：吴伯箫领导中学语文室，似颇有办法，亦复可慰。②
>
> 3月22日星期一：两点半到社。吴伯箫以编辑文学课本之要点一稿交余。余即修改此稿，约化一点半钟而毕。③
>
> 4月1日星期四：午后三点至和平宾馆，教育部与我社邀请文艺界同人开座谈会，讨论编辑中学文学课本之问题。此是吴伯箫所主张。邀请五十余人，而到

---

① 叶圣陶日记云："教部请调吴伯箫来我社编辑中学之文学课本，吴自东北来京先了解一下，再回东北师院交代，解副院长之职。"又云："1月30日星期六：三点半董纯才来访，口头答余上星期日致渠之书。谓将以吴伯箫、巩邵英、戴白韬（将自上海调来）三人为副社长，本年度之计划及五年计划纲要俟三人来齐后共商，然后由教育部讨论而决定之。"《叶圣陶集》第23卷，《日记（五）》，江苏教育出版社2004年版，第71、75页。

② 叶圣陶：《叶圣陶集》第23卷，《日记（五）》，第79页，第81页。

③ 叶圣陶：《叶圣陶集》第23卷，《日记（五）》，第90页。

者三十余人。董纯才与余致辞一时许,馀则大家发言,至六点半而毕。期以此会为始,以后在编辑过程中,请大家随时相助。于是会餐,尽欢而散。

4月8日星期四:两点到社。芷芬、安亭来谈社事,吴伯箫亦来。[①]

4月24日星期六:两点半散,余至社中,与白韬、安亭、萃中、伯箫、芷芬、少甫诸人谈社事。皆所谓交换意见而已。[②]

透过日记文字,看得出,叶圣陶对吴伯箫领导语文室编辑文学课本之“颇有办法”以及邀请文艺界同人座谈讨论的“主张”,是由衷赞赏和充分信任的。

正式的任命直到五月中旬才下来,先是由董纯才向叶圣陶讲人事安排,再由叶圣陶在人教社社务会扩大会议上公布“调整后的领导班子”:戴伯韬、辛安亭、吴伯箫任副社长兼副总编辑,张萃中、刘薰宇、朱文叔、巩绍英任副总编辑,戴伯韬主持日常工作。

在中央批准了那个《关于改进中小学语文教学的报告》后,教育部即责成人教社着手拟订中学文学教材编辑计划,编订文学教学大纲,编写文学课本和教学参考书。人教社在进行上述编订、编写工作的同时,也就相应地将中学语文编辑室分为文学、汉语两个编辑室。作为副社长兼副总编辑,吴伯箫主要就是负责汉语、文学分科教学工作,并且重点负责《文学》课本的编写,《汉语》课本的编写由语言学家吕叔湘负责。至于具体编写者都另有一班人

---

① 叶圣陶:《叶圣陶集》第23卷,《日记(五)》,第94—95、98页。

② 叶圣陶:《叶圣陶集》第23卷,《日记(五)》,第99页。

马，如张志公主编初中六册《汉语》，编写人员有吕冀平、徐箫斧、张中行、郭翼舟；张毕来、王微、蔡超尘主编初中六册《文学》，编写人员为冯钟芸、李光家、董秋芳、刘国正、韩书田、余文、姚韵漪、张传宗、梁伯行、周同德。最后，叶圣陶、吴伯箫、朱文叔负责校订《文学》，《汉语》的校订则除了叶、吴、朱，再加上吕叔湘。

张中行参加了《汉语》课本的编写，他后来回忆："一分为二上课，先要有教材。编教科书是大事，要请专家主持其事。文学选定吴伯箫，社内的副总编辑，由延安来的文学家兼作家。汉语选定吕叔湘，因为不久前，他和朱德熙合写了供大家学习的《汉语修辞讲话》。"①

从试教到搁浅

新课本的编写紧锣密鼓地开始了，一边是具体编写者们的分工与起草，一边是组织者、领导者的筹划与协调。

在 1954 年当年，吴伯箫就组织了两次较大规模的座谈和讨论。

四月一日与文艺界同人在和平宾馆那次座谈，有三十多位作家参加。下半年的八月六日，又召集了一次以来京参加高教部会议的高校教师为主的中学《文学》《历史》课本编辑座谈会，参加者同样充满热情地各抒己见，从下午一直谈到晚七点半。最后在教育部食堂招待了与会者。

除了听取各界意见和建议，自然还有其他种种要接洽、要考虑的大事小事，比如教材编辑计划、提纲要送审，

---

① 张中行：《汉语课本》，《流年碎影》，中国社会科学出版社 1997 年版，第 385 页。

听取胡乔木的意见,又比如最困难的课本“选材”问题。叶圣陶在与辛安亭、吴伯箫等人讨论中小学语文选材问题后,就曾发出“得可诵之文篇供学生阅读,为语文编辑首要之事,而其难得实非局外人所能意料”的感慨①

因为“选材”并不单纯地只是选某个题材或主题的事,还涉及具体语言文字,而已有的语言文字与中小学学生的接受能力以及文学教养教育的目标之间总有着或大或小的距离,语言文字合适而内容未必合适,内容合适而语言文字又未必合适。这种时候,就不得不采用自己写课文的方式。

初级中学课本《文学》第一册“民歌和民间故事”单元里的《孟姜女》《牛郎织女》两篇,就是由叶圣陶亲自执笔撰写的课文。

开始,这两个民间故事是另一位编辑写的,但《文学》主编张毕来看后觉得不太恰当,其中有一个情节甚至把张毕来逗笑了,是写孟姜女寻夫路上,受到一家客店老板娘的殷勤接待。第二天离开客店时,老板娘看着孟姜女的背影想:多好的姑娘,我要是个男子,也会爱上她……结果,叶圣陶知道之后,自告奋勇表示他来写这两篇。故而初中第一册的这两篇课文,实际上属于叶圣陶的作品了,因为除了人物和故事主干,具有现代气息的主题、审美风格和文笔,都深深打上了现代儿童文学开拓者叶圣陶的印痕。

因为当时选课文的语言标准是普通话,以北京音系的音为标准音,故而有的课文就作了相应的改动。比如叶圣陶的童话《蚕儿和蚂蚁》就因为有的专家认为北京人不把

① 叶圣陶:《叶圣陶集》第23卷,《日记(五)》,第151页。

"蚕"字儿化而改为《蚕和蚂蚁》。还把郭沫若诗《天上的市街》改成了《天上的街市》,其实"市街"也是过去常用的词,改成"街市"反而使"市街"迅速变成了一个生僻的词,以至于笔者在高校按郭沫若原诗介绍时,竟引来学生困惑不解的眼光。

经过半年多的辛勤劳动,初中第一册《文学》在1955年上半年编出来了。5月初,吴伯箫与叶圣陶、朱文叔费时四十余天,才校订完这本不到两百页的初中《文学》课本。

供1955年秋季试教用的《文学》第一册第一版,终于在北京新华印刷厂印刷出版了,到第二年春一共印刷了6次,仅北京一地印数即达到213000册。第二年5月,第二版开始印刷出版,两次印刷总印数就达到532000册。第一版原为10万字,171页,因为胡乔木向叶圣陶提出"分量"不够的问题,到第二版就增加到19万字,326页。第二册也由12万字增加到16万字。

这时候,人民教育出版社也由西单北二龙路郑王府内小红楼迁到了景山东街原北大第二院(理学院及校办公处)的工字楼,就是后来吴伯箫写信时用的"北京沙滩后街55号"这个地址。

从1955年秋季,《文学》与《汉语》课本同时进入试教阶段,试教的效果也很好,参加试教的学校希望继续用新课本,没参加试教的学校也希望用新课本。在这种情况下,课本编者就采取了将新课本投入普遍使用的办法,以使全国的中学都能够马上使用新课本,所以决定从1956年开始全面使用新编课本。

1956年,是分科教学大踏步行进的一年,但也是开始遭遇强力质疑的一年。

一方面，主持其事的吴伯箫满怀乐观，他在这年早春举行的中国作协第二次理事会扩大会议上发言，专门谈文学教科书编写问题，首先向与会者介绍编写文学教科书的宏伟计划："现在在党和政府的领导下，人民教育出版社已经有了一个文学教科书的编辑室，试编一套二十四本（包括教学参考书十二本）文学教科书，明年年底可以编完。从今年暑假以后，几千万的中学生就要用新编的文学教科书进行文学教育。"同时也在三个方面请求作家们给予帮助："第一、推荐优秀作品选入教科书。第二、请文学理论家、文学史家、传记作家，在我们经过反复考虑，请求您写一篇课文的时候，能够慨然地答应我们……第三、同志们看到或者听到我们编的文学教科书有什么错误和缺点的时候，希望能及时地给我们指出来，如果能够改好就更欢迎。"到了八月份，吴伯箫又在张家口中学教师文学讲习会上发言，专讲分科后的文学教学问题，围绕文学教学的教育功能和教养功能作了全面阐述。这就是后来收入《吴伯箫文集》下卷的论文《试谈文学教学的目的和任务》。

另一方面，由教育部颁发的《1956—1957 学年度中学授课时数表》及《关于 1956—1957 学年度中学授课时数表的说明》，明确规定了"原语文科改为汉语、文学两门学科进行教学"。四月份，教育部又正式发出了《关于中学、中等师范教育的语文科分汉语、文学两科教学并使用新课本的通知》。

接着，经过校订的高级中学课本《文学》第一册也正式推出。

而初级中学的《文学》第一册分别由上海、辽宁、陕西、湖北、重庆等省市出版社重印，发行量惊人。比如上海人民出版社重印本，1955年5月第一版，1956年4月第一次印刷印数为12万册，6月第四次印刷总印数便达到20万6000册；到1956年5月第二版，6月第一次印刷印数为48万册，1957年1月第八次印刷总印数则为20万6000册。

作文教学的问题，此时也由胡乔木提出。他专门约请张毕来、吴伯箫二人到他家里，谈了新编课文没有很好解决作文教学的问题，他认为这个问题非解决不可，否则分科教学就还是失败。应该说，胡乔木这个意见是很正确、也很及时的，其实他在此前一次会上就谈到了分科教学中教会学生写文章的问题。

可是，就在这年夏天教育部召集的第一次全国语文教学会议之前，时任中宣部部长的陆定一却对《文学》课本的选材提出了严厉批评。尽管会议按照议程宣布了实行汉语、文学分科教学的决定，叶圣陶以教育部副部长身份作了《改进语文教学，提高语文教学的质量》的报告，张毕来、张志公也分别作了关于《文学》、《汉语》课本编辑工作的报告，但因为高层的干预，会议实际上陷入“不了了之”的结局[①]。

中宣部长的批评是否还有另外的背景？没有人出来证实，据说连胡乔木、周扬都三缄其口。但至少有一个比中宣部长更神秘的人物站出来反对了，他就是在1956年中共八大当选为政治局候补委员、1958年又出任中央文教小组副组长的康生。吴伯箫后来回忆：“但是那套课本在少数学校试用一年之后，被康生给否定了。他质问：为什

---

① 刘国正：《似曾相识燕归来——中学文学教育的风雨历程》，《课程·教材·教法》2000年第6期。

么报纸社论不编进课本？并一口判定：‘这套课本最多只能培养小资产阶级思想意识。’以致课本在尚未编完出齐，也没有普遍使用就夭折了……”①

此种情况下，虽说不能立即刹车，但主管部门就有了顾虑，不得不先采取“减速”的措施。先是在《人民教育》杂志开辟《语文教学问题讨论》专栏，连续四期刊载了二十几篇讨论文章，随后几个副社长以及文学、汉语编辑室调查组分头到天津、郑州、开封、洛阳等地做“调查研究”。到年底，吴伯箫自己也随教育部工作人员到湖南长沙、湘潭一些学校做调查、听课，了解文学、汉语教科书使用情况。

可是，此时的所谓“调查研究”，已然有了明确的指向，不过是为了迎合上面的意见例行公事罢了，正如当事人之一刘国正所言：“单说吴伯箫同志。当时的几位领导，受到批评，都唯唯称是，不敢有异词，独有伯箫不服。教育部组织了两个调查组深入学校调查研究，实质上是为那些批评意见搜集事实依据，证明其符合实际，完全是正确的。那年月非常重视调查研究，‘没有调查研究就没有发言权’，但是有些调查，实为带着领导确定的框框去搜集证据，此即一例。调查组分兵两路，一路按领导的调子跳舞，对分科作出否定的结论；另一路由伯箫领队，以实事求是的态度进行调查，得出了肯定的结论。两个报告针锋相对。吴的调查成了他的一项罪证。教育部组织对伯箫的批判，调子是‘以专家自居，同党分庭抗礼’。批判进行中，伯箫忽然挺身站起，一手高举中央文件（即中共中央政治局扩大

① 吴伯箫：《关于教材的几点意见》，《吴伯箫文集》下册，第643—644页。

会议批准的胡乔木的报告)，理直气壮地说：‘你们说陆部长代表中央，这也是中央，到底哪个是中央，我们应该执行哪个中央的指示?!’伯箫在延安就尝过挨整的苦头，并非缺乏党内斗争的教训，在那种众口一词的形势下，敢于如此以大无畏的精神据理力争，令人感佩。”

终于，1957 年 4 月下旬，根据中宣部部长陆定一的指示，在国务院文教办公室负责人张际春出席并指导下，教育部在北京召开三次中学语文教师座谈会。会上，决定秋季开学停用高中文学课本第一、二册，高一年级暂用初三的文学课本，并要求修改高中文学课本第三册，抽掉艰深的古典作品，补充一些现代作品，使现代汉语课文占一半或者一半以上。

本来，高中《文学》课本是按文学史的体例编辑的，中国历代文学占一半，外国文学、苏联文学和中国新文学占一半，但在强大的政治干预下，这个目标没有实现，第五、第六册未及编选，分科教学就停止了。1957 年 7 月出版的高中《文学》在元明清文学之外突兀地补充了毛泽东、刘少奇、列宁和高尔基的政治性论文，12 月出版的第 4 册在中国新文学之外，最后竟然选用了一篇《不平常的春天》，这是当年 6 月 22 日《人民日报》动员全国人民反右的社论。

1958 年春，教育部和人民教育出版社再接国务院文教办公室指示，中断中学文学、汉语分科教学，将《文学》课本、《汉语》课本合并为《语文》课本。

在风云突变、波诡云谲的政治背景下，新中国第一次大规模的语文教学改革就此搁浅。

文学讲习所与出访东德

“文学讲习所”原为中央文学研究所,是新中国建立后创办的一所培养作家的机构,1950 年秋成立于北京,开始隶属于文化部,丁玲、张天翼分别担任正副主任。1953 年编制压缩,到 1954 年初,改称中国作家协会文学讲习所。

继丁玲、田间之后,由中国作家协会党组调配,吴伯箫兼任所长。因人教社工作,吴伯箫随即要求将公木从鞍钢教育处调来任副所长,并专门写信邀请公木。这样,当年初秋公木就从东北调来了,又从《文艺报》调来萧殷任第二副所长,但萧殷不久又调到广东,故而实际上是由公木以副所长主持文学讲习所的工作。

当时,中国作家协会主办的《文艺学习》杂志也在北京创刊,韦君宜主编,吴伯箫也是八个编辑委员之一。

文学讲习所行政上归文化部,教职工的工资和所内开支费用由文化部发,业务和党务则归中国作协。第一期、第二期吴伯箫、公木从办教育出发,很希望把文学讲习所办成像中央戏剧学院、中央音乐学院那样的正规大学。公木向吴伯箫提出他的设想,得到了赞同和支持,于是二人遂与文化部教育司联系、交涉,最终获得同意。①

但天有不测风云,况且从吴伯箫兼任所长开始,文学讲习所就已经压缩了编制,此前胡乔木甚至有停办的主张,前景也未必看好,一些了解底细的人陆续调离。紧接着,政治空气也变得紧张起来。1955 年上半年,伴随着邓友梅、张志民、白刃、孙静轩、沙鸥、苗得雨、赵郁秀、胡海

---

① 参看高昌著《公木传》。

珠、刘真、王谷林、和谷岩、王有卿、刘超、沈季平、漠南等第二期学员结业，反胡风运动迅速升温，上海市副市长潘汉年在北京饭店被捕，中共七届五中全会批准了《关于高岗、饶漱石反党联盟的决议》，几乎与这一系列事件同时，“丁玲、陈企霞反党小集团”的问题也浮出了水面。

八月到九月，中国作协党组扩大会议开始对“丁玲、陈企霞反党小集团”连续批判，前后共举行了16次。开始范围不大，只限于作协各部门13级以上党员干部。后来扩大到中宣部、文化部、全国文联及其他协会的负责人。①

吴伯箫、公木参加了在东总布胡同22号文讲所办公室的第一次批判会，作了表态式的发言。说起来，吴伯箫与丁玲在延安文协就是同事，不少文章也是由丁玲拿到《解放日报》发表的，对丁玲不能说完全不了解，但是在这种情势下又能如何呢？吴伯箫预感到这又是一场文艺界的狂风暴雨，这样陷进去不是办法，再加上汉语、文学分科的工作也正在紧张进展中，实在无法顾及文学讲习所。于是提出辞去文学讲习所所长职务，以专心做好出版社的工作。

中国作协文学讲习所领导班子再次改组，党组指示文学讲习所总结检查过去的工作，把文学讲习所改为短期训练班，公木去了作协青年作家工作委员会任副主任，另有几位教师和工作人员也分别调到作协其他部门去了。

再过一年，吴伯箫也退出了《文艺学习》编委的兼职。

而文学讲习所更是日渐萎缩。1957年反右开始后，随着丁玲又被划为右派分子，公木也受到批判并最终也划为

① 邢小群：《丁玲与文学研究所的兴衰》，第82页。

右派,中国作协书记处作出了停办文学讲习所并且撤销这一机构的决定。

至于吴伯箫,在负责《文学》课本编辑与校订的间隙,1956年还有两次值得记一笔的活动。

一次是八九月份,吴伯箫应邀参加中华全国总工会组织的中国作协参观团并任南团团长,走访了太原、洛阳、武汉、南京、无锡、苏州、上海等多个城市,前后二十多天,同行的还有穆木天、彭慧、公木和蒋锡金等一些在东北办大学的老朋友。途中写了散文《火车,前进!》和新诗《钢铁的长虹》,五年之后又根据当时游览山西晋祠留下的印象写了散文《难老泉》。

晚年他在新写的散文中还谈起那次去上海的往事:"解放后的第十年,我整五十岁,随二十四人的学习访问团第一次到上海,那是我半生中的大事。上海市文联和总工会接待了我们,住上海大厦第十四层楼。我们瞻仰了纪念馆,参观了展览馆、机械厂、造船厂、棉纺厂和几个大百货公司,放大了眼界,开扩了心胸,也感到了充实。我们的收获是很大的。但是如果上海是一座高山,那么我们只爬了一段盘山的公路;如果上海是一部百万言的雄文巨著,那么我们只披读了序言和目录。这次旅行,离探深谷,窥堂奥,距离还很远。"①

另一次是这年十月上旬,吴伯箫受作协委派赴民主德国参加了在魏玛举行的海涅学术会议。会议从10月8日到13日,一共开了5天。在莱比锡马克思大学,他还与正在该校任教的中国学者赵瑞蕻、杨苡夫妇见了面,从此认

① 吴伯箫:《第二次到上海》,《吴伯箫文集》下册,第563页。

识，彼此通过不少信。结束会议返程时，吴伯箫在苏联首都莫斯科拜谒了列宁墓、斯大林墓，参观了列宁博物馆，在当地写了一首新诗《谒列宁——斯大林墓》，回国后刊载于《人民日报》。回来后吴伯箫还写了一篇《记海涅学术会议》，对会议作了详尽的报道。

副篇：《烟尘集》与《文学》

第一个散文选本：《烟尘集》

就在《出发集》出版整一年后，吴伯箫的第一个散文选本《烟尘集》问世了。

《烟尘集》，北京作家出版社 1955 年 7 月一版一印，总印数为 14000 册，当时定价为 0.59 元人民币。

这第一个散文选本，也有两个特点：一是篇目由作者自选，二是所选内容围绕一个“抗战”的主题。

为什么会有这样一个围绕“抗战”的主题性选本呢？

盖 1955 年乃中国抗日战争胜利十周年也！

对此，吴伯箫在该选本《后记》中有所交待：

> 今年是抗日战争胜利的十周年。
>
> 这本集子里的文章是抗日战争中若干斗争生活的记录。从抗战的酝酿，抗战初期游击战争的胜利，抗战中期敌后战争的深入和开展，直到抗日民主根据地的生产建设，按文章纪录的内容分编了四辑。四辑短文比起八年抗战用血写的伟大史诗来，当然太单

> 薄,太零星,太渺小了。不过像画家的几笔素描,将作者耳闻的,目睹的,亲身经历的摆在读者面前,也算斗争生活的一点点纪念。

一方面是温故,另一方面也有对现实生活激励之意。而当时的“现实”则是:

> 台湾必须解放,原子战争必须禁止,非社会主义的思想必须彻底改造。

看来,书名《烟尘集》,含义是多方面的。

在吴伯箫总量不是太大的散文创作中,“抗战”主题确乎是一个重要的侧面,甚至可以说 1949 年以前出版的几部集子皆与抗战有关。《潞安风物》《黑红点》不用说了,那是专写抗战背景下前线和敌后战场生活的,即如主要写于 1937 年之前的《羽书》集,也因为出版于抗战中的 1941 年而由王统照做主径以《羽书》作了书名。事实上,照现在的说法,抗战不止八年,乃是十四年,而作者的《羽书》时期也早就有以“九一八”事变、华北事变为背景之作了,“惊沙坐飞”系列的《羽书》《我还没见过长城》《黑将军挥泪退克山》固然是,《马》《灯笼》《说忙》诸篇似乎也在字里行间隐隐然透出一股征战的豪情。

《烟尘集》所选,恰好便是此前出版的《羽书》《潞安风物》《黑红点》三个集子中的 22 篇散文。第一辑两篇,《羽书》与《我还没有见过长城》,出自《羽书》;第二辑九篇,《记乱离》乃集外之作,其余八篇为《夜发灵宝站》《马上底思想》《潞安城》《沁州行》《响堂铺》《路罗镇》《神头岭》《夜摸常胜军》《微雨宿渑池》,全部出自《潞安风物》;第三辑七篇,是《黑红点》中写敌后战场生活的;第四辑三篇也出自

《黑红点》,却是写延安根据地的"生产建设"生活,即《南泥湾》《"火焰山"上种树》《新村》。

集外的《记乱离》,实际写于1937年底,彼时吴伯箫正如一只失群的孤雁,先是辗转于抗战爆发后的流亡之路,之后便在安徽蚌埠参加了第十一集团军。《记乱离》一文,记述的是他带学生从莱阳到临沂过程以及参军入伍的经历,其中写到从正阳关带学生军乘船往寿州进发情形:"入伍来虽不过二十多天,经历却颇多新奇、紧张,值得记忆的事。将来有机会,愿意一件件告诉你们。写这些话的时候,我正在淮河舟中,带了一帮像你们样的男女新兵向寿州进发。昨天在正阳关,听旅馆隔壁一个剧团排演《放下你的鞭子!》,唱各种救亡歌曲、令我特别想起了你们。"

其实,吴伯箫抗战背景的散文,还有不少集外之作。《记乱离》之外,《踏尽了黄昏》《怀寿州》《游击司令唐天际》诸篇也是,直到很多年后,才被收入两卷本的《吴伯箫文集》。那时,吴伯箫已去世十年有余了。

最后补充一点:至"文革"结束后的1979年9月,《烟尘集》有了上海文艺出版社的新一版一印,这次的印数是30000册,开本、字体、排印形式以及封面设计都有调整。原版是繁体竖排,这次改成了简体横排。至于内容,则有所增加,多出一个"第五辑",全是从《出发集》选出的,包括《出发点》《范明枢先生》《向海洋》《书》《十日记》和《回忆延安文艺座谈会》六篇。这样,全书就有了从已出四本散文单行本选出的28篇散文,更是名副其实的"选集"了。

吴伯箫的伤心事

我看到一本吴伯箫自己用过的《文学》课本,是五十年代人教社所出《文学》系列课本的第一册,里面有吴伯箫用毛笔作的标注,也有不少眉批和对错别字的订正。比如目录页上端就有三处眉批:“古典文学分量太重,学生接受不了,教师讲授困难,简繁字体不一致。”“读者建议印春秋时地图,战国时地图。”“韵文太多,散文应多选一些。”

该书封底注明“校订”三人:叶圣陶、吴伯箫、朱文叔。又钤有“人民教育出版社赠阅”的圆章。想来这是吴伯箫以校订者身份审读课本时写下的校订意见。

由此想到这套“文学”“汉语”课本的由来和结局,以及吴伯箫为此事付出的心血、留下的遗憾。

文学、汉语分科,是中华人民共和国建立初期中学语文课本改革的大事。高层的胡乔木、周扬、陆定一、康生都涉足过此事,吴伯箫则是专为此事被从东北调入人教社的副总编辑和副社长,具体负责《文学》课本的编写。为此,他广泛听取各方面意见,还在中国作协理事会上争取作家们的支持,又召集了作家、学者参加的座谈会,叶圣陶日记对此有不少记录,如 1954 年 2 月某日:“下午到社中,与吴伯箫谈。吴今后主持语文室编辑文学课本之工作,聆其所谈似颇有办法。”结果不到两年,初、高中的《文学》就陆续编讫并开始出版和广泛试用了。不料于一片叫好声中,突然自上而下传来了强硬的叫停声音,随后就开始组织有目的、有倾向的所谓调查、讨论。对此,吴伯箫固然是始料未及,却也在一片沉默之中挺身出列,对这种不尊重教育规则、完全行政化的干预提出抗争。当时同在人教社的同事张中行、刘征都有些回忆性的文字提及,刘征感慨:“伯箫在延安就尝过挨整的苦头,并非缺乏党内斗争的教训,在那种众口一词的形势下,敢于如此以大无畏的精神据理力争，令人感佩。”

在“最后只能看在上者的脸色”的背景下，语文课本分科的事最终搁浅乃至失败。20 年后，吴伯箫旧事重提，犹自慨叹不已。说来，这竟是吴伯箫一生中最伤怀的心病之一。

记忆中的《文学》课本

不过上面这本《文学》，内容全是古典文学，与我个人记忆中的《文学》不同。

记忆中的《文学》，是有《孟姜女》《牛郎织女》《王冕》《鲁提辖拳打镇关西》这样的中国故事和《渔夫和金鱼的故事》《狼和小羊》《凡卡》这样的外国故事的。

《渔夫和金鱼的故事》是我未识字前，听母亲拿着《文学》课本阅读的。但我记得那种分行排列的形式和一个枯瘦的老头站在草棚前受老太婆训斥的插图，也记得《牛郎织女》里面织女指着天上的星星给孩子们讲故事的画面，也记得蹲在溪水上游恶狠狠地对待小羊的那只狼先生。作为我的文学启蒙书，《文学》与其说出自我的个人阅读，不如说是从母亲那儿听来的，我自己的阅读只限于书里的插图。如今我印象很深的一点就是，我看到《王冕》里面那幅动人的画，很想自己能读懂文字里的故事，可是尝试几次，皆未成功。

这说明，我接触《文学》只是在幼年和童年时期。到了少年时期，初中，我把其中两本《文学》拿到学校借给同学们看，结果终于弄丢了。

记得两本书的封面，土黄与墨绿。

直到近日从旧书网搜索，也买到了其中几本，才对我记忆中的《文学》与《文学》全套书的情况有了较全面的了解。

原来这套《文学》课本是分了“初级中学”和“高级中学”两部分的,两部分各有六册,总共是十二册。我记忆中的《文学》可能只有初中部分的前三四册,我熟悉的前述中国故事和外国故事集中在第一、第二册里。比如第一册里是《孟姜女》《牛郎织女》《狼和小羊》《王冕》《母亲的回忆》《最后一课》《凡卡》,第二册里的童话《蚕和蚂蚁》《卖火柴的女孩》《渔夫和金鱼的故事》,古典小说《鲁提辖拳打镇关西》,现代小说《当铺前》和《在烈日和暴雨下》。

看了目录,也调动起另外一些记忆。

比如第一册里“文学常识——民歌和民间故事”,就让我想起当时记住的一首作为例证的民歌:“你唱的歌是我的,我从云南学来的,我在河边打瞌睡,你从我口袋偷去的。”

又比如鲁迅的《社戏》,记得其中有一幅插图,究竟是孩子们撑船离开码头还是人们站在船上看社戏?不太清楚了,还配有文字,又有关于不耐烦听唱老旦的演员坐下来唱的描述。

郭沫若的诗《天上的街市》可能是我最早会背诵的现代诗,那也是由《文学》第一册里看到的,我很喜欢它想象世界的繁华以及那明快、顺畅的节奏,因为记住的是“街市”二字,以至于后来从郭沫若诗集里重新读到它时,竟怀疑原题《天上的市街》可能是排错了。

凡配有插图的,我印象就深,且很受那画面气氛的感染。契诃夫的小说《凡卡》我未必全文读得通,而小凡卡在灯下给爷爷写信的情景至今历历在目,尤其是信封上那“乡下爷爷收”几个充满童稚的字,更是深深触动了我。即使是政治性较强的一些篇目,往往也因为插图而平添了一份亲切，记得李准写互助组的小说《不能走那条路》我同样不能通读全文，可那幅描画老父亲站在窗外低头思忖的插图和配的文字我是深深记住了的。

后来我常常想，以我绝非读书世家的出身，而竟阴差阳错与文学结下终生之缘，父亲那个小小的书箱以及书箱里有限的图书大概就是我的文学启蒙书了。而其中，那几本后来丢失了的初中《文学》课本更是我最早的文学读本，母亲的朗读才让我对文学产生了最初的亲和之感。

悲壮的“失败”与未竟的“理想”

初、高中六年共 12 册《文学》课本的版权页，每一本都清清楚楚标注了责任者，主编者、编辑者、校订者，吴伯箫的名字列在校订者第二位。

而实际上，吴伯箫却是这套《文学》课本的总负责人，他实际所作，远远超出了“校订”的范围。对此，当事人均有真实、公正的记载。

前述叶圣陶所谓“吴今后主持语文室编辑文学课本之工作”固是明证，张中行、刘国正作为《汉语》、《文学》课本的编辑，有着更具体的印象。

张中行老年回忆：“一分为二上课，先要有教材。编教科书是大事，要请专家主持其事。文学选定吴伯箫，社内的副总编辑，由延安来的文学家兼作家。汉语选定吕叔湘……”

刘国正回忆：“文学、汉语分科教学，是建国以后，花的时间长，规模最大，集中优秀力量最多，中央领导最重视，力度也最大的一次语文教学改革。中央指定胡乔木领导，教育部由副部长也是人教社社长叶圣陶直接领导，伯箫是

第一线总指挥。”(刘征《忆吴伯箫同志》)

作为这“第一线总指挥”,吴伯箫1954年春天从东北调入人教社,立即投入这项全新的中学语文教学改革工作。对此,刘国正是这样描述的:“吴伯箫的到来,对这项艰巨的工作是极大的促进。在他的领导下,文学教学大纲草案和教材初稿顺利地编写出来了。”“伯箫对工作全心投入,一丝不苟,与叶老配合得很好。比如编辑初选的课文以及注解、练习等文字,他都一一亲自审阅,经他同意再送叶老审定。伯箫他不光审阅,还自己推荐课文。他推荐的课文,不是在书本或报刊上标出所选的文章给大家看,而是亲自抄写一遍,用毛笔写成优美的行楷,抄件本身就是艺术品。白天繁忙无暇,抄写在深夜。他的办公室夜夜灯火,有时亮到天明。”

郭小川的日记里就记载过吴伯箫到中国作家协会与郭小川谈丁玲作品是否编入教材事。

他还在全国作协理事扩大会议发言,专门谈“文学教科书”编写问题,向作家们寻求帮助。

照刘国正后来总结:“文学课本,自然留着时代局限的印迹,但是,初中按文体分类,高中采取文学史体系,突出文学,没有突出政治。课文以及注解、练习、知识短文等,经过叶圣陶、吴伯箫等许多饱学之士的阅改,有的课文是叶老亲自动笔所写,质量是极好的。人们一直怀念这套受到不公正待遇的课本。”

在“文革”结束后拨乱反正的日子里,吴伯箫多次在相关会议上旧事重提,流露出对文学、汉语分科教学改革的怀念之情,一再肯定这项工作“在中国是创举。”也谈了遭到否定的原因:“但是那套课本在少数学校试用一年之后,被康生给否定了。他质问:为什么报纸社论不编进课本?并一口判定:'这套课本最多只能培养小资产阶级思想意识。'以致课本在尚未编完出齐,也没有普遍使用就夭折了。"他再次提出"文学"单独设课的设想:"以我国历史之悠久,文学遗产之丰富,中学是应当有一门文学作为独立学科来进行教学的。"

想来,文学、汉语教改的失败不仅是吴伯箫一桩伤心事,更是他文学教育生涯中一桩未得实现的理想啊。

本章年表(1954—1956)

1954年,四十八岁。调入北京,任人民教育出版社副社长、副总编辑,参加编中学《文学》课本,同时兼任中国作协文学讲习所所长。7月,杂文、散文集《出发集》由上海新文艺出版社出版。写杂文《宪法照耀着我们前进》《颂"灯塔"》等。

1955年,四十九岁。5月初,与叶圣陶、朱文叔等校订初中《文学》课本第一册毕,费时四十余天。初级中学课本《文学》第一册(供1955年秋季试教用)第一版,在北京新华印刷厂第一次印刷出版。7月,散文选集《烟尘集》由作家出版社出版第一版。不再担任文学讲习所所长。

1956年,五十岁。3、4月间,中央语文教学问题委员会负责人胡乔木约见中学语文编辑室负责人张毕来、吴伯箫二人,提出汉语、文学分科后的作文教学问题。4月,经过校订的高级中学课本《文学》第一册由人民教育出版社出版第一版。8、9月,参加中华全国总工会组织的中国作协参观团,任南团团长,走访太原、洛阳、武汉、南京、无锡、苏州、上海等多个城市。10月,赴德意志民主共和国参加在魏玛举行的海涅学术会议,回程中顺访苏联莫斯科。人民教育出版社成立文学、汉语分科调查组,分头到各地调查研究。写新诗《钢铁的长虹》、散文《火车,前进!》《记海涅学术会议》等。

第八章　非常年代

正篇：齿轮和螺丝钉

“我是偏于保守的……”

在不少经历过汉语、文学分科教学的过来人的记忆里，从1957年开始，政治运动越来越多，可谓此起彼伏。1958年搞“大跃进”“教育革命”，算得上是“文化大革命”的一次预演。分科教学实验中断后恢复“语文”课，其教材和教学，也比分科实验前更为粗糙，效果也更差。直到1960年以后，才对前些年的经验教训有所总结，提出了“加强基础、提高能力”的主张，有了类似“解字说文”式的教学法。

反右运动如火如荼地发动起来了，一大批诗人、作家、学者被打成了“右派分子”，开除公职，流放边地；接着又是轰轰烈烈的“大跃进”和“人民公社化”运动，令人不可思议的睁眼说瞎话的现象越来越多。吴伯箫并非先知先觉者，在他的性格里，或许有着与生俱来的中国乡村文化淳朴实际的一面，但又毕竟身处于现代政党文化力求变革和积极进取的氛围中，作为中共的一名普通成员，很多时候他也只能虔诚地步步紧随,而不可能对尚未发生的事有所洞察。在虚浮的“跃进”局面中,吴伯箫就的确写了不少应景的诗文。文,比如发表在《中国青年》上的杂文《思想改造也应当跃进》;诗,比如发表在《诗刊》上的新诗《咏大字报》、《24 小时是 3 天》、《劳动在天安门》以及旧体诗《歌集体》,《咏大字报》落款还特别注明“1958 年 3 月大鸣大放中”。此外还有国际政治题材的诗作《六万万人的意志》,刊载这首诗的《北京日报》开辟了一个《美国军队从台湾地区滚出去》的专版,所以同版还有冰心、沙鸥这些名诗人的作品。1960 年 10 月,吴伯箫还在上海的《文汇报》上发表了题为《农村雨中杂咏》的诗作。

对于诗,吴伯箫是喜欢读也喜欢写的。北师大求学时期就写过几首有点新月派风格的抒情诗,回山东后也写过一首题为《秋夜》的佳作。抗战时期写过《炮声在呼唤》《骆驼队》,五十年代还有《钢铁长虹》和《谒列宁墓》发表。不过就诗论诗,“大跃进”期间的这些诗作带上了太多浮夸政治的痕迹,即使作者的感情是真挚的,由于内容本身的问题,恐怕也很难经得起历史的和美学的考验。譬如旧体诗《歌集体》:“集体壮志冲霄汉,一天工作抵万天;要想造海就造海,要想移山就移山;无边风雨听调动,双手指挥万顷田。社会主义无限好,人生八十是中年。”又譬如新诗《24 小时是 3 天》:

灯火跟太阳接班,
紧张的劳动昼夜不断;
不管刮风还是下雨,
劳动的歌声总是响彻云天。

8 小时 1 个劳动日，
24 小时是 3 天；
15 年赶上英国，
至少要缩短 10 年。

这样的“诗”，当然不能作为创作的成果收入文集，但作为吴伯箫创作道路上经历曲折的痕迹，录在此处也许是必要的。先知先觉总是极少，但过来人能够对自己曾经的迷失有所反思，从而不断地超越自我，才是应取的态度。

从笔者多年透过文字对吴伯箫的打量和判断，总感觉到他无论怎么要求“进步”，无论怎么按照组织的要求“改造”自己，都无法真正说服自己内心里那个传统的农耕知识分子与生俱来的价值观，特别是当他面对具体问题时，他的求真求实的愿望就会立刻浮出水面，左右他的行为。这可能从另一方面证明了他不拒绝“改造”而总不能真正“改造”自己的固执本性。

1957 年元旦，吴伯箫根据年前到湖南长沙参观第一师范时看到的毛泽东当年办夜学的日志写了一篇《从实际出发》，他在文中感慨：“教材分量太多了应当减少些，内容太深了应当浅显些，总是个真理。偏偏我们现在编教科书跟进行教学往往不是保守就是冒进。或者图便当，走熟路，不肯轻易打破成规；或者扬鞭走马，使人望尘莫及，也不肯下来等一下。”这种感慨，显然跟分科教学遭遇的困境有关，而他通篇突出“事情要从实际出发”的观点，也显然有他的严肃思考在里面。

1959 年“庐山会议”上，由彭德怀致毛泽东信，导致会议形势急转直下，会议主题由纠“左”转向反右。随后进入更大范围的“反右倾”斗争。在这次斗争中,吴伯箫也受到了“批判”。

他晚年回忆:“我是偏于思想保守的。‘反右倾’运动中曾被批判,因为我问‘火箭师范’怎么做到四个月学完四年的课程?‘无盲县’用什么办法短期可以达到?天津小站水稻在快成熟的时候集中移植,吹电扇,照太阳灯,说要亩产十二万斤;我问移走稻棵的空地列不到统计?从而判定我反对科学实验。”①

在社内,费了九牛二虎之力编写的《文学》《汉语》课本已然形同废纸,大家也在琢磨怎么“废物利用”,尽量减少损失。这样,在已停止使用的《汉语》课本基础上,吴伯箫负责安排编了一本《汉语知识》,后来出版了。对此,当事人之一张中行留下了回忆文字:“可惜的是,试教,推广,这文学、汉语的二分法究竟好不好,很难证明,调查,问人,人各有见,正如一切的大小事,好不好,可行不可行,最后只能看在上者的脸色,不知道是谁表示了反对意见,文学、汉语出生不久就都停止,合为语文一种,已编成的文学课本和汉语课本成为新古董,陈之高阁了。勉强说,汉语课本还有余韵,是汉语课停止之后,人(郭翼舟和我)和书(课本)废物利用,由吴伯箫(领导语文室的副总编辑)布置,编了一本《汉语知识》,正式出版发行,也许有一些人买了看看吧。”②

1960 年 4 月,教育部决定,高等教育出版社与人民教育出版社合并,合并后的社名为人民教育出版社。在新的

---

① 吴伯箫:《谈语文教学》,《吴伯箫文集》下册,第 613—614 页。

② 张中行:《汉语课本》,《流年碎影》,第 388 页。

领导班子里，增加了不少新成员，吴伯箫不再是副社长，只任副总编辑。

编与写

中华人民共和国成立后，人民教育出版社作为新中国中小学教材编写、出版的权威机构，首先在1951年将原出版总署编的中学语文教材改编为全国通用的第一套中学语文教材；1954年开始编的汉语、文学分科教材是第二套，这套教材被莫名其妙停用后，1958年“大跃进”背景下仓促编了所谓人教版全国通用的第三套中学语文教材。到1961年秋，人民教育出版社新编的十年制中小学教材开始向全国供应。此后，人民教育出版社开始进行十二年制教材的研究、准备工作。1963年秋，新编各科课本的第一册在全国正式供应。这是人教版第四套全国通用的中小学教材。

在20世纪60年代初的几年中，吴伯箫作为人民教育出版社的副总编辑，基本的工作仍是围绕中学语文课本的编写展开。或参加相关的调查、坐谈，或就教材编写撰写文章。1961年7月，吴伯箫以“齐延东”的署名在《人民教育》第7期上发表了《中学语文的选材标准和范围》一文。从文中“十年制学校中学语文课本的编辑工作开始的时候，我们曾经根据我们了解的语文教学实际规定了课文的选材标准和范围，工作过程中，我们也努力这样做了”这些话，可知此文应当是专为1961年编写十年制学校中学语文课本而撰写的说明性文章。仔细看内容，也进一步得到证实。除了开头一段交代来由，全文共两部分，第一部分谈“选材标准”，吴伯箫把思想性、艺术性、知识性的原则概括为九个字,即“思想新,文字美,知识广”,具体解释这内容与形式的“统一”,吴伯箫的表述其实很有意思:“典范的文章,总应当是用准确、鲜明、生动的语言文字表达正确的思想、科学的知识和健康的感情的。凡是思想内容和语言文字都不好的文章,课本里都不选;思想内容好而语言文字差的,也不选;思想内容稍差而语言文字确实很好的,就是通常所说的思想内容无害或害处不大,而文字水平很高,又是历来的传统课文,对于训练学生写作和接受文化遗产有一定好处的(如欧阳修的《醉翁亭记》,李煜的《虞美人》等),适当选用。为防止学生读了受到不健康的影响,在课文的注解、提示或练习里对这类课文的消极因素适当指出,引起教学时注意。”

这段话,一方面可以看出伴随着教材编写中极左势力影响越来越大吴伯箫那种如履薄冰的心态,另一方面透过“稍差”“传统”“文化遗产”这些语词又仍感觉到吴伯箫内心里的挣扎与抗争,他并不希望将“思想内容”绝对化,他仍然尊重范文的典范性和学生对传统文化的传承。或许吴伯箫这番话的内涵只有到几年之后欧阳修、李煜们被视为“封资修”得到彻底清除之后才能够品味得出。

此文发表后还产生了一个意料外的反响。浙江省杭州第二中学的语文老师骆斌致信叶圣陶社长,对“齐延东”文中“诗歌对于培养学生的写作能力来说,作用不是很直接,学校里也不宜特意提倡学生写诗……”的观点提出了异议,他在信中说:“我觉得诗歌无论对在校学生来说,对广大工农群众来说,都是一种很好的值得提倡创作的文学形式。”因此他又说“我是主张在学校要提倡学生多写诗,经常写的。”。9月下旬,叶圣陶从外地回北京后看到此信,认为“齐延东文中的话是很有道理的，只是没有说得透，就引起这位老师的怀疑了”。遂将此信转交吴伯箫由他答复这位语文教师，或许中学语文提倡不提倡学生写诗这个问题带点普遍性吧，《人民教育》杂志便以《是否提倡学生多写诗？》为题把骆斌来信和“齐延东”的回复公开发表于《书简》专栏了。

一面负责十年制学校中学语文课本的编写，一面是频繁的、广泛的调查研究。还在20世纪80年代初，笔者即从吴伯箫故乡看到他1961年7月写给在基层担任小学教师的外甥的一封信，为短短一封信中二十几个问号大感惊讶，其实，那正是他所做的调查研究的一部分。信如下：

举安：七月十五日来信收到，知家中都好，甚慰远念。

你们学校环境如何？官桥是个小镇吧？有多少人口？是山地，还是平原？农家主要种什么庄稼？今年收成如何？都有些什么副业？学校里有多少学生？分几班？五年制，还是三三制？有没有复式班？同事几人？都是当地的还是外县的多？学校有没有生产？教师吃饭自己做，还是在集体食堂？蔬菜怎么解决？学生有没有住宿的？校舍如何？今年有没有毕业生？有多少升中学的？你们放忙假不放暑假吧？……这些我想了解一下，有空来信告诉我。

家中都好。祝

努力工作，学习

舅父手书七月二十二日

另寄练习薄两本。[1]

信中“官桥小学”即外甥任教的小学,在山东省新泰县官桥村。

在北京市内,他也先后参加各种讨论和坐谈,有时讨论北京景山学校《语文》课本目录,有时到北京师范学院了解教学情况,拟定编选文选工作计划,有时则又召集社内的调查座谈会。

这年年底,吴伯箫与社内同事数人南下江浙,参加了一次跨年度的调查。

他们乘火车到了浙江的宁波、绍兴、杭州和江苏的苏州、南京、扬州等地调查,吴伯箫兴致勃勃,旅途调动起他旧日的记忆,竟然在途中写了一组旧体诗,回京后以《旅途》为题发表在《诗刊》上,每一首都有题注,回忆他当年在济南、泰山、曲阜、徐州的旧事。从宁波去绍兴,工作之余,还参观了鲁迅故居,观看了地方戏《跳女吊》,绍兴之行令他写出《跳女吊》《“早”》两篇散文,《“早”》后来还一度被选入中学《语文》课本。

连续地参观和座谈,不断地制订新计划,回到北京后的社内江浙调查汇报会,可谓紧锣密鼓。

除了课本,这期间吴伯箫还主持由中学语文编辑室人员编写了一种《古代散文选》,具体编写的人员包括隋树森、李光家、王泗原、张中行等多位。共三册,上册、中册出版还算顺利,但后来形势趋紧,下册直到“文革”后才得以问世。

---

① 吴伯箫:《致亓举安》,1961年7月22日。

工作中，也还有同事工作变动或社内的人事变动。比如早在延安边区政府教育厅就是同事、比吴伯箫早几年先来人教社担任副社长、副总编辑的辛安亭，就在此时离开人教社，回到他先前所在的甘肃去负责甘肃教育学院了。

到了1962年5月，教育部党组对1960年设立的中小学教材编审领导小组又进行了调整。普通教育教材编审小组仍由戴伯韬任组长，成员包括刘松涛、李之乾、肖敬若、彭文、吴伯箫、张凌光，共七人，在中宣部副部长张磐石、教育部副部长董纯才的直接领导下开展工作。

1963年下半年和1964年的上半年，吴伯箫再次被安排到中共中央党校学习一年多。

当时，中央党校在北京西苑，吴伯箫离职学习，在党校再次和担任副校长的老领导、哲学家艾思奇相逢。“等到1963年，我到中央党校学习的时候，老艾同志是副校长。他住的楼房虽然是通明敞亮的，但除了更多的中外图书和半导体收音机，却很少增添新的家具什物。从宿舍到办公室他喜欢骑脚踏车。经常散步到我们学员宿舍。不讲阔气，不摆架子，看不出进城二十年一般人所常有的那种变化。跟同志们谈的也是土地改革的经验，蹲点调查，搞公社化运动、社会主义教育运动的收获。对安徽宿县那次土改，他说：‘这次下乡住了四个月，对我来说，是有生以来第一次真心同农民生活发生密切关系。时间虽然很短，给我的教育却很大。’”①

在党校，一边学习，一边也跟朋友们保持着书信往来。国庆节前，《人民日报》副刊编辑姜德明还来信向

① 吴伯箫：《我所知道的老艾同志》，《吴伯箫文集》下册，第521页。

他约写关于国庆或北京的散文随笔。恰好国庆节后一天,又是癸卯中秋节,吴伯箫回沙滩和家人团聚,第三天,还收到诗人老朋友臧克家的来信,且附诗笺一纸:"忙里抽身心意专,清秋正是读书天。凝思入耳虫声脆,明月照人看西山。四句打油送伯箫负笈去西郊。克家"。隔一天,臧克家再次致信,告诉他自己的诗集《烙印》《罪恶的黑手》合并本即将出版,还说等老舍从湖南回来,大家一起去吃涮羊肉……

吴伯箫还在党校读完了另一位老朋友周而复出版不久的长篇小说《上海的早晨》第二部,周而复收到吴伯箫来信,才知道吴伯箫到党校学习的事,复信感慨:"人生难得有此学习机会。回首我辈同在延安中央党校学习,转眼之间二十年矣。"也同时征求对《上海的早晨》第二部的意见,认为会对第三部的写作有帮助。

六十年代初的几年间,也是吴伯箫散文写作的又一个高峰期,给他带来最高声誉的《记一辆纺车》《歌声》《菜园小记》就是这一时期所写,收录包括这些作品在内的散文集《北极星》也是这时候出版的。

从下面作品发表、出版的数条记载,也许可以管窥吴伯箫那几年的创作热情和成就:

散文《记一辆纺车》,刊载于《人民文学》1961 年第 4 期。

散文《种菜篇》,后改题为《菜园小记》,刊载于《人民文学》1961 年第 6 期。

散文《延安的歌声》,刊载于《光明日报》1961 年 10 月 1 日国庆节《东风》副刊,

散文《难老泉》刊载于《新港》1962 年第 1 期。

散文《跳女吊》，刊载于《人民文学》1962 年第 3 期。

诗歌《旅途（四首）》刊载于《诗刊》1962 年第 4 期。

散文《窑洞风景》，刊载于《北京文艺》1962 年第 8 期。

文学评论《〈野牛寨〉》，评论艾芜小说《野牛寨》，刊载于本年《人民文学》1962 年第 5 期，《文艺报》1962 年第 7 期。

散文《嵖岈山》初稿，1962 年 9 月 9 日修改，刊载于《人民文学》1962 年第 10 期。

散文集《北极星》1963 年 4 月由北京人民文学出版社出版第 1 版。

关于散文集《北极星》，请参考本章副篇，此处不多说。但可以一提的是，集子一出版，就有了反响。先是老友臧克家以书信形式的评论文章，接着在香港《大公报》上出现了刘岚山的《星光灿烂——吴伯箫的〈北极星〉及其他》。

若说单篇作品，或许要数《记一辆纺车》影响最大了。它不但很快被收入周立波选编的《1959—1961 散文特写选》，而且也很快就被各地收入了中学语文课本，如 1962 年出版的上海市五年制中学课本《语文》第五册，1963 年出版的浙江省干部业余学校初中课本《语文》第六册（试用本），到了 1964 年 12 月，人教社中学语文编辑室编写的 1963 年版初级中学课本《语文》第四册正式出版，其中第二十一篇课文也选用了《记一辆纺车》，这是人民教育出版社教材首次在中学语文课本中选用吴伯箫散文作品。

副篇:《北极星》

十五年,两个版本

虽说从新文学第一个十年就尝试现代散文写作,虽说在1949年前就先后出版了《羽书》《潞安风物》《黑红点》,但说到吴伯箫文学声誉的获得,文坛地位的奠定,可能还是要首推1963年初版、1978年新版的那本薄薄的《北极星》集。

这不是说吴伯箫早期散文不重要,恰恰相反,当诡谲的历史烟云散去、弯曲的文艺标尺失效之后,窃以为《羽书》或更能标示散文家的吴伯箫之魅力。如果从他个人的写作之路作纵向观察,也可以说,《羽书》与延安初期之作(包括《潞安风物》和集外《客居的心情》《论忘我的境界》诸篇)是吴伯箫的成熟期,《出发集》和《北极星》则是其"党性文学"意识的流露,而"文革"后的《忘年》是他作为历史"归来者"并未充分展开的反思之果。

吴伯箫自大学时代起,就是一位倾向左翼而又不够左翼的青年知识分子,是抗战最终把他推向了延安,而又是延安的"整风"(包括"讲话"和"审干")使他的立场发生了彻底改变。此后,他的第一身份既非教师,亦非作家,而是自觉、坚定的政党成员,他的行为准则也就是党的纪律。这一点,直到晚年也未有丝毫动摇。"文革"结束后,吴伯箫复出,对于当时评论界对他的热捧,比如对《羽书》的重新发掘和对《北极星》的尊崇,有过一番思忖,且说出这样一段话："选家说我：'《羽书》奠定了散文的地位。'那应当是勉强指分水岭的右侧；左侧自认可从《北极星》开始。"（吴伯箫《无花果》）

我想，这是涉及《北极星》时应予注意的一点。

对任何普通的个人而言，大的历史时代都是无从选择的，文学阅读时尚和审美风格也往往如此。具体到吴伯箫作品的接受，当代读者，特别是20世纪七十年代末和八、九十年代从中学课本中知悉吴伯箫名字的年轻读者，提及吴伯箫作品，主要也还是《北极星》里面的《记一辆纺车》《歌声》《菜园小记》以及《猎户》，其成熟期的若干名篇反而并不为人所知。

作品接受的错位有时就是这样不可避免。

这是吴伯箫的无奈，也是历史的无奈。

且说《北极星》。

《北极星》是1954年《出发集》出版之后的七八年间所写散文的结集，其中20世纪五十年代后半段所写9篇为：《齿轮和螺丝钉》《火车，前进！》《从实际出发》《北极星》《记列宁博物馆》《怀剑三》《写作杂谈》《说读报》《天安门广场》。六十年代初所写12篇为：《嵖岈山》《多写些散文》《记一辆纺车》《菜园小记》《一种〈杂字〉》《延安》《歌声》《春秋多佳日》《难老泉》《猎户》《窑洞风景》《跋》。其中《多写些散文》为"代序"。

人民文学出版社1963年4月第一版第一印，印数40000册，定价人民币0.38元。袁运甫装帧、插图。该版似乎在1964年有过第二次印刷，具体印数不详。

"文革"后的1978年，人民文学出版社依照这个版本重印《北极星》，封面、目录完全一样，而版权页标注的却是

“1978 年 3 月北京新 1 版”,我所购买的是 1983 年 3 月北京第 2 次印刷本,印数为 80001－86700,定价人民币 0.32 元。

与这个版本不同的另一个版本,也是 1978 年 3 月印的,封面、插图为秦龙,篇目也不同,版权页标注“1963 年 4 月北京第 1 版,1978 年 3 月北京第 3 次印刷”,定价 0.30 元,没有印数。这里的“第 3 次印刷”大概就是 1964 年 2 印之后的 3 印,却已是增订本。

增订版与初版篇目不同处:增加了六篇,其中六十年代两篇,《“早”》《天下第一山》;“文革”后新作四篇,《“努力奋斗”》《红太阳居住的地方》《岗位》《八间房》。删去了原版中的《跋》。

该书“内容说明”云:“这本散文集主要反映抗日战争时期的延安生活以及解放后社会主义革命和社会主义建设的新事物,曾在一九六三年出版,现在增订再版。”

由此可知,1978 年同时问世的两个装帧、篇目、字数、定价均有不同的《北极星》,乃是分别作为 1963 年版的“增订版”和“新 1 版”印出来的。

“延安系列”忽略了什么?

前曾言及吴伯箫散文写作的一个特点,即对系列散文的自觉创制。这种自觉是一以贯之的,大学时期的“街头夜”和“塾中杂记”系列,全面抗战前期的“惊沙坐飞”和抗战中的“潞安风物”系列,都是吴伯箫散文的精品。如果说这种系列一直延伸到了当代,那么无疑,“延安系列”是吴伯箫留给当代散文最具代表性却也耐人寻味的特别产品。

对于这组延安系列的散文,吴伯箫后来说过:“回到延安写战地新闻，进入北京才写延安生活，这跟成年回忆儿时差不多。……《延安的歌声》，熟悉它是八年，想写，想写，拖了二十年；执笔定稿却花了不到一天的时间。写过《菜园小记》《窑洞风景》之后，想写革命队伍里同志之间的关系，又不知考虑了多久。主要想选择典型事例。粉碎'四人帮'后写一篇《忘年》，有那么一点儿意思，但是自己很不满意。"

这里又涉及到吴伯箫散文写作的另一特点：反刍式写作，或曰回忆性写作。

不过，这一点并非绝对，"塾中杂记"固然是反刍式的，"街头夜"和"延安系列"中另一部分作品却也是即时性的。

譬如延安时期所写《南泥湾》《"火焰山"上种树》《新村》《一个农民参议员》《记王国宝》甚至刚离开延安时写的《出发点》，论题材、内容，也都属于延安生活，而吴伯箫并不特别看重。也许在他潜意识里，就深思熟虑而言，这几篇应属"应景之作"，是不能跟《记一辆纺车》《菜园小记》等相提并论的。

应景之作易于浮泛，反刍与回忆则因时间的推移、距离的产生，而可能会产生深度揣摩的余地。

就延安题材的当代文学写作来说，吴伯箫这组散文既非唯一，也未必最佳。大致而言，自从延安成为中国现代政治的一个中心以来，文学的"延安形象"便随之而出，也可以大致表述为两种不完全一样的观察眼光，一种是来访者的报告，写得好的是赵超构的《延安一月》，陈学昭的《延安访问记》；另一种则是出自延安作家之手的诗歌、散文、小说和戏剧，丁玲的《田保霖》，艾青的《吴满有》，欧阳山的《高干大》，应该都是。吴伯箫这组散文的特殊意义其实并不在于延安题材本身,而与新中国 20 世纪五十年代末遭遇意想不到的政治、经济困难这段特殊时期有关。

政治困难,是中苏关系的破裂;经济困难,是“由于‘大跃进’运动以及牺牲农业发展工业的政策所导致的全国性的粮食短缺和饥荒”。或者综合言之:“主要由于‘大跃进’和‘反右倾’的错误,加上当时的自然灾害和苏联政府背信弃义地撕毁合同,我国国民经济在一九五九年到一九六一年发生严重困难,国家和人民遭到重大损失。”(中共中央《关于建国以来党的若干历史问题的决议》,1981 年)

到 1977 年,借着回答读者提问的机会,吴伯箫沿用当时官方的表述,对这一特殊背景作了交代,也表达了他撰写“延安系列”散文的初衷。他先引用毛泽东关于“艰苦奋斗的作风”的话,继而说:“作为一个亲身接受过毛主席的教育、延安教育的人,我觉得有责任介绍延安的革命传统,宣传延安的革命精神,从而激励人们把一时的困难置之度外,以苦为乐,以苦为荣,随时都以昂扬的斗志,冲天的干劲,从事社会主义革命和社会主义建设。”对这一心理动因,我想是可以成立、也容易理解的,只是第一篇所写并非 1961 年 9 月 30 日《延安的歌声》(后改为《歌声》)一文,而是本年初的《记一辆纺车》,随后才陆续写出《菜园小记》《延安》《歌声》和《窑洞风景》,到《窑洞风景》写出已是 1962 年的 6 月份了。

1961—1962 年的“延安系列”一共五篇,照吴伯箫自己说,纺车、菜园、窑洞是从衣食住角度写延安,《歌声》则是着眼于延安时期的精神生活,还想写篇表现延安时期人与人关系的,却直到“文革”后才写成一篇《忘年》,收入了同名散文集里。

由此可见，吴伯箫的“延安系列”，无论就其创作的社会政治背景，还是就其散文写作的主观谋划，都是一次相当自觉的写作实践。可是另一方面，这组散文又是“耐人寻味的特别产品”，特别之处即在于这个系列的写作意图甚为明确，就是从“与困难作斗争”的角度为陷入“‘大跃进’和‘反右倾’的错误”所导致困境的人们“打气”，其耐人寻味之处则是此种“打气”所忽略的问题症结。

无疑，形成于残酷战争环境下的延安传统是值得敬重又值得发扬光大的。但1959—1961年的情形并不同于延安时期，在人为错误导致的困境中，首要的矛盾是如何纠正错误而不是移花接木式的转移视线。不能苛求吴伯箫也能有刘少奇、彭德怀那样的政治敏锐性，可若是置身于“谷撒地，薯叶枯，青壮炼铁去，收禾童与姑。来年日子怎么过，我为人民鼓与呼！”的历史情境而保持沉默，或“顾左右而言他”，恐怕也算不上“党性文学”的本义。我以为，从这个角度重新打量这组“延安系列”，又不能不说是吴伯箫散文写作的一个遗憾。当然，时过境迁之后，单纯从“与困难作斗争”或衣、食、住、人的角度阅读，“延安系列”仍有其超越具体时空的文化意义和审美意义。

山色、泉韵与猎经的背后

吴伯箫从他所自觉到的党员身份出发，其写作目标亦随之转换为“党性文学”，一切只从“党”的利益出发。这里便潜伏下一个写作者可能面临的最大危机：丧失主体的自觉和敏锐的个人判断，不经意间就会沦落为当年鲁迅深恶痛绝的“帮忙文学”。从《北极星》整体看，吴似乎仍有个人的保留和底线，比如对“大跃进”、人民公社并未说出什么过头话,“与困难作斗争”的选材角度也大不同于睁眼说瞎话式的报纸社论,其中《从实际出发》一文所传递出的求实之意甚至令人再次感受到吴伯箫农民式的淳朴。不过,《嵖岈山》《难老泉》《猎户》诸篇从“正面”着笔毕竟回避了政治决策错误导致的大面积饥荒的事实,客观上怕也难以逃避“粉饰现实”的责问,盖与贺敬之《桂林山水歌》所要发挥的社会效益似乎并无区别。假如按照共产党员追求真理、实事求是的精神来衡量此种写作,岂非南辕北辙!只能说,如此这般的“党性文学”所守住的不过仅仅是“纪律”,却承担了回避社会真实和个人良知的风险。

《北极星》集除了“延安系列”,还有一组以20世纪五十年代为背景的“现实系列”,记叙性较强的是《难老泉》、《猎户》和《嵖岈山》几篇,其中《嵖岈山》在1993年出版的《吴伯箫文集》中被编者从《北极星》目录删除了。

为什么删除?因为这是吴伯箫唯一一篇正面、集中表现“人民公社”主题的散文,而“文集”编纂的20世纪八十年代中期,人民公社已遭到政治上的否定。同时被删除的还有写“五七干校”和毛泽东纪念堂的几篇。

想来,这都是编者从“政治时效”角度作出的选择或调整。

其实,若从学理层面考虑,此种删除着实冒昧。吴伯箫散文作为一个客观存在,其写作过程固然首先表现了吴伯箫本人的心路历程,却也同时折射了社会历史进程的印迹,保护现场,保存原貌,是学术的出发点,与“为贤者讳”的古老风习完全没有关系。

况且,在现代,“讳”也不见得就是对贤者的尊重,真正的尊重是正视,是理解,是负责任地分析和批评。

对吴伯箫及其散文的不足，亦当作如是观。

人民公社制度是中共党史、当代社会制度史上回避不了的错误，从1958年至20世纪八十年代，轰轰烈烈而又跌跌撞撞地行走了二十多年，其兴起、运行、争议、失败的过程值得深长思之，其留给制度设计者的教训值得牢牢记取。

《嵖岈山》初写于1960年10月，约两年后改定，篇幅较长，可以看得出作者创作时的热情和真诚。其实彼时庐山会议已开过，彭德怀等四人已被罢官，“反右倾”斗争来势汹汹，“大跃进”和人民公社化虽然已造成数年的全国范围的大饥荒，而“左”的错误并未从根本上得到纠正。尽管吴伯箫本人也是“反右倾”斗争中遭受质疑的党员干部，尽管他不相信“共产风”刮出的种种“共产主义神话”，但他还是写出了这篇以人民公社为主题的散文。

或许只能理解为这是“党性”的支配力量使然，只不过这个“党性”并不真实，真实的“党性”当时恰恰是在少数人如彭德怀、黄克诚那里体现出来的。以无原则的遵命、顺从、随和、迁就甚至迎合为“党性”，往好处说是“愚忠”，往根本处说就是奴性。

《嵖岈山》组织的材料相当丰富，问题出在组织材料的方法，假如不是从“概念”出发，完全可以写成一篇有料、有趣的方志，故所谓遗憾，此之谓也。这时候，散文写作的艺术、修辞、所谓“立片言而居要”“卒章显其志”等等，就只能帮倒忙了。

相比之下，《难老泉》要好得多。它基本上属于一篇游记，基本上保持了一种纯净的叙述，只在文章的后面引述了一段涉及“地主土豪”劣迹的材料，又由此引申出一番今昔对比的感慨:“现在,不管南渠北渠,人民是一家。地成大块,水也统一调度。”这难免让人联想到当时流行的“一大二公”之说,此亦“文章合为时而著”乎?

《难老泉》所写,乃1956年游山西见闻,《猎户》的背景则与《嵖岈山》同,应该是1960年访问河南遂平的成果。就吴伯箫的写作意图说,《猎户》当然也是政治性的,那就是文章末尾由打豹英雄董昆道出的一番豪言壮语:

> 现在我们打猎小组的人都是民兵。我们保护生产,也保卫治安。野兽也好,强盗也好,只要害人,不管它是狼,是豹,还是纸老虎,我们统统包打。不怕撵到天边地边或者受尽千辛万苦,要打就一定把野兽和强盗消灭!

这种主题“升华”的方式,很有些当时流行的杨朔散文的味道,而吴伯箫的确表达过对这位老朋友文章的赞赏。好在吴伯箫本性淳朴,文笔也老到些,在这方面相对内敛,总体上避免了杨朔式的“公式化”。不过毕竟还是未能免俗,致使这一时期的多数文章不能保持纯净,而带上了不少枝枝蔓蔓的东西。

回忆中的故乡之五:《杂字》

数年前于旧书市场买过一本半新不旧的《杂字》,是来新夏先生主编“中华幼学文库”第一辑当中的一册,收录了明代以来较有代表性的“杂字”数种。因是出版于1995年,故曰半新不旧。

来先生在为这套“幼学文库”撰写的总序中特别提及“杂字”,将其归入“非正规的业余教育之路”所使用教材,认为:"'杂字'虽然在正规教育中也作为不准备走仕途者的一种读本,但历来没有受到应有的重视。可是,它确是传统幼学教育中很重要的组成部分。其数量很多,有全国通用的,也有地方独有的。内容深浅不一,范围不同。"

当时之所以买下这本《杂字》,不是用于研究,乃是因为唤起了一份记忆,一份关于个人阅读的记忆。

20世纪七十年代末的大学生活中,一次偶然的借阅,只因为某本书某篇文章开头一句"我的故乡莱芜"几个字,整个人一下子兴奋起来,眼前这几个字随之放大再放大,且让我合上书页去注意封面上作者的名字:吴伯箫!原来我的家乡莱芜有这样一位叫吴伯箫的文学家!

这是我初次遇见《北极星》,"我的故乡莱芜"出自其中一篇题为《一种〈杂字〉》的散文。如今近四十年过去,《北极星》里当初最为人称道的佳作或有"过时"之虞,《一种〈杂字〉》却因为主题相对"边缘",反而更觉可读一些。

说它主题"边缘",乃是指与集子里"延安""公社"主题的那些不同,《一种〈杂字〉》侧重介绍儿时记忆中的蒙学课本。虽说最后也落脚到"古为今用"上去,而其所写带着感情,又有浓郁民间文化色彩,还是颇具吸引力的。后来再读,对其中所描绘的鲁中一带农家日常生活场景和方言词汇就特别感兴趣,八十年代初期我在莱芜四中任教时,也曾设法找到一本类似的"杂字",不过书名是叫《算法日用字》,除了开头、结尾几句略有不同,其他全与吴伯箫文中引述的内容一致。或许是在《庄农日用杂字》基础上的微调或改编本。

吴伯箫当初介绍这本《杂字》,或出于五六十年代扫盲、文化普及工作的需要,但确实也夹带着他个人的成长记忆和对故乡生活的怀想。从当今“文化热”背景下看，吴伯箫倒算得上较早注意到《杂字》价值的教育家，设若当初条件成熟，也许真可以如其所愿，被采用来做普及文化的乡土教育读物。而且从行文看，吴伯箫的着眼点还不局限于此，他在文末说：“这虽然不是名家的名著，但终究是在一个相当长的时期、一个不太小的地区流行过的启蒙书，湮没失传总是可惜的。可是照现在得来不易的情况看，像民间流行的鼓词唱本一样，湮没失传很有可能。”故而他提出：“对各地曾经流行的《杂字》本作搜集研究工作也一定很有意义。”

在《一种〈杂字〉》中，吴伯箫先从一般蒙学读物说起，慢慢引出“小时候念过”的“家乡那种《杂字》”，接着详尽介绍这种叫做《庄农日用杂字》的蒙学读物之种种：印行者，封面的纸张，五言体，“组字成句，每句都有比较完整的意思”的编写特点，“共四百七十四句，两千三百七十字；是把春耕，夏耘，秋收，冬藏，一桩农事又一桩农事接着写的。中间也写到饮食起居，男婚女嫁。有的还写出了事情的简单情节，相当生动”。文中不断摘引一些生动的段落，时作精当的点评，最后才由作者的编写意图过渡到引作文化普及课本的设想，其态度之恳切、用心之良苦，溢于言表，足见襟怀。

本章年表(1957—1963)

1957年，五十一岁。4月，教育部在北京召开中学语文教师座谈会，决定停用高中《文学》课本等，同月，重印本《波罗的海》由上海新文艺出版社初版。写散文《从实际出发》《北极星》《记列宁博物馆》、悼文《剑三，永远活着！》、新诗《向煤矿工人致敬》等。

1958年，五十二岁。3月，中宣部宣布汉语、文学仍合并为语文，教育部颁发《1958—1959学年度中学教学计划》，恢复语文学科。写杂文《思想改造也应当跃进》《写作杂谈》《作普通的劳动者》、新诗《咏大字报》《劳动在天安门》等。

1959年，五十三岁。在已停止使用的《汉语》课本基础上，安排编辑《汉语知识》并出版。写散文《说读报》《天安门广场》等。

1960年，五十四岁。高等教育出版社与人民教育出版社合并，合并后的社名为人民教育出版社，在新的领导班子中任副总编辑，参加中国文学艺术工作者第三次代表大会。写散文《嶂岈山》初稿。

1961年，五十五岁。负责中学语文教材编写并参加系列调查活动，年底南下参加江浙调查。写创作谈《多写些散文》、散文《记一辆纺车》《种菜篇》（后改题为《菜园小记》）《延安》《一种〈杂字〉》《延安的歌声》《春秋多佳日》《难老泉》等。

1962年，五十六岁。散文《记一辆纺车》被选入上海市五年制中学课本《语文》第五册。写教育论文《基础知识与基本训练要结合》、散文《跳女吊》《窑洞风景》《猎户》《北极星·跋》等。

1963年，五十七岁。散文集《北极星》由人民文学出版社出版第1版。下半年，进北京西苑中央高级党校学习。散文《记一辆纺车》被选入浙江省干部业余学校初中课本《语文》第六册（试用本）。写散文《“早”》等。

第九章　检讨书

正篇:风暴与干校生活

作品入选教科书

从现代文学史角度看,吴伯箫可谓散文写作的长跑运动员。从新文学的第二阶段起步,在 20 世纪三十年代与何其芳、李广田这几位京派出身的青年作家有不少相近之处,甚至在 1937 年有所谓"散文三杰"的说法,指的就是何、李、吴三人。而且这三人在抗战时期又共同经历了人生和写作的大转折,在新文学的第三阶段各自有了新的面貌和成就,何其芳与吴伯箫都到了延安,李广田去了云南西南联大那样一个独特的文学环境中。但是再过十几年,进入中华人民共和国的当代文学时空,吴伯箫却似乎较何、李二人更具有创作的后劲,标志就是他在五六十年代又有了一个散文写作的高峰期,这就是《北极星》里面延安题材和当代题材两个系列散文的产生,延安题材就是《记一辆纺车》《菜园小记》《歌声》《窑洞风景》诸篇,当代题材则是《难老泉》《猎户》以及集外的《"早"》诸篇。当然,五六十年代散文的"热"与杨朔、秦牧、刘白羽、曹靖华、吴伯箫、李健吾散文的巨大影响有其背景的特殊性，放在整个现代散文史上打量也未必真有多么大的艺术突破，但作为一个特别时代的创作现象，总还是值得关注、值得思考的吧。

而且，上述几位散文家的作品都先后入选当时的中小学语文课本，成为影响几代中小学生的现代白话文典范，这也是一个需要深长思之的现象。

至于吴伯箫散文被选为语文教科书课文，说来更有些不可思议处。跟其他几位不同的是，吴伯箫散文入选教科书的时间不是始于 20 世纪六十年代，而是四十年代就开始了。

从笔者了解的情况看，吴伯箫的散文在三十年代开始被选入众多的散文选本，这当然就是一种被典范化的现象了。在 1946 年的张家口华北联大中文系，文艺理论家陈企霞就在写作课上将吴伯箫的通讯《一坛血》作为范文讲解；由华北人民政府教育部审定、华北新华书店 1949 年 3 月出版发行的《中等国文》第四册就选入了吴伯箫延安时期的散文《丰饶的战斗的南泥湾》。

在五十年代末、六十年代初的非常年代中，吴伯箫回忆延安生活的《记一辆纺车》《歌声》《菜园小记》系列散文再次使他的散文突显出来，在某种层面上与当时读者的阅读心理达成了新的默契，一时成为名篇，不但受到选家和评论家的推崇，也很快进入了中学语文课本编写者的视野中。

就笔者所知，最早将《记一辆纺车》选为课文的是上海的中学课本和浙江的干部课本。上海市五年制中学课本《语文》第五册选用这篇散文是 1962 年，浙江省干部业余学校初中课本《语文》第六册(试用本)选用它是在1963年。到了1964年,除了上海、浙江继续以《记一辆纺车》做课文,北京市初级中学试用课本《语文》第五册、河北省工农业余高级中学通用课本《语文》第四册(试用本)也都选用了此文。这年12月,人民教育出版社中学语文编辑室编写的1963年版初级中学课本《语文》第四册也正式出版了,其中第二十一篇课文也选用了《记一辆纺车》。

这是人民教育出版社教材首次在中学语文课本中选用吴伯箫散文作品,也是吴伯箫散文正式入选全国统编教材的开始。

到"文革"爆发,人教社被解散,课本作废,吴伯箫本人也蹲了"牛棚",这些更为极端的非常年代斯文扫地的历史只能另做别论。典范的意义却总是无形中存在着,即使在"文革"时期各地自编教材的背景下,也还是有不少地方省市把吴伯箫的散文选入中小学课本中。比如1972年,《记一辆纺车》仍被选入广西壮族自治区试用课本初中《语文》第二册。到1973年和1974年,更多省份的中学课本将《记一辆纺车》用作《语文》课本,这些省份包括浙江、吉林、辽宁、甘肃、河北、四川。

更不用说"文革"结束后,不但《记一辆纺车》被更多省市选为教材,根据1978年3月颁布的《全日制十年制学校中学语文教学大纲(试行草案)》编写的初高中《语文》课本,更是同时将《歌声》和《记一辆纺车》收入。在随后几年,《菜园小记》《猎户》《难老泉》《"早"》也陆续分别被作为正式或阅读课文选进了中学《语文》课本。

自从笔者注意到吴伯箫散文被选作中学语文教材持续时间长、数量多这一现象后,也一直在思考这个问题:作为创作量不是太大、不以高产著称的业余散文作家，吴伯箫的散文作品是怎样进入教科书编者视野而被遴选为各类语文课文的呢？特别是想到吴伯箫本人也是人民教育出版社的领导者之一，又负责着中学语文编辑室的工作，他的作品被选为课文与他这种特别的身份有没有关系呢？20世纪九十年代，我曾致信人教社中语室的资深编辑、著名诗人和语文教育家刘征（即刘国正）先生，向他提出了这个问题。

刘征先生回信，认真回答了我的问题，我由他的信联系吴伯箫散文入选教材时的背景，感觉问题渐渐得到澄清、疑问渐渐破解了。

刘征先生告诉我：

> 伯箫散文选入中学语文课本较多，且有的历久长存，成为保留篇目，原因是文章好，受到师生欢迎。回想较早的文篇入选（为《记一辆纺车》），是由编辑提出，室主任同意，副总编辑审阅，最后由叶圣陶先生审定的。那时选课文，十分慎重，不仅吴文要经过这些手续。伯箫同志为人清正，他推荐过多篇课文，但从不推荐自己的作品。（刘征：1994年7月3日致子张）

《记一辆纺车》是何时选入课本的呢？是1962、1963年首先由上海、浙江随后又由北京、河北采用为不同性质的《语文》课文，接着是人民教育出版社统编1963年版初级中学课本《语文》第4册采用了此文，1964年下半年才正式出版。而1963年下半年和1964年上半年恰好是吴伯箫离职在中央党校学习的一年，也就是说，《记一辆纺车》被选为全国统编《语文》教材时很可能吴伯箫恰好不在社内,他未必知情。当然,按照那时的规矩或刘征的说法,他即便知情也没办法介入甚至干预这件事,因为这本就不是他本人能介入的,以他的为人,他当然不可能推荐自己的作品;但以彼时大家都默认的“公事公办”原则,他同样也无权阻止自己的作品入选。由吴伯箫,其实还可以想到同样为人教社领导者、资历更老的新文学第一代作家叶圣陶,叶圣陶的童话、小说、散文作品也都先后被遴选为中学语文教材,以叶圣陶在现代文学史上的地位和作品影响力,此种结果恐怕也的确是顺理成章的吧!何况,在《记一辆纺车》之前,吴伯箫的《丰饶的战斗的南泥湾》《一坛血》等作品,早就被作为范文在解放区的大学、中学课堂上讲授过呢。

进入 21 世纪,历史情境又发生了巨大的变化,吴伯箫早期散文的魅力也开始为人所知、为人所识,《羽书》中的不少佳作经由更年轻一代的教材编写者被推荐给了中学生们。笔者 20 世纪八十年代初担任中学语文教师时,即通过自办校园期刊向学生介绍过《马》,也看到不少省市把《马》《我还没见过长城》《山屋》等作为阅读课文选入课本。近年,《灯笼》也被选入了新的全国统编初中《语文》课本,还配上了一帧吴伯箫年轻时的照片。

这些,似乎都在表明,吴伯箫散文的生命还在继续延长,这或者也从一个特定的角度映射出历史发展的某种必然吧。

风暴

1964 年上半年在中央高级党校,吴伯箫曾代《中国青年报》群众工作部答复一位叫沈文的大学生提出的“衣服穿得破旧像不像大学生的问题”，以《复沈文》为题在该报发表了，用的当然是报社的名义，直到“文革”结束后才作为附录收入《忘年》集。

他还在党校同学那里看到一册没有封面的《羽书》，应约在扉页题词留念：“翻阅三十年前的旧稿，好像重温童年幼稚的写照。”

夏天，他趁暑假一个人去江西南昌、井冈山寻访革命遗迹，然后从九江乘江轮到上海，就近住在秦皇岛路上一所设备简陋的小旅馆。这家泰安旅馆一宿只要五角钱，吴伯箫早早起床，是当天第一位进入虹口公园的游人，他在鲁迅铜像前边的草地上徘徊了半个上午。或许他又想起当年在北师大求学时聆听鲁迅演讲、内心受到新的触动吧？从虹口公园出来，吴伯箫又乘上当时上海还仅剩的一段有轨电车，转到外滩附近的南京路，想去拜访“南京路上好八连”，但令他意外的是，他在南京路上阔步疾行，却并没有碰到一个解放军战士。从上海再乘海轮，到了离开近三十年的青岛，恰好人教社的同事刘国正（刘征）一行正在青岛出差，吴伯箫乃有机会与这位当时还很年轻的同事一起到海里游泳。刘国正后来回忆，那是他第一次学游泳，吴伯箫成了他练习游泳的教练。

1965 年下半年到 1966 年上半年，吴伯箫到北京郊区的房山参加“四清”，前后大约十个月时间，让他没想到的是，“文化大革命”在五月份全面爆发了。

在突如其来的混乱中，人教社被迫停止日常工作，所有编辑、出版的教材被停止使用。

就在 8 月份，毛泽东在北京首次检阅红卫兵后的第五天，北京红卫兵将吴伯箫的前辈友人、作家老舍以及北京市文化局三十多位著名文化人士集中到国子监孔庙大院，在他们脖子上挂上“黑帮分子”“反动学术权威”“牛鬼蛇神”的大牌子，当场给他们剃“阴阳头”，甚至还把黑黑的墨汁倒在他们头上，并让他们围跪在火堆旁，一面烟熏火燎，一面用皮带和戏剧道具抽打他们。那年老舍已六十七岁，被红卫兵打得头破血流、昏倒在地，折磨到深夜。翌日深夜，老舍不堪屈辱，投北京西城太平湖而死。

对老舍的死讯，吴伯箫直到一年后才知道。那时候，整个北京都陷入前所未有的混乱中，同被视为“牛鬼蛇神”的文学家艺术家自顾不暇，哪里还有可能去探听朋友们的消息。

其时吴伯箫作为人教社领导，也同样处境艰难。在1966年到1969年这下放“干校”前的三年中，人教社内部也形成数个造反组织，吴伯箫被列为“走资派”隔离审查，轮番遭到这些组织的审讯和揪斗。1968年春，一二十个人上门抄家，他剪贴的王统照为《羽书》撰写的序言、周恩来写给他的信和他在延安时收集整理的张云逸将军的传略记录，都被翻箱倒柜抄走了。

对此，次子吴光玮后来回忆道：“可有一天这和谐的气氛随着‘无产阶级文化大革命’的到来而被彻底打破了。父亲被揪斗，家里数次被查抄。眼看着毛主席送给父亲的亲笔题词和周总理给父亲的亲笔信被造反派们抄走，父亲难过极了（平反后发还了复制品）。再以后父亲被隔离审查，先后关在人民教育出版社的浴室和历史编辑室。家里人只能在送三顿饭时和父亲见见面，门口站岗的造反派们不允许任何有营养的食品带进‘牛棚’，若是发现一个鸡蛋也要挑出来。其间父亲每天还要写检查及思想汇报，其数量之多不次于他一生的文学创作。”①

从现在流失出来的一些资料，可以窥见当时吴伯箫所面临困境的某些侧面。

比如他起草在一个笔记薄上的致“张××同志等八位同志”信，就有“欢迎同志们九月九日对《谈海涅》的批判”以及对该文写作背景的交代。同一个本子上，还有他这年9月21日对某人9月17日针对他的大字报进行的反驳，大字报主要涉及吴伯箫与周扬的关系，其中提到吴对周扬“万般吹捧”，周扬对吴“多方袒护”。吴伯箫在反驳中重申，1941年他调边区教育厅是林伯渠亲笔写信和组织的决定。

在隔离审查中，吴伯箫把当时能找到的对毛泽东诗词的解释都抄写了一遍，连同毛泽东诗词手稿分批寄给山东莱芜的外甥。与此同时，是每天交代不完的“问题”，写不完的“材料”和检讨书。

也是在这样的岁月中，“知识青年上山下乡”运动也轰轰烈烈地进行着，吴伯箫和郭静君的二女儿、小女儿和小儿子都赶上了这场运动。先是1968年下半年二女儿吴海南去了内蒙插队，接着是第二年上半年小儿子吴光玮去陕西省延安专区安塞县、小女儿吴陆一到吉林扶余县插队，读大学的大女儿吴海妮也随同学到房山参加劳动修铁路，只在周末回家。

平时热热闹闹的家，仿佛一下子被抽空了。为参加“五七”干校做准备，吴伯箫和夫人郭静君跟全社的人集中住在一起，星期六晚上回宿舍，星期一早晨再回班上，只有

---

① 吴光玮：《我和父亲吴伯箫》，《追求》1997年第6期。

星期天吴伯箫、郭静君夫妇回到家里,才能和已经七十多岁的叔父见见面,到食堂里打饭"会餐"……

好在那代人吃苦已成习惯,对这一切人为的不正常生活也就只好听之任之了。

干校与检讨书

一遍又一遍写检讨书,一个人写的检讨书会超过一本书甚至几本书的厚度,或许是那个年代独有的文化现象。经过那个严酷的"思想改造"年代的人,哪个没有写检讨书的经历?

在社内经过了一个月左右的政治学习,1969 年 6 月下旬,吴伯箫、郭静君夫妇先是随全社干部到昌平马池口公社参加三夏劳动 20 天,回京后接着就为赴安徽凤阳"五七"干校做准备,儿女们也都回北京帮助整理东西。进入八月,除了三个留守者,人民教育出版社全体干部浩浩荡荡集体乘火车奔赴凤阳"五七"干校。

夫妇二人去干校之后,两个儿子和两个女儿各自回工作、插队的省份,北京只剩下两口人:七十一岁的叔父和住在科技大学里的大女儿。

说到"五七"干校,不能不从毛泽东的"五七"指示说起。

毛泽东在 1966 年 5 月 7 日给林彪写信,对林彪寄给他的解放军总后勤部报告中提出的搞好部队农副业生产的计划表示肯定之外,又提出了更全面和更高的要求,即办一种"大学校"的问题。他在信中说:"只要在没有发生世界大战的条件下,军队应该是一个大学校,即使在第三次世界大战的条件下,很可能也成为一个这样的大学校,除打仗以外，还可做各种工作。第二次世界大战的八年中，各个抗日根据地，我们不是这样做了吗？这个大学校，学政治，学军事，学文化。又能从事农副业生产。又能办一些中小工厂，生产自己需要的若干产品和与国家等价交换的产品。又能从事群众工作，参加工厂农村的社教‘四清’运动；‘四清’完了，随时都有群众工作可做，使军民永远打成一片。又要随时参加批判资产阶级的文化革命斗争。”

这个“大学校”的提法，不久之后竟然在遥远的黑龙江省庆安县的柳河变成了现实。黑龙江省革命委员会为了安排“文化大革命”中精简下来的干部和“牛棚”里的干部，在柳河创办了一所农场，并命名为“五七”干校。后来经毛泽东的肯定和提倡，各地纷纷仿效，“五七”干校在全国遍地出现。中共中央和国务院所属各部委及豫、赣、鄂、辽、吉、黑等18个省共创办“五七”干校106所，下放的干部、家属达10余万人。直到“文革”结束后的1979年初，国务院发出《关于停办“五七”干校有关问题的通知》后，各地的“五七”干校才陆续停办。

安徽凤阳“五七”干校为教育部所办，人民教育出版社作为教育部直属单位，其干部下放的地方在凤阳县的黄泥铺一带。

关于干校生活，吴伯箫只有一篇《八间房》的散文写到过，但写在“文革”刚刚结束时的此文，还是从知识分子思想改造的角度下笔，自然难免对干校和地方“美化”的调子，这是不能不指出的。

笔者先后看到人教社下放专家回忆干校生活的文字，其中历史编辑室陈梧桐所写《教育部凤阳五七干校生活片段》以历史学者眼光所见就给人真切详实深入的印象,譬如同样写当地的果园,《八间房》是用了诗化的语言:"铁丝穿过钢筋水泥的柱子架起葡萄藤,成排列阵;等距离栽种的梨树、苹果树,纵横成行;密密森森,整整齐齐,这边望不到那边。夏秋间枝叶繁茂的时候,风吹成浪,站在高处看活像绿色的海洋。"陈文用的却是史学家的笔墨:"由于原先的园艺场管理经营不善,加上大动乱的破坏,果园显得非常萧条。一些地块种着苹果、梨树,高高低低参差不齐,未见有一棵结出果子的。另一些地块种着葡萄,排列成行的葡萄架不是这里缺根水泥柱,就是那里短了根三角铁,葡萄藤上偶尔看见一两串葡萄,颗粒也都很小。其它地块因久不耕种,长着稀稀拉拉的野草,不长草的地方露出一层白花花的盐碱,在阳光下闪闪发光。"

其次是汉语编辑室张中行回忆录《流年碎影》中的不少描述,他的文字干干净净也平平静静,交代时间地点准确可靠。照他说,人教社在干校以部队编制改称七连,七连的劳动地点是黄泥铺镇的三合输,原属凤阳园艺队的二队。这与陈梧桐的说法一致。

虽说张中行与吴伯箫早就是人教社同事,但或许身份不同,接触就有限,反而在干校这个特殊的环境里增加了彼此的了解。张中行回忆:"积肥。记得干过不少天,是把猪圈里混合尿的粪先掏到圈外,然后抬到另外的地方。抬要两个人,另一个经常是吴伯箫。吴是由延安经过东北来的文人干部,到出版社任副社长兼副总编辑,领导语文室的工作,是我的上司;已经印过文集,记得所写《记一辆纺车》还入了语文课本。他位高,并有名,可是干校的熔炉有优越性,优越性之一是有的地方真消灭了阶级,即如他和我到积肥之场就平了等。他身体不坏，且有飞将军身先士卒的精神，掏，抬，都抢着干，我们还忙里偷闲，或苦中作乐，谈些有关旧事的闲话，如他比我早来北京两三年，上师范大学，曾听辜鸿铭的讲演，就是一同掏粪时告诉我的。”①

再有就是一位更年轻的同事顾振彪的回忆了。顾是“文革”前才进人教社语文编辑室的年轻人，他的回忆文章写人教社“四老”，其中写吴伯箫，就是他们两人在一个夏夜共同在仓房看护五万斤粮食并连夜翻晾的经历，突出了吴伯箫在被开除党籍、受到暴风雨般猛烈批判时犹自从容乐观向前看的人生态度。这种乐观精神，在语文编辑室另一成员刘国正（刘征）回忆中也得到证实。在干校，刘国正与吴伯箫等几人共住一屋，他们自动组成一个小“歌唱队”，共推吴伯箫为“队长”，常常夜晚拉琴高歌，以舒积郁……

但乐观归乐观，在军管会和工宣队管理下，不痛快的事时有发生。有一次，大女儿吴海妮从工作的淮南煤矿去凤阳探望父母，令吴伯箫郭静君很是高兴。但女儿离开时，造反派却不让吴伯箫夫妇送送女儿，这使他们很伤心，吴伯箫为此愤然戒掉了抽烟的习惯。

但更折磨人的，还是那些无休无止的交代与检讨。本来，干校性质是边劳动边学习，但具体到对吴伯箫这样的“资产阶级当权派”，所谓学习就变成了夜以继日的批斗和写不完的检讨书。

还在北京时，吴伯箫就先写过一篇《中学语文课本编辑中所犯的错误》的检讨，重点检讨的是汉语、文学分科教

① 张中行：《流年碎影》。

学时的“错误”。到凤阳干校后,又连续写了《检查我在文艺工作上所犯的错误和罪行》和《检查我在被审查期中的错误》,前一篇侧重于文学写作,后一篇重点检讨自己三年多以来诸如对“文化大革命”伟大意义“理解得很慢……”等等问题。“文革”结束后,在一次教材编写会议上,吴伯箫痛陈:“那时候,学校都不要了,‘停课闹革命’,不少人烧书卖书,不烧不卖也被‘扫四旧’抄光。文化园地一片荒芜……教育部取消了,人民教育出版社取消了。古今中外找不出第二份。地下地上的水都枯竭了,还提什么水平?一些老编辑经批斗之后下放‘干校’劳动去了,后来调回来也不让编教科书,而要搞‘评法批儒’。当时奖励的是交白卷的‘英雄’,奖励打砸抢,阴谋夺权。”①

直到1971年林彪事件后,事情似乎有了某种程度的变化。先是一些被抄走的书籍、文稿、信件发还,随后政治上获“解放”,恢复党组织生活,接着又是军管人员将干校成员重新“分配”,有的回北京,有的分到贵州、广西等地。吴伯箫1972年春节在北京与家人团聚,其后最后一次回凤阳,50天后正式回到北京,在即将重建的人教社暂时休息,做些轻微的图书、档案资料整理工作。

算起来,这次“五七”干校生活,前后两年半多一点。

归来

当代文学史上曾有“归来派”说法,指的是1949年以来因为种种政治原因先后从文学创作界“消失”“退出”而又因为政治上的平反重新复出的几代文学家。这些文学

---

① 吴伯箫:《关于教材的几点意见》,《吴伯箫文集》下册,第642页。

家从文学创作界“消失”“退出”和复出的时间各有不同，有的从新中国一建立就悄无声息了，更多的则是在历次政治运动如“胡风集团案”、“丁陈反党集团案”、反右派运动直到“文化大革命”运动中一批一批倒下的。他们复出的时间也不尽相同，早的在林彪事件之后就“解放”了，大多数是到 1979 年得以平反，因“胡风集团案”倒下的作家复出最迟，直到 20 世纪八十年代初才初步恢复名誉。

相比较而言，吴伯箫等延安解放区老作家，尽管也不断遭到“批判”，但真正被“打倒”是因为“文革”，算是最晚的一批。从 1966 年到 1971 年，蹲“牛棚”前后约五年，恢复组织生活、重新安排工作都比较早。似乎可以说，吴伯箫属于第一批复出的“归来派”作家。

归来也罢，复出也罢，总有一些标志性的事情。至于说到吴伯箫，根据笔者的观察，其归来或复出也有不同于别的作家之处。大致说，应该包含下述内容：

其一是工作上的“恢复”与新的安排。

其二是作品以不同方式获得认可甚至新的评价。

其三是写作的恢复与新作品的发表。

人民教育出版社的编制在“文革”中被撤销后，在安徽凤阳“五七”干校的原人教社干部在 1972 年的重新分配工作中被分散到全国十一个省份，多数是偏远的边疆地区。

这时，人教社原副社长戴伯韬请当时的国务院秘书长周荣鑫向周恩来总理反映人教社业务停顿、人员星散的现状。继而又自己写信给周恩来，陈述种种情况，并提出了恢复人教社建制的愿望。当年，经周恩来同意，人教社得以恢复重建。

吴伯箫就是在这样的背景下从干校返回北京的。

从当时吴伯箫写给原在人教社、后来被重新“分配”到贵州的一位同事的信里,可以知道吴伯箫开始恢复工作时的心情:“……我从四月廿四日起开始工作,是参加筹建新的人民教育出版社。跟松涛同志一屋。目前是检阅存书,提处理意见;帮科教组看一些交流经验的材料,工作时间填得满满的。七年之后,再过编辑室生活,新鲜而生疏,又带一些意中的兴奋。跟割麦、插秧、和泥、盖房子工种不同,年轻的心情倒是一致的。(吴伯箫:《致吴雁南》,1973年6月17日)

慢慢地,吴伯箫开始列席、出席一些大、中学校教材会议或出版工作会议,在北京或出差外地参加一些高校调研、参观活动。特别是到1974年以后,这类活动开始多起来。比如1974年7月去上海,住复旦大学,参加系列会议、座谈、参观活动,就跟当时的“批林批孔”运动相关。又比如1975年先后到山西大寨、内蒙古呼和浩特,10月份又去广州,归程在长沙、武汉、郑州停留,前后约一个半月,走了4个省,7个市,走访了12所大学。

到1976年、1977年,这类活动就更多。看得出,吴伯箫也在借助出差开会的机会看望一些老友或结识新的朋友。

1977年10月24日,吴伯箫从上海参加大学英语教材座谈会后返回北京家中,随即去访老友雷加,恰巧雷加不在家,结果只好写信与友人分享出差上海看望文友的快乐。这封信写得很有意思:“我今早八点一刻刚从上海回来,来看你。你又不在家,我一边喝茶一边写下下边几句话。……去上海是参加大学英语教材座谈会。趁两个星期天,看到了巴金、李俊民和罗荪同志。并在罗荪家里碰到了厂民、罗荪在编《上海文艺》,月内出版第一期,很有干劲。厂民是从无锡去上海,要办退休后复职手续,还没办妥,正为此焦心。他们上了'四人帮'在东北的爪牙的当,去年退休,落草到现在,绝不会干这种傻事。……开始忙教材,今年剩下的八周,我怕动笔不得了,只好读同志们的作品。"

从这封信,可见出此时吴伯箫人是忙碌的、心情是愉快的。

1978年春,吴伯箫的工作得到新的安排,离开了人教社,调到了中国社会科学院文学研究所任副所长。

再说吴伯箫作品以不同方式获得新的认可与新的评价。

当代文学有一个奇特现象,一个文学家的作品的待遇往往反映了他的政治待遇,或者反过来,一个文学家的政治地位往往决定着其作品的社会地位。历次政治运动中被否定的作者随后就是其作品的被禁,反过来,曾经被禁的作品一旦重新现身,也往往意味着作者政治上的"平反"。20世纪五十年代因为"胡风集团案"被否定的"七月派"诗人,复出后是以一本《百色花》诗集的出版重新亮相的,同样,《九叶集》《重放的鲜花》则分别是四十年代一些现代派诗人和五十年代一部分"右派"作家政治翻身的标志。

较之这些更早被批判的文学家,吴伯箫相对幸运些,他的作品只在"文革"前半段消失于当时的"文坛",但随着七十年代初政治上的解放,其《记一辆纺车》便陆续重新被各省市中学《语文》课本收入。另一件事就是1973年,北京大学中文系在编选一部《散文特写选》时也选入了吴伯箫《记一辆纺车》《歌声》两篇作品。负责编选该书的严家炎还致信吴伯箫,希望其就延安文艺座谈会来北大在"小范围内做一个报告"。到了"文革"结束后的1978年,形势就明朗了,1963年出版的散文集《北极星》获得了重版的机会,而且同时出了两个版本,一本是1963年原版本,封面和目录一仍如旧;另一本则是有所增订的新版,封面换了,内容也有增删。删去了《记列宁博物馆》一篇和原来的《跋》,新增了《"努力奋斗"》《红太阳居住的地方》《天下第一山》《岗位》《八间房》《"早"》六篇,还将原版的"代序"《多写些散文》列为最后一篇,全书共25篇。

值得注意的是,吴伯箫散文不仅在内地重获"解放",还在境外获得了较高的学术性评价,显示出较内地学术界更为敏锐的批评眼光。

香港独立学者司马长风的三卷本《中国新文学史》,陆续在20世纪七十年代后期出版,中卷、下卷多次在散文史部分提到吴伯箫早期的散文。1978年底由香港昭明出版社有限公司初版的下卷第五编第二十七章《散文的圆熟与飘零》有《吴伯箫的〈羽书〉》一节,对散文集《羽书》作出甚高评价,认为《羽书》"在散文创作史上,是不能掠过的一本书。吴伯箫的散文,有它独特的风概和成就"。并对这种"独特的风概和成就"作了细致的分析和评判。说实话,在此之前,内地出版的现代文学史还没有哪部注意到吴伯箫的早期散文成就。司马长风的评述,可谓空谷足音。

令人惊讶的是,吴伯箫的散文选集竟然也首先是由香港学者编订、出版的,比内地出版的第一本《吴伯箫散文选》整整早了四年。这本选集就是梅子编选、香港文学社1979年出版的《吴伯箫选集》。

第三个标志，就是吴伯箫文学写作的恢复与新作品的发表。

笔者编著吴伯箫年谱，对吴伯箫写作的中断与恢复情况也格外注意。年谱显示，吴伯箫在1965年写了《天下第一山》后，第二年“文革”就爆发了，此后在北京也罢、在安徽凤阳干校也罢，所写主要是检讨书，文学性的写作完全不见了。

整整十年的空白。直到1975年在内蒙古参加那达慕的开幕式，才又似乎触发了写作的热情，写出一首题为《那达慕即景》的旧体诗：“草原盛会人如海，招展红旗艳似霞。绿野凝望三千里，幕毡散落百万家。山遥云岫擎天树，水畔群羊铺地花。最喜飞龙追急雨，雷鸣电掣入平沙。”此后数年的偶尔动笔，也多以旧体诗词为主，像1976年悼念周恩来和《题半间屋》等。吴伯箫正式恢复散文写作，当为1976年《人民文学》《诗刊》复刊、“四人帮”被逮捕之后所写的《“努力奋斗”》一文。《人民文学》老编辑涂光群回忆，吴伯箫在街上看到复刊的《人民文学》，自己买了一本，冒着雨到编辑部看望他们，这意味着吴伯箫重新与这种当时最高级别的文学刊物建立了联系。故而《“努力奋斗”》首先发表于该杂志复刊后的第9期，吴伯箫成为最早“归来”的文学家之一，就一点也不奇怪了。

但并非所有的新作品都如此幸运和顺利面世。他在同年写的干校题材的散文《八间房》投到《光明日报》后就经历了令他意想不到的一番波折。据当时的编辑说，文章是约稿，但发排之后，却最终被终审的领导抽下了，理由是文章美化了知识分子。直到第二年，文章才在“东风”副刊上发表出来。

但不管怎样,吴伯箫的新作还是一篇一篇写出来,又一篇一篇公开面世了。在1977、1978这两年里,吴伯箫的作品先后见载于《人民日报》、《北京文艺》、《儿童文学》、《解放军文艺》和《十月》等重要报刊,说明作为散文家的吴伯箫真正“归来”了。

自然,归来之路并不平坦,从1972年恢复工作到1978年最后一次岗位转换,毕竟是长长的数年时间,而又有如1976年国家政治命运的大转换,吴伯箫所经历的大大小小的顺畅与波折还多着呢,岂是三言两语就可以说清的?简单说,在“文革”后期“批林批孔”“批儒评法”“反击右倾翻案风”这类仍然属于极左的运动中,吴伯箫的内心也继续经历着煎熬,甚至一度被触发冠心病,不过能够开始和朋友们来往甚至有些诗词唱和的活动,毕竟也是快乐的。1976年,吴伯箫和家人也共同经历了唐山大地震那样的灾难,居住的老屋后墙倾斜,一段时间住在户外防震棚内,但子女们陆续返回北京,也使他感到欣慰。特别是,离开工作了二十几年的人教社虽有不舍,但新的工作安排又给他带来兴奋,怀着这种兴奋的心情,七十二岁的吴伯箫兴冲冲地到中国社会科学院文学研究所报到了。

副篇:《北极星》续

“增订再版”本增加了什么?

从孔夫子旧书网上搜“吴伯箫《北极星》”,即可一目了然看到《北极星》两个版本的封面之不同。

1963年初版本封面为米黄色，书名、作者名竖排，1978年第3次印刷本封面变成了深蓝色，书名、作者名也变成了横排，两本书封面上的图案设计也略有不同，但都有“北极星”的图标。

1978年第3次印刷本实际上为“增订再版”本，这在该书内封背面的“内容说明”中交代得很明白，再核对一下两本书的目录就更清楚了。

初版本目录是21篇(含序跋)，增订版目录是25篇，仔细查看，原来增订版删去两篇，而新增加六篇，于是就成了25篇。删去的两篇为《记列宁博物馆》和《跋》，新增的篇目则是：

1963年的《“早”》

1965年的《天下第一山》

1976年的《“努力奋斗”》

1977年的《红太阳居住的地方》《岗位》

还有一篇记录“干校”生活的《八间房》，未标明写作日期，从内容判断，当写于1976年前后。

这个增订版和初版本的“新一版”同时在1978年印出，有为吴伯箫“平反”的含义，此种现象在“文革”结束后很普遍，其政治意义大于文学意义。

故，《北极星》的重新发行，标志着吴伯箫的“解放”或“归来”。

一方面，仓促之间没有太多新作；另一方面，也有某种政治表态的意味。我想这是《北极星》增订版篇目调整的原因。

比如为什么删去《记列宁博物馆》？应该是当时与苏联关系尚未解冻，作者或编辑出于回避敏感问题的考虑。

《跋》写的是当年在延安参加"文艺座谈会"的情况,与《北极星》和新写的《"努力奋斗"》内容重复,删去也可以理解。

至于增加的几篇,除了关于绍兴鲁迅故居的《"早"》,其他都是时代性、政治性极强的新作,特别是有关毛主席纪念堂的畅想以及"英明领袖华主席于一九七六年十一月二十四日为纪念堂奠基"的记载,显然也就是一种积极的政治表态。对吴伯箫这样的党员干部而言,这种表态实在再正常不过了。

既然是政治表态,也就不好从文学层面加以苛求。

较为纯粹、集中的还是 1963 年所写的《"早"》,八十年代,此文曾被作为范文收入一些文学选本,或推荐为中学生课外读物。

1962 年元月"小寒"前后,吴伯箫曾有绍兴之行,调查访问之外,参观了鲁迅故居,还观看了当地的戏剧演出,回北京后先写了《跳女吊》,一年后又写了《"早"》。当时《北极星》初版本没来得及收入,故而拖到"文革"后增订版才收进去。不过,《跳女吊》一文却没有同时收入,不知又是出于什么考虑?

按文章性质,《"早"》属于游记,记的是绍兴鲁迅博物馆内的三味书屋,应该是对鲁迅名文《从百草园到三味书屋》的一种回应,而其重点所记,乃是书屋内鲁迅当年求学时刻在书桌上的一个"早"字,由此生发开去,写了鲁迅一生的勤奋刻苦,很有吴伯箫散文一贯的热情洋溢和踔厉风发,譬如其早年所写《忙》那一篇。作为中小学生读物,的确是很具感染力的。

《八间房》似乎也值得留意。之所以值得留意,乃是因为这是吴伯箫唯一一篇涉及"文革"中"干校"生活的作品,文章当然很“正面”，“发扬抗大挖窑洞、大庆干打垒的精神”，“《五・七指示》放光芒，知识分子盖瓦房”，“走一辈子光辉的五・七道路”，云云，也不能说此种表态完全出于“逢迎”的态度。在彼时特定的政治氛围中，一般知识分子很难有什么超越、独立的判断，多数还是诚诚恳恳“随大流”的，吴伯箫的政党成员身份和政治遭遇更不可能使他作另类思索，这恐怕也是实情。至于吴伯箫内心里有何保留，那就只可能是私下的话题了，非特殊渠道岂可易知？

然对于一个有文字癖好者言，又总会于文字中留下其生活的蛛丝马迹，《八间房》的意义或许也在于此。轰轰烈烈的政治姿态之外，《八间房》里果然流露不少“业余”生活的细节，最引人处，莫过于“有时一个人去游泳”的“西湖”，蛙泳，仰泳，自由式，浪花飞溅，各显身手……

吴伯箫，出于他的身份，犹忘不了把一己的“游兴”往政治上靠：“——生活在工农群众中间，天天都像游泳在水里，驰骋在广阔的天地。”

而我要说：生命的诱惑就是这样无法拒绝……

本章年表(1964—1978)

1964 年，五十八岁。下半年结束党校学习回人教社。人教社中学语文编辑室编写的 1963 年版初级中学课本《语文》第 4 册正式出版，其中第二十一篇课文选用吴伯箫散文《记一辆纺车》，这是人民教育出版社教材首次在中学语文课本中选用吴伯箫散文作品。《记一辆纺车》也被选入上海、北京、浙江、河北等地《语文》课本中。写散文《天安门的哨兵》等。

1965年,五十九岁。6月去江西南昌、井冈山寻访革命遗迹。秋,到房山参加"四清"工作撰写《自传》、散文《天下第一山》等。

1966年,六十岁。"文化大革命"发生,人教社被迫停止工作,被列为"走资派"遭到批斗,并被停止党组织生活,对针对自己的大字报进行反驳。

1967年,六十一岁。手抄毛泽东诗词,被隔离审查,写《中学语文课本编辑中所犯的错误》等。

1968年,六十二岁。仍被隔离审查,"交代问题","写材料",遭人教社造反派抄家。

1969年,六十三岁。三个子女分别到内蒙古、陕西、吉林插队。下半年随人教社全社干部到安徽省凤阳县大红山办"五七"干校。写检讨《检查我在文艺工作上的所犯的错误和罪行》。

1970年,六十四岁。在安徽凤阳"五七"干校。

1971年,六十五岁。在安徽凤阳"五七"干校。政治上获"解放",恢复党组织生活。发还部分被抄走的图书文稿。

1972年,六十六岁。由安徽凤阳"五七"干校返回北京。国务院科教组发布《关于重建人民教育出版社的通知》,由高等教育出版社和原人民教育出版社的部分人员重新组成人民教育出版社。散文《记一辆纺车》被选入广西壮族自治区试用课本初中《语文》第二册。

1973年,六十七岁。参加筹建新的人民教育出版社。散文《记一辆纺车》被选入浙江、吉林、辽宁等地中学教材。

1974年,六十八岁。在"评法批儒"闹剧中遭逢两件事，受刺激，触发冠心病。下半年去上海出差，住复旦大学，参加系列会议。散文《记一辆纺车》被选入甘肃、吉林、河北、四川等地中学教材。

1975年，六十九岁。托人寻找早年散文集《羽书》。去山西省昔阳县大寨大队参观。到内蒙古呼和浩特参加出版工作会议，并参加那达慕开幕式。十月，乘火车去广州出差，归程在长沙、武汉、郑州停留，前后约一个半月，走了四个省，七个市，走访十二所大学。

1976年，七十岁。写《青玉案·再悼周总理》、散文《八间房》等。十月，到上海嘉定参加高等学校理工科英语教材会议。香港学者司马长风著《中国新文学史》中卷由香港昭明出版社有限公司出版，其中第四编第二十一章《散文的泥淖与花朵》有《吴伯箫的〈马〉》一节，这是境外中国现代文学史著作最早出现的对吴伯箫散文创作的学术性评价。

1977年，七十一岁。写散文《红太阳居住的地方》等。散文《记一辆纺车》被选入湖北、山西、江苏、浙江、上海、安徽等地中学教材。

1978年，七十二岁。调任中国社会科学院文学研究所副所长，起草《文学研究所研究生院筹建情况意见》等。散文集《北极星》增订版由人民文学出版社第三次印刷。夏秋之交，因冠心病住首都医院。十二月，香港学者司马长风著《中国新文学史》下卷由香港昭明出版社有限公司初版，其中第五编第二十七章《散文的圆熟与飘零》有《吴伯箫的〈羽书〉》一节，对其散文作出甚高评价，认为《羽书》“在散文创作史上，是不能掠过的一本书。吴伯箫的散文，有它独特的风概和成就”。本年，人民教育出版社中学语文编辑室编写的1978年版初中《语文》课本（试用本）第六册选用吴伯箫散文《歌声》，高级中学《语文》课本第一册第十一篇课文选用吴伯箫散文《记一辆纺车》。写散文《英雄乡》《忘年》《我所知道的老艾同志》《作家·教授·师友——深切怀念老舍先生》《回春》《奋勇登攀》等。

第十章　无花果

正篇：未完的沉思

最后的岗位

莱芜籍现代诗人吕剑在“文革”后写过一首题为《赠伯箫乡兄》的五言诗：

同乡皆为客，离家日以疏。
壮龄事奔走，华发不胜梳。
乡音幸无改，兄弟未断书。
故里今如何？或闻与昔殊。
返闾常无因，梦魂难具陈。
别时岂情薄，老来倍觉亲。
晨霞明岱颠，东风吹汶滨。
何日相携归？一览故园春。

同为现代文化背景下从莱芜走出去的文化人，两人相差十几岁，但的确都有“壮龄事奔走”“离家日以疏”的共同经历。吴伯箫和田珮之、王毓铨年纪相仿，都是由不间断的升学成为教师和学者的,吕剑则是因为抗战全面爆发流亡到湖北乃至港粤一带的。但说来也巧,在经历了抗战、内战和中华人民共和国成立这些历史进程之后,他们又都先后进了北京,虽说具体工作部门不同,可同为文化人,四个人的工作性质还是相当接近的。如此想来,算上同乡之谊,他们相互之间的交往应该是自然而然的吧?

吴伯箫与田珮之是北师大校友,田毕业工作略早,1929 年他在山东泰安三中担任校长时,还在北师大读本科二年级的吴伯箫曾应邀来三中短期执教。近年还看到他们在"文革"后期的通信,互相交流看病求医的信息,可见吴、田二人往来较多。吴与王毓铨的交往,现在能看到的二人通信是 1980 年写的,但从王毓铨信中"数年又不见"一语,又似乎见出尽管"年老了,越发想见老朋友",而实际见面次数大概并不多。

至于吴与小他十几岁的诗人吕剑究竟是何时开始交往的,一时还不能坐实。但吕剑先生健在时,我记得多次在通信中谈及莱芜和吴伯箫,从吕剑随信寄来的多通吴伯箫致吕剑函复印件,至少可以确定他们在"文革"结束后的 1977 年元旦会过面,随后春节期间吴伯箫还差他的小儿子把家乡亲友寄给他的香肠分送给吕剑两支,更是在信中与吕剑交流过不少关于书、印章以及莱芜历史名人的趣事。譬如差小儿子送莱芜香肠时也把他在《一种〈杂字〉》一文中提到的《庄农日用杂字》顺便送给吕剑,且特别提到"大成版""金镶玉的装帧",在另一次通信中,吴伯箫还把吕剑来信中说过的关于汉代莱芜县令范丹的两句歌谣专门找到,用毛笔抄好寄给吕剑。实际上,就当时国内的政治局势说,1977 年还只是个良好的开端,一些"文革"前或"文革"造成的冤假错案都还未平反昭雪，直到这年年底胡耀邦出任中共中央组织部部长，这项工作才有了起色。但即使这样，像"右派改正"问题也是到1979年才获解决，1957年被错划右派的诗人吕剑就是在1979年得到改正的。从1977年吴伯箫、吕剑二人亲切的交往（吕剑《赠伯箫乡兄》那首诗也写于1977年），可以感受到"文革"结束对吴伯箫、吕剑这些党内外知识分子生活的积极影响，也看得出吴伯箫对同乡故交的真挚情怀。

对友情的珍视并不限于同乡。也是在1977年，趁10月份到上海嘉定参加大学英语教材座谈会的机会，利用两个星期天看望了作家巴金、李俊民和孔罗荪。在孔罗荪家里他还看到了另外一个老朋友、延安时代的诗人严辰，看到他和孔罗荪正在编《上海文艺》杂志，还了解到严辰到上海，是为了办理"退休"后的复职手续。会后回到北京，他还跟雷加提到严辰如何受"四人帮"爪牙愚弄提前"退休"的事。

对吴伯箫来说，1977年也是忙碌的一年。上半年应约去北京师范大学、北京师范学院（今首都师范大学）讲授中国现代文学史课程三次，主要讲延安文学及毛泽东《在延安文艺座谈会上讲话》。还根据到正在修建的"毛主席纪念堂"劳动的经历，写了散文《红太阳居住的地方》。下半年及新年之后先后出差去上海、长沙、太原，每次出去都差不多半个月，文章就没时间写了。他在给吉林师范大学学报编辑室回信时谈到东北诸多老同事来北京看望他的事，也提到邓小平复出"抓教育"、学校大有好转……看得出，忙碌着的吴伯箫内心是快乐的。

转年，从太原、北大和天津南开大学出差回京不久，吴伯箫就接到了新的工作调令,这回是调他到中国社会科学院文学研究所担任副所长。

中国社会科学院的前身是1955年成立的中国科学院哲学社会科学部,1977年正式组建。作为全国哲学社会科学研究的最高殿堂,它拥有六大学部,文学研究所隶属文学哲学部。无论是社会科学院还是文学研究所,在“文革”前都有比较复杂的历史,但“文革”后都进入新的发展阶段,胡乔木、周扬担任了社会科学院的第一任正副院长,而文学所的新所长是老作家沙汀,陈荒煤、吴伯箫、许觉民等是副所长,其中陈荒煤任常务副所长。早在延安时期,吴伯箫即与胡乔木、周扬有工作上的关系,1954年从东北调北京除了董纯才,也未必与胡、周无关,长期工作关系建立起的信任或许正是此次调任的因素之一。从后来吴伯箫在副所长任上与周扬较多的工作联系似乎也能感受到这一点。

对这次工作调动,吴伯箫显然是兴奋的。或许是巧合,或许是有意为之,他赶在1978年3月27日七十二岁生日这天去新单位报了到。第二天,他写信给家乡的外甥表达内心的愉快:“花‘盛’到京,正逢吉日良辰,合家欢欣。你的记忆好,又会计算时日,值得称许。……巧的是:舅父工作调动,正好生日这天到社会科学院报到,重返文艺战线作新的长征开始。……更巧的是:廿六日,原东北师大师生,一天中有三起来我处,午饭西餐,晚饭寿面,十多个人畅谈三十年来盛事,至为欢快。而他们都不知道我第二天过生日,同时离开工作了廿四年的出版社到社会科学院新岗位报到。——这些都应预兆新的长征有个良好的开始。”①

“花‘盛’”者，花生也！这是说山东莱芜的姐姐一家为了庆祝他的生日给他寄来的花生、醉枣等家乡风味，吴伯箫借“生”“盛”谐音表达他的喜悦。对工作调动，他用了“重返”“新的长征”“预兆”这样的字眼形容，又特别提到前一日东北师大三波老学生的来访，一个“至为欢快”也充分透露了他的兴奋与期待——他似乎对年逾古稀没有任何消极情绪，真是不知老之已至！

吴伯箫担任文学所副所长，一开始涉及的工作不少，既参加对文学所工作规划的讨论，也起草过关于夏承焘借调文学所和筹建研究生院的报告。但随着这年6月12日郭沫若的去世，中央决定编辑出版郭沫若全集，吴伯箫就开始主管这个工作，担任了郭沫若著作编辑出版委员会办公室的负责人，直接在委员会主任委员周扬的领导下工作。

但这是一项艰巨的工作。委员会的成员都是挂名，所谓“办公室”也只是个空架子，一无地方二无人，手提包里的办公经费也只有两百元！早已经过多次“打前站”经历的吴伯箫，这回又开始了“白手起家”的艰苦创业。他把社科院里一间木板房当作办公室，跟文学所借来的一个年轻人四处奔走、多方求援，总算搭起了编委会的架子。直到半年多以后，在郭沫若夫人于立群的帮助下，才终于在什刹海郭沫若故居的院子里设立了正式的办公室。据当时跟他一起工作的年轻人回忆：“他整天坐班，筹划全面工

① 吴伯箫：《致亓举安》，1978年3月28日，据手稿。

作。重要文件,他亲自起草;编委会的工作,他一一过问。就连添置一项设备,他都耗费过心血。一个痰盂,一把剪刀,他也要精打细算。艰苦朴素,勤俭节约是他的一贯作风。每天上下班,这位七旬老人总是徒步行走,虽然郭老的汽车已移交办公室,但他从来不乘坐。他在《布衣》中写道:'最不好是把车辆变成摆阔的工具。'一个夏天,已到下班时间,雷声从天空中滚过。我考虑吴老师走不到家就会下雨了。我叫来了办公室的小汽车,他执拗地表示谢绝,自己走了。不久,他又返回办公室来找我,我以为是要车来了,哪知道老先生乘坐公共汽车把月票、钱票和工作证全丢了。他不为几十元钱感到不安,担心的是怕坏人拿他的工作证招摇撞骗。我跑到汽车总站、派出所去挂失。一位民警说:是写《歌声》、《记一辆纺车》的那位作家吗?如果有人捡到,我愿意亲自送上,认识一下这位散文作家。吴老师听到后,感到由衷地高兴。有一次我去给楼适夷同志送材料,正好郭编的小汽车去加油站,我搭上小汽车就走了。事后,吴老师对我进行了严厉的批评。还有一次,他让通讯员去给编委们送材料,通讯员通过邮局一下子全部发出了,也受了严厉的批评。"①

一边紧锣密鼓地打基础,一边启动郭沫若全集的编辑,为此组织起全国范围内的郭沫若研究专家投入这项工作,吴伯箫还诚恳地邀请楼适夷、戈宝权、孙席珍这些老一代文学家和翻译家也来参与这项工作,有些老学者本有一些顾虑,但在吴伯箫的一再鼓动下,还是积极挑起了担子,

① 康林:《吴伯箫老师在郭著编委会工作的日子》,1986年8月,亓勇主编:《吴伯箫纪念文集》,第66页。

愉快投入工作了。比如楼适夷，开始就一再推辞，他后来在给别人的信里还解释过原因，一是觉得此事由周扬挂帅，他不愿掺和；二是觉得郭沫若文字芜杂，全集不好搞；还有就是他想集中精力写作，不希望分心。但终于还是为吴伯箫的情谊打动，不忍绝之过甚，也成为郭著编辑的重要成员。

由吴伯箫生前起草的一份报告，可以清楚地看到《郭沫若全集》编辑出版的规模：文学编委托北大、上大等十八所高等院校作简要注释；历史编委托川大作必要校勘和简注；考古编校对释文、引文，更换拓片。历史、考古两编，初稿已大部完成；文学编先后在杭州、厦门开会确定了各卷注释条目，少部分写出了注释初稿。定稿，拟采集中讨论办法。审稿，历史编由编委侯外庐、尹达、刘大年负责；考古编由夏鼐负责；文学编由李一氓、冯至、林林负责诗歌，夏衍、阳翰生、曹禺负责戏剧，沙汀负责小说、散文，成仿吾负责自传，冯乃超、林默涵负责文艺理论，张光年负责杂文。最后统由周扬终审签发。

这是 1981 年 4 月份起草的报告，从“历史、考古两编，初稿已大部完成；文学编先后在杭州、厦门开会确定了各卷注释条目，少部分写出了注释初稿”表述，不难看出短短一年半的时间里工作效率之高。吴伯箫在这份报告里还提到，《全集》计划在 1982 年陆续出版，到 1985 年出齐。遗憾的是，当文学编第一卷在 1982 年 10 月面世时，吴伯箫却未及看到就离世了。

作为郭著编辑出版委员会办公室的负责人，吴伯箫在 1981 年退居二线之前所做的工作，不仅全面启动了郭沫若著作的编辑出版，也为全国性的郭沫若研究奠定了基础，应该是他生前正式工作岗位上最后的重要成绩。与前述工作互为表里，短短三年中，还有几件事也值得提提。

一件是1979年6月的四川之行。这年6月12日至19日，由四川省乐山地区、乐山市和四川大学联合主办的郭沫若研究学术讨论会在乐山大佛寺举行，吴伯箫与楼适夷、戈宝权、王廷芳等应邀赴会，除了在会上作《祝贺与希望》的发言，参与了全体与会代表酝酿发表的《关于成立郭沫若研究学会的倡议书》，还在6月26日参加了四川大学郭沫若研究室成立大会并讲话，祝贺国内高等院校第一个郭沫若研究室的成立。他们火车去，轮船、飞机回，会议期间在乐山访郭沫若故居，登峨眉山到万年寺，为眉山三苏祠题词："文苑千秋怀四杰，京华万里访三苏"，在成都游览了武侯祠和杜甫草堂，乘船过三峡，望神女峰，心情极为愉快。他还把郭沫若研究与登峨眉山作比，写成一篇《攀金顶》美文，所表达的意思，恰与他在乐山大佛寺诗歌朗诵会上题词"凌云钟秀，沫水深情，友以文会，同仰金顶"相呼应。

再一件事是在1979年11月4日，第四次全国文代会期间，吴伯箫起草了《致周扬同志并大会主席团》信，建议会议就成立全国郭沫若研究学会进行"考虑"，由吴伯箫、楼适夷、戈宝权三人联合署名递交大会审议。实际上，还在8月份，郭著编辑出版委员会办公室就拟定了一个《郭沫若研究学会章程》(草案)，吴伯箫等三人递交周扬和文代会主席团的信不妨看作是对四川会议所发"倡议"的正式回应。到本年10月，《郭沫若全集·文学编》第1卷《女神》《星空》《瓶》《前茅》《恢复》的注释本(初稿)也已经打印出来。

还有就是1980年12月中旬，吴伯箫仍以郭著办公室负责人身份去厦门主持郭沫若著作编辑注释工作会议，并到厦门大学和集美学校参观。此后也还时有对相关工作的安排，比如1981年1月10日，吴伯箫给文学研究所傅德惠写信，附上郭著办公室材料三种，请他商请许觉民副所长，希望以这些材料编一期《文学研究动态》。到1981年4月，吴伯箫又亲自起草并向社科院党委提交了一份《关于郭沫若著作编辑出版工作请示报告》，对郭沫若著作工作重心由编辑向出版转换的情况作了说明，对必要的工作安排则及时作了补充。

不尽的眷恋

从"文革"后期初步恢复工作，到1978年调任中国社科院文学研究所副所长，吴伯箫以一贯的工作热情履职，似乎从不感觉疲倦，也似乎从未抱怨任务多、任务重，在友人、同事眼里，他也的确是个闲不住的人。吴伯箫去世后，老朋友公木在悼诗中写到他对吴伯箫的一个印象："甘做万人梯，没半点梯己。一任子侄辈，嘲笑老积极。老骥不伏枥，夸父逐日跑。道渴弃其杖，邓林鞠茂草。"这两段诗，一是说吴伯箫做事秉持为公为他人的理念，且总是竭尽全力；二是说吴伯箫人到老年而精神毫不懈怠，仍如神话中的夸父逐日那样，不但日夜无止息地奔波，而且把手杖也化为桃林泽被后人。公木先生后来在给笔者的信中还解释过"老积极"一语的来历，原来有一次他去吴伯箫家里串门，结果吴伯箫不在家，他儿子对公木说："爸爸又去工地献功去了，老积极！"言下大有不以为然之意。

关于吴伯箫对工作的热情，另一位老友雷加也有深刻印象,他甚至联系吴伯箫延安时期两篇散文《论忘我的境界》和《客居的心情》所表达的观念,认为吴伯箫的一生,就是用“忘我的境界”和“客居的心情”这两面镜子照亮的一生。在雷加看来,对吴伯箫来说,“忘我”与“客居”是互不相关又不可分割的两个方面,没有“忘我”,就感不到“客居”;而没有“客居”,就失去了“忘我”的存在。

雷加引述吴伯箫自己的话解释“忘我的境界”:“把全副精力集中到自己所爱的,所向往的,或所行动的事物里,而沉浸到里面,湮没到里面,融化到里面的,那就是忘我。”

也许,理解了这段话,才能理解吴伯箫对工作的那种热情和执着,才能理解此种热情、执着后面对生活、对生命的爱与眷恋。

可是另一方面,工作也罢,生活也罢,甚至生命本身又是复杂的,很多情况下不是自身可以随意掌控的,所谓身不由己,其实更接近真实。

拿吴伯箫来说,一生中所经历的工作与生活的意外、波折、烦恼以至痛苦,又何尝少过?倒是阴差阳错的际遇、河东河西的辗转、山河破碎的变局、黑白颠倒的时运,总是不离不弃地伴随着。就算老年相对平稳、安定、顺遂的几年,也并非真的就绝对一帆风顺,有些棘手、令人蹙额甚至气愤的事情也并不总是可以顺畅地说出来或化解掉的。吴伯箫是通达的,但有时又因为太认真而显得执拗和放不下,最后往往还是一个人生些闷气。楼适夷就曾在悼念文章里讲到:“有些同志被安排到领导岗位,接受一些工作任务,就先讲究用权,权力在手,谋私第一,安排铺张,引用私人,花公家的钱全不心痛,对个人的要求永无厌足。伯箫同志生性耿直,就是看不惯有这种习气的人,在这方面他是一个倔老头。而那种人当然也看不惯他，反而以为他可欺，于是在背后克扣他，甚至当着面也有绝不礼貌的言语。我看他个人受些窝囊气，并不计较，但由此而贻误了工作，却使他非常伤心。”有一次楼适夷去看望刚刚出院回家的吴伯箫，因为都是相互信任的老友，吴伯箫一见面就向楼适夷“宣泄起郁结在胸中的气愤来了”，吴伯箫去世前的真实心境，由这个细节似乎可以看出些端倪。

气愤，有时是因为不合时宜，有时也会因为工作中的矛盾或不顺利，但无论是不合时宜还是具体工作，又似乎都与“生性耿直”有关。我曾经致信当时也在社科院文学研究所任副所长的许觉民先生，向他询问吴伯箫在所内的工作。据许先生回信告知，在几位副所长的分工中，吴伯箫的主要工作是郭沫若著作编辑出版办公室，但有时也会因为人手不够而参与行政性会议，致使对工作分工产生误会。后来生病，还因为工作问题与个别领导“谈话引起冲突”，导致病情加重。

事过境迁，“谈话引起冲突”的具体内容已不便也无需一探究竟了，或许值得一提的是吴伯箫在社科院文学研究所岗位上第四个年头，即 1981 年，因文学研究所领导班子“新老交替”而退居二线。

其实，还在 1980 年，常务副所长陈荒煤就通过书信与所长沙汀商讨领导班子的年轻化，建议沙汀和他本人以及余冠英、吴伯箫几位副所长退居二线，做顾问。因为当时文学研究所领导的平均年龄是 68 岁，身体都不算好。这样，到 1981 年 11 月，沙汀、余冠英、吴伯箫从所长、副所长岗位上退下，陈荒煤本人调到全国文联，由许觉民负责组织新的领导班子。

但对吴伯箫来说,在文学研究所负责郭沫若著作编辑出版的日常组织工作仅仅是他的正式工作,实则在他生命的最后几年里,兼职的工作、义务的工作也还有不少。比如他作为语文教育家,虽说人离开了人教社,但有关文科大中学教育教学的会议、活动还是照样参加,特别是1979年当选为全国中学语文教学研究会副会长以后,中学语文教学研究方面的活动就更多了。

在1979年底中国教育学会中学语文教学研究会成立大会暨第一次年会上,吴伯箫作了《谈语文教学》的发言,并被选为副会长。《谈语文教学》这篇发言,是吴伯箫几十年文学教育实践的一个总结,更是对新中国以来中学语文教学历程的一次深刻反思,从"反思"角度理解这篇发言,真可以说是吴伯箫的椎心泣血之作。与这篇发言前后呼应的,是1980年5月28日出席北京中学语文教学杂志社举办的《一封令人忧虑的来信》座谈会时的另一段发言。《一封令人忧虑的来信》是语文教育家吕叔湘先生的文章,由一封学生来信而不懂书信格式、用语不妥的现象提出语文教育问题。中学语文教学杂志社为此邀请叶圣陶、茅以升、吕叔湘、吴伯箫、钟敬文、苏灵扬、朱德熙、张志公、张毕来、周振甫、叶至善、刘国正、张寿康、张中行等教育界、科技界、语言学界、文艺界知名人士和一线语文教师进行座谈。吴伯箫在座谈中提出两点"解忧"的建议:一是彻底扭转"假、大、空""白卷英雄""读书无用论""有权有势说话就是真理"这些恶劣的风气;二是建议教材编辑到学校教一班课,搞点儿实验,掌握第一手材料。这当然还是反思的路径。

吴伯箫自己也在为语文教育的拨乱反正和重新出发

不遗余力地工作着。

在致家乡外甥的信中，谈到学校与教师、图书的关系；通过对一些阅读、写作活动的支持而大力提倡“写真情实感”“把功夫下在多读原文上”“准确地理解祖国的语言文字”“读是为了写”；还通过接受教育媒体记者的采访表达他的语文教育观，这一阶段所写的不少文章如《办平民学校》《且说考试》《钥匙》也都是教育方面的主题。1981 年 6 月，他接到家乡泰安一中语文组的一封来信，信中说他们在编一份《语文小报》，希望请吴老为小报题写报头，出于一贯的热情，再加上对家乡的情感和瞩望，吴伯箫很快写了回信，连同两幅写在宣纸上的报头一并寄去给予支持。吴伯箫在回信中，带着感情回忆了他大学时期到泰安三中兼职的往事，还回忆到他的泰安籍老师范明枢先生。收到吴伯箫回信和题写的报头，泰安一中语文组的老师们自然受到不小的鼓舞，就从 7 月 15 日出刊的第 16 期开始采用吴伯箫题写的报头，还在小报头条制版印发了吴伯箫 6 月 30 日写给《语文小报》编辑小组的信。

郭著出版、中学语文教育之外，也许就该说到吴伯箫的文学家、作家身份了。延安时期的文协秘书长不必说了，新中国从第一次文代会到第三次文代会，吴伯箫都是作为代表参加了的，还曾在第一次文代会期间被选为理事会秘书长。“文革”内乱导致正常的文学组织陷于瘫痪，一切皆无从说起，直到 1979 年才又召开了第四次全国文代会，这回吴伯箫也参加了，还在会上提交给周扬一份关于成立郭沫若研究会的提案。其实 1979 年内文艺界的活动不少，比如年初全国文联举办的迎新茶话会，吴伯箫也是受邀参加者，且在茶话会上被时任中宣部部长的胡耀邦一眼认出来,提到他当初带学生一起进抗大的旧事。这年的秋天,吴伯箫参加了在北京八宝山革命公墓举行的戏剧家孟超追悼会,送了一幅“悼念孟超同志:光照太阳社,遗恨李慧娘。吴伯箫敬挽”的挽联。孟超是吴伯箫青岛时期的旧友,一起办过《避暑录话》,因创作昆剧《李慧娘》在“文革”中遭到康生迫害,“文革”结束前夕郁郁而死。

1980 年第一天开始,吴伯箫就参加了中国作协和农垦部组织的作家参观活动,与秦兆阳、雷加、菡子、丁宁、李纳等人访问广西湛江、海南岛、云南西双版纳五十天,回来还在座谈会上兴致勃勃地讲了自己深入生活的体会,又陆续写了散文《天涯》《“鹰”》《访南糯山》以及旧体诗《西双版纳杂咏》等。

吴伯箫去世前一年,还有一次远行,他和天津青年作家冯骥才根据 1980/1981 年中英文化、教育和科学交流计划,在这年 10 月中旬飞赴英国伦敦、牛津、剑桥访问交流,某种意义上“实现”了他年轻时候留学英伦的旧梦。11 月初结束访问返回北京后,一面倒时差,一面致信外甥谈这次出访的心情:

> 十一月二日从英国平安归来,一行顺利,身体精神都好,转禀你父母勿念……舅父在大学是英语系,这次访问英国,是五十年宿愿。只是专业毕业后未用,大半淡忘了。英语说不如念,听不如看,在英国靠翻译交流思想,凭观察增广见闻而已。
>
> ……我们一行三人,主要到了伦敦、牛津、康桥。三个地方古迹古物保存得都很好,市容整洁,绿化无尘。每日天气,总是晴明,阳光灿烂,后多云,转阴,转

雨。空气湿润，舒适宜人。多雾之说，并非全国情况。

……两周生活，天天是宴会，过节日。只是口味不适，鱼肉并引不起食欲，回京后反而苞米糊糊就咸菜吃起更香。

……坐飞机，往返各六小时，只在加沙（沙特阿拉伯酋长国）、法兰克福（德国）略停。在飞机上吃五顿饭，鱼肉水果俱全，生活有如地上。坐着，半躺着，看电影而外活动较少而已。

……中英时差七小时，总有三四天不舒服，困顿思睡，又往往睡不好，但不是病态。回京数日已恢复正常。

看得出，“五十年宿愿”，“每日天气，总是晴明，阳光灿烂……”吴伯箫的兴奋之情溢于言表。

冯骥才对这位与他同行的老作家印象弥深，他把回来写的访英文集《雾里看伦敦》题献给吴伯箫：“仅以这本小书，纪念此行的旅伴——我所尊敬的吴伯箫同志！”后来又在另一本书里回忆到他们一起访英的不少趣事，譬如出访前作协从社科院外国文学研究所请一位专家给他们恶补了几天英美文学史，还讲了种种“不准”的“外事纪律”，以及冯骥才在“黑礼服晚会”上因为穿了一件灰色礼服而“频遭冷眼”。涉及吴伯箫的也有一事，就是在剑桥大学与那里的东方学者交流时，主人提问题都踊跃而直率，冯骥才发现吴伯箫闭上眼，像是睡着了，他以为吴老旅途劳累，就自顾自回答学者们的问题。不想回到酒店后，身为团长的吴伯箫却把冯骥才叫到他房间，说他当时根本没睡，而是认为那些东方学者的提问是在挑衅，只好不予回答。这让年轻的冯骥才恍然大悟,但也由此意识到一个问题,即吴伯箫这一代“革命作家”何以在获得政治上的平反后反而在创作上“缺席”了。冯骥才不禁感慨:“他们背负的历史太重,或者他们被过去思想的惯性束缚着,时代已经换了一匹飞马,但他们跨不上去了。”

但就在访英归来不久,吴伯箫即感觉吞咽食物困难,经医院会诊,确诊为晚期食道癌。

家里人没有将真相告诉吴伯箫,但随即住进首都医院治疗,春节后出院,接着又服中药调治,甚至找到当时的名气功师郭林以气功治疗。

病况来势汹汹,进展甚快,随即再次入院,但没住多久,略有好转即回到家中继续服中药,以药性太强,致大吐血数次。他在家乡姐姐生日那天最后一次给老家的亲人写信,最后署的是原名“吴熙成”。

他拖着病体由夫人郭静君和女儿扶着,亲自登门到叶圣陶先生家里,恳请老人家为他即将出版的散文选撰序。而在叶老眼里,此时的吴伯箫却既熟悉又陌生:“今日九点后伯箫来,夫人女儿扶之,满面皱纹极深,望而知甚瘦弱不堪。语声低弱,眼中渗出泪水。余一口答应决为作序文,伯箫表现心慰之神态。渠言怕余疲累即欲辞去,余言闲谈殊不以为累,女儿言其父亲不能多说话,遂为别。此一晤面颇生异感,我猜伯箫心中必自伤极深矣。”

在写给报社编辑的信里,吴伯箫表达着他对工作、对生活的渴望:“我远远落后了。二次出院已两月,然瘦骨嶙峋,困在沙滩。五内焦躁不胜。能介绍一些颐养的经验么?能工作,真是最美、最好、最幸福的!”

7月15日,因咳血,吴伯箫第三次入住首都医院。进入 8 月，并发肺炎。8 月 9 日，呼吸困难导致昏迷。10 日中午 12 时 10 分，七十六岁的吴伯箫停止了呼吸。

未完的沉思

在年轻的冯骥才眼里，包括吴伯箫在内的老一代作家“背负的历史太重，或者他们被过去思想的惯性束缚着”，这种认知和判断总体上是准确的，但似乎也不宜一概而论或绝对化。一方面，冰心、巴金、杨绛、张中行、蔡其矫这些“不同代”的老作家在复出后均有不同程度的衰年变法之举，另一方面即如吴伯箫自己也不尽是“安身立命”的明哲保身之思，如果仔细审视一下短短几年中他的言行与文字，不难看到“文革”后他在一系列问题上痛切的反思与自我超越的努力。只是天不假年，刚刚开始思考就身患不治之症，过早地离世了，我始终觉得这是一件太过遗憾的事。

作为共产党员，吴伯箫当初的政治选择是明确的，信仰是坚定的，其初心可鉴、九死不悔的昂扬姿态亦有目共睹。他因其自身所遭受到的不白之冤对延安党校“三部”组织“不是实事求是”的作风怀疑过，他对 1956 年汉语、文学分科教学由轰轰烈烈启动到突如其来收兵所遭遇的权力任性干预有着切身之痛，更无法理解“文革”中从“打砸抢”到“横扫一切牛鬼蛇神”直至“白卷英雄”的荒唐之举，对“文革”结束后执政党“优良传统”在一部分人身上的丧失也深恶痛绝，但涉及信仰时，他却是从不含糊的，其“全心全意”“奋斗终身”的初心也从未改变过。倒是越到老年，越是严格要求自己，还通过自身的实践和发言、写作，一而再、再而三地表明其态度、传布其观点。在恢复执政党的优良传统和作风上，吴伯箫堪称表率。

吴伯箫复出后的散文《忘年》《布衣》《归来》《打前站》诸篇,实则与《北极星》里的《记一辆纺车》、《菜园小记》、《歌声》和《窑洞风景》有着衔接、呼应的关联,在主题上均与执政党的宗旨、作风互为表里,由党的宗旨和作风角度切入吴伯箫"延安系列"散文的内涵,这些作品的意义就一下子突显出来了。譬如复出后所作《布衣》,即是围绕衣食住行阐发一个最终的道理:"人民的国家,权属人民。地位再高,权力再大,依法超不出人民应有的一份。"1980 年在为贯彻执行《关于党内政治生活的若干准则》撰写的笔谈稿《重在实践》中,他从"维护党的统一""要讲真话,言行一致""不准搞特权"几个方面表明了个人观点,尖锐地指出:"在社会主义社会而搞特权,倒退到奴隶制时代去了",在文章最后又特别强调"更重要的是实践。实践!"

强调实践者,必能见乎行动,吴伯箫自己正是这样的人。衣乃普普通通的中山装、军大衣;食,要么单位食堂,要么自己在花盆里种韭菜;住呢?凡去过沙滩后街 55 号原人教社宿舍内吴伯箫所住两间老屋的人都觉得不可思议,其"文革"后期所作《题半间屋》云:"入门揖日月,推窗纳乾坤;胸怀千秋史,眼观五洲云;主客称同好,促膝畅谈心。"行,照标准吴伯箫可以用单位的小车上下班,可人们印象中的吴伯箫形象,总是与拥挤的公共汽车关联在一起。就连给亲友写信,也习惯用自己买的信纸信封,或者把报刊杂志社寄样书的信封拆开来,自己亲手糊一个信封。出差在外,超标准的招待所房间坚决不住。一生中几乎唯一的一次"享受",就是 1980 年夏天北戴河不到一个月的"疗养",以他自己的话说,这是"四十多年来第一次脱产休息"。

劫后反思,也表现于吴伯箫对自己工作中一次次遭遇的长官意志、官僚作风、形式主义的愤怒指斥和抨击上。《北极星》里有一篇《从实际出发》，写于 1957 年初，是他参加教育部组织的湖南长沙汉语、文学分科教学调查的产物，文章主要写了参观湖南第一师范时由毛泽东《夜学日记》、招生广告引发的思考，突出的就是“事情要从实际出发”这一点。他联系当时编教科书的实际，不无尖锐地批评：“教材分量太多了应当减少些，内容太深了应当浅显些，总是个真理。偏偏我们现在编教科书跟进行教学往往不是保守就是冒进，或者图便当，走熟路，不肯轻易打破常规；或者扬鞭走马，使人望尘莫及，也不肯下来等一下。”可惜此文并不受到重视，也几乎从未引起读者注意，其实，读懂此文，才会明白吴伯箫何以在众人唯唯的会场上敢于独自站起来质问那些只知道“上传下达”的人。

故而，在 1979 年上海的中学语文研究会成立大会上发言，吴伯箫讲到“文革”后期他经历的一件事：科教组的人问他：“你看中学语文应当教什么，怎么教？”他的回答是：“请给我一个班，让我教一年后再说。条件是责任自负，除了随时倾听学生的意见改进教材和教法，希望不了解情况的同志在还没有得出试教结果的时候，少给些禁忌和指责，免得工作进行，无所适从。”这段话，听起来普普通通，可是绵里藏针，针对的正是贻害天下久矣的长官意志，而强调的则是实践精神、“责任自负”和“少给些禁忌和指责”。对教育界吃的苦头，吴伯箫太了解了，所以他接着说道：“不解放思想，不冲破‘四人帮’的禁锢、桎梏，怎么能做到从实际出发，照辩证唯物主义历史唯物主义办事，实事求是地各抒己见、畅所欲言呢？”

对新时期的文学发展，吴伯箫殷殷关注，尤其乐见青年一代作家“旧的突破，新的生发”。

1980年，他撰文《赞〈诗刊〉“新人新作”》，对这年《诗刊》4月号上的“新人新作”专辑大加赞赏，认为这些新人的“新作，像挂在枝头的成熟的果实，有的香醇，有的多浆，有的鲜美；就是微带酸苦，吃起来也会长留余味。”在他引述的佳句中，有这样一节：“经几番风吹雨打，一个幻想颓然倒下，狂热的年代终于冷却，剩下一堆零乱的话……”在那个乍暖还寒的时节，能欣赏这类诗句，那思想、襟怀怎么可能会保守、僵化！《诗刊》的“新人新作”专栏，是当时《诗刊》主编、也是吴伯箫延安时期的友人严辰主张开辟的，是《诗刊》改革的一个窗口，在发现新人方面发挥了重大作用，当然也广受欢迎。吴伯箫称赞这个栏目，一方面是为《诗刊》叫好，同时也为了促进散文界的革新与解放。故而到了1981年冬天，他就在《文艺报》举办的“散文创作座谈会”上作了热情洋溢的发言，并在会后写成一篇《散文，应当提倡一下》，把他对繁荣散文创作的意见写得更具体了。他从文体角度谈散文的振兴：“新诗兴起之后，紧接着应当就是散文。”他对当时涌现的“回忆性散文”作了具体分析，又对会议本身的探讨方式以及题材问题、风格问题提出了他的意见。简短的话语中，见出他对散文繁荣的热切期待和对散文艺术的真知灼见。

他对新时期小说或许留意不多，但读了青年作家冯骥才与他人合作的长篇小说《义和拳》后，也极赞赏，认为超过了当时流行的历史小说《李自成》。住院期间还致信中国作协负责人，对作协工作的改进提出他的意见和建议，其中包括建立文学院的问题。

复出之后的吴伯箫，应该是最早恢复写作的老作家之一，只不过早也有早的局限，像最初写的《八间房》这类表现知识分子“改造”的作品后来就没有收入文集。《忘年》集收入的《忘年》《归来》《布衣》《天涯》《问路》就基本恢复到《北极星》的水准了，特别是《作家·教授·师友》这样的篇什，于悼念旧友之外，更不乏对历史的反思。值得关注的也许还包括代序《无花果》和代后记《经验》两篇，因为这是吴伯箫初步总结个人散文写作的经验之谈，可视为吴伯箫对个人的反思成果之一。

《经验》写得稍早，着重强调了生活实践、真情实感之于创作的重要，也有对发展文学的历史反思：“贯彻双百方针，希望不再鹦鹉出来，夜莺、云雀等九十九种鸣禽都只能跟着它唱鹦鹉调；黑牡丹开了，姹紫嫣红的九十九种鲜花都不许再开。”到《无花果》，就有所展开，详尽地回顾了自己从事散文写作的几个重要阶段，第一次披露了青岛时期“曾妄想创一种文体”的那种自觉，这就给研究吴伯箫早期散文艺术提供了很大方便。但也正是由这份自觉，吴伯箫又仿佛意识到了后来的局限，提出了“无花果”这一精彩的比喻：“可是自己妄想创的那种文体，尝试了四十年并没有真正成功。可能我的艺林里只有无花果一科。收入《羽书》集的有些篇目，也是‘画虎’之作。那些篇目出世是我的梦做得最熟的时候。”文章最后还有一句重要的话：“选家说我：‘《羽书》奠定了散文的地位’，那应当是勉强指分水岭的右侧；左侧自认可从《北极星》开始。”如今看来，作为晚年的自我定位，吴伯箫这些话应该还有进一步讨论的空间，这里涉及吴伯箫文学写作早、中、后期的个人思考和客观评价之间的地带，认同、差异甚至争议或许都会有吧。

以旁观者角度看吴伯箫的自我定位，总觉得这个定位稍显匆忙了些,假定——虽说过去的事不能假定,吴伯箫活得久一些,譬如活到20世纪九十年代,或者活到八十岁以上,前行的历史不断翻开新的页码,吴伯箫会不会写出更具探索性的散文新作呢?他对自己的定位会不会因此也有新的内容呢?

自然,这仅仅是无法实现的假定,可无论怎样,吴伯箫过早的离世毕竟阻断了他一系列未完的沉思,这无论如何是一种遗憾。

写到这里,忽又想到在他离世后一位老友悼文中提到的一件事。在吴伯箫病重休息时,这位老友去他家探望,注意到他正坐在沙发上望着庭院里的花草陷入沉思。两人见了面,吴伯箫叫子女拿出叶圣陶先生的一本书,指着扉页上“得失塞翁马,襟怀孺子牛”两句话对老友说:“这第一句我没有完全做到!”老友听了很是感动,认为这是吴伯箫在一生最后的时刻里对自己生平所做的认真评议,由此也领悟到吴伯箫此时的心境清澈明朗,有如一江秋水,要把一切自己觉得不好的东西排尽……

我想,这的确就是真实的吴伯箫,他是一个有反思能力的人,对历史,对自己,他都不会含糊其辞、得过且过。(2020年9月20日星期日晚写毕)

副篇:《忘年》

《忘年》辩

前曾说到吴伯箫“延安系列”散文中一直想写而拖了十

七八年才写出的一篇，这就是“文革”结束后完稿的《忘年》。

就文体说，《忘年》属于书信体散文，收信人是一位被称作“老张”的延安时期战友。在信的末尾，透露了此信写作的机缘：“昨天晚上在天安门观礼台上看焰火，热情握手的时候，看你穿素朴灰制服的身躯依然那样魁梧康健，鬓角斑白了，笑声比最初认识的时候还宏亮爽朗，心里说不出多么高兴。回来兴奋得睡不着，就披衣写了这些话。”

天安门观礼台看焰火的日子，恰是1978年春节，农历戊午年正月初一，当夜写，翌日完稿，酝酿了快二十年的“延安系列”续篇终于完成。

当初写延安的纺车、菜园、窑洞、歌声，是有个从衣、食、住、心(精神生活)各个侧面表现边区生活设想的，而要另写的一篇也想好了，是打算表现“革命队伍里同志之间的关系”。

“革命队伍里同志之间的关系”，从人类的人际交往史角度观察，的确是一种新型的人际关系，它是伴随着共产党组织和共产主义政治理想而产生于同具此种政治信仰与理想者之间的。不过，这种关系究竟是凭空而来的新创还是包含着对传统人际关系的扬弃？它与古代种种“同志”之谓的界限在哪里？这都是需要细细辨析的。

《忘年》以“老张，让我还像四十年前这样称呼你吧”开头，洋洋洒洒一路写下来。有阐述，有回忆，有三个战友的交往细事，也穿插着另外一些相关人物，而所有的回顾皆贯穿着一种作为“同志”的精神基础，那就是：“最重要的是共同的语言”，“关键是：是不是一条心”。

三个年龄不同、籍贯不同、职务不同的人，是如何认识而成为一生的好友的？“那是在瓦窑堡抗大一大队。你，小韦和我，分属三个支队，又来自不同省份。你是河南，由农民入伍；韦，浙江，店员；我，山东，教书匠，是抗战和革命的召唤，把我们聚集到延安。整个队伍不就是来自天南地北，五湖四海吗？论身材，有的粗壮彪悍，有的瘦削俊秀；论性格，这个憨厚老练，那个聪颖精灵；但不知怎么，大家都那样合得来，称得上一见如故。”接下来，历数三人生活中的相处与工作中的合作，“原则问题上我们是毫不含糊的。遇事争得面红耳赤，走出会场却一点不碍有说有笑……”

于三人生活上互相关心、帮忙、惦记的往事之外，吴伯箫也不断穿插讲述“革命队伍”里另外一些温馨的故事，党员转正会上的批评与包容，领导对干部工作上的支持，供给制生活中走到哪吃到哪的自如，的确让人回想起这种近乎“共产主义”生活的种种美好。

想来吴伯箫这些美好记忆，皆为他亲身所体验，自然可信。不过提笔属文时，将这些理想状态的人际交往关系仅仅从“革命队伍”角度解释怕是略显狭窄了些。譬如“最重要的是共同的语言”，“关键是：是不是一条心”。作为人与人相互信任、友爱的基础，不是一直都贯通古今兼容中外吗？此外，有些话语所包含的信息恐怕也需要再加推敲，譬如：“集体生活里，什么你的我的，都是大家的。”又譬如：“有事大家做，有书大家读，有饭大家吃，我们那时候树立了范例。”“旧社会，交往一辈子，有的人还谈不上熟识；新社会，凭一纸组织介绍信，就感到是亲热的熟人。”

这些，确是长期以来被广泛标榜的新现象，在“革命”初期、生长期，人们也确曾感受到其美好、理想的一面；然在经过几十年经验与教训参半的时日后，人们似乎也饱受此种生活另一面的弊害，共产风，大锅饭，公私不分，贪污腐败……即如吴伯箫文中涉及的那位“恶劣到‘唯我独革’，怀着不可告人的鬼胎，阴谋一手掩尽天下人耳目，搞愚民政策，硬把古今名著，中外典籍霸占起来，封禁起来，或者查抄了别人的珍藏据为己有，更有意销毁作家的手稿和写作资料”的高官，不也是打着“革命”旗号招摇撞骗的吗？新旧时代真的就那么水火不容？革命同志关系真的就完全绝缘于传统的交友之道？如果真是这样，又怎么解释传统文化中种种美好的人际关系？怎么理解“天涯若比邻”“不及汪伦送我情”“一片冰心在玉壶”这些诗句背后的真挚情感？

照说，吴伯箫绝不是如此简单化看问题的人，他自己身上就保留着太多太多传统美德，若说这些话语的表述不够缜密，大概还是吴伯箫本性过于淳厚，或者较为机械地理解了“革命队伍里同志之间的关系”，而不知不觉间把革命文化与传统文化的内在关联忽略了。革命者固然有新的思想、作风、人格，但这并不意味着一定要割断与历史的关联，更不意味着对传统和历史的彻底背叛。

故而，吴、张、韦三人的友谊、“一见如故”、对原则的坚守与生活中的关怀体贴，在革命的队伍中会发生，在另外的场合也不见得不会发生。因为他们不单是革命者，也是承载着所有历史文化信息的人，这和三国时代“桃园三结义”的刘、关、张并无二致。

有意思的是，虽说文章处处往“革命队伍里同志之间的关系”上靠，文章标题却并未取“同志”这类的字眼，而用了更具传统味儿的“忘年”一词。除了要突出“焕发青春”“老当益壮”这些作者特别强调的意义外，或许正无意中流露出吴伯箫与传统人伦文化更深层面的关联。

看来,读吴伯箫后期散文,要费点去“伪”存真、去芜存精的功夫啊。

怀人与悼念

死亡,乃人生不可避免的话题,每个人的一生注定要经历与自己有关的种种死亡。自然,“死亡”也是文学的重要主题。

吴伯箫第一篇散文,北师大一年级写的日记《清晨——夜晚》就已经写到了死亡,且是发生于校园、轰动全国的非正常死亡:“三一八”惨案。翌年,又以平民学校兼职教师的身份,写了悼念一位小学生的《寄给一个小死者》,死亡的恐怖与无奈透过字里行间流露出来。

再次在吴伯箫散文中嗅到死亡的气息,已是战争环境下的《送寒衣》和《一坛血》,还有翻译的惠特曼诗《两个老兵的葬歌》,其格调已大不同于最初的恐怖感与无奈感。不过,除了对制造死亡的敌人的诅咒,吴伯箫也并没有对死亡作更深更广的沉思。对他而言,死亡发生的具体原因或许比死亡本身更值得关注,这让人联想到“未知生焉知死”那样的名言。

通过死,追思死者的“生”,是吴伯箫为数不多几篇悼文的出发点。

《出发集》里面的《范明枢先生》,《北极星》里面的《怀剑三》,是这样。

这样的悼文,《忘年》里面也有两篇:《我所知道的老艾同志》和《作家·教授·师友》,分别追记吴伯箫生命中两位重要的人物,哲学家艾思奇和作家老舍。

《范明枢先生》正篇写在 1940 年的延安，应视为怀人之作，七年后所增加的“附记”，则是在佳木斯听到噩耗后的悼文。怀，悼，均发自内心，而所怀所悼的范明枢先生，则是于私于公都意义重大之人，后来写的王统照、艾思奇、老舍也有这个特点。除了早期的作品，吴伯箫散文中的确很少写到他的纯粹私交，更没有写到他的亲人，这里是不是也透露出与他身份、写作宗旨有所关联的倾向呢？

从“于私”角度看，范明枢先生是吴伯箫求学生涯中最重要的师辈之一，王统照是抗战时的“托孤”之人，且实际上是吴伯箫第一本作品集的催生者，艾思奇为吴伯箫提供了文学翻译的契机，老舍是吴伯箫抗战时期在大后方发表作品有力的支持者，照传统说法，皆为有恩于吴伯箫的人。从“于公”角度打量，四位分别是革命史、文学史上的重要人物，吴伯箫回避了个人生命史上另外一些人，而选择他们，显然正是着眼于他们身上折射出的更多“社会意义”。比如范明枢作为“76 岁抗战老人”的身份对抗战胜利的鼓舞，王统照作为“为人生而艺术”的老作家和“随时都把枪弹瞄准敌人”的斗士之标杆意义，作为革命哲学家的艾思奇和作为“人民艺术家”的老舍对于反思“文革”、拨乱反正的意义……

一个作家写什么，不写什么，怎么写，与其人格和思想的构成、变化息息相关，是无法从读者角度硬提要求的。对于吴伯箫散文的“死亡”主题亦当如此看，早期散文对死的恐惧和诅咒，真实自然，完全是从个体生命本身发出；至抗战，吴伯箫更关注的是死亡的社会性原因，对死亡的伤悼也就自然而然归到“化悲痛为力量”的路上，此后对师与友的怀想，也不尽着眼于私交，而往往从人物的命运折射时代、社会的印痕。在吴伯箫，这一切皆出自本然，至于读者所感觉到的某种遗憾，譬如他对他生命史上更多人物之生、之死的忽略或回避，也就只能由读者做出自己的猜测了。

“归来”步履匆匆

由于特殊的历史背景，中国当代文学有一个“归来派文学”现象，指的是1949年中华人民共和国成立后，一部分中老年文学家因为诸种政治原因陆续陷入沉寂而至“文革”结束后重新复出。具体说，这一部分文学家其实背景很不一样，陷入沉寂的具体原因和时间段也不同，比如被排除在第一次文代会的某些名作家是一类，接着是所谓“胡风集团”作家，再后来是“右派”作家，直到“文革”中被打入“牛棚”的“黑线”作家，所谓“文革”后的陆续“复出”，其实不过是伴随政治平反而获得的重返文坛的权利。

吴伯箫虽然在“反右倾”运动中受到批评，但总算没有翻船，他该算最后一批也就是“文革”中靠边站的“黑线”人物，这可能与他跟周扬的关系有关联，在“文革”中，他被勒令交代与周扬的来往。

吴伯箫“倒台”较迟，而“归来”较早。林彪事件后就恢复工作，“文革”刚结束就在复刊不久的《人民文学》发表作品。从这点说，吴伯箫是幸运的。可惜的是，新的时代刚刚开始就病倒，1982年就辞世了。从1976年到1982年，只有不到五年的时间，实在太短了些。

这五年，是拨乱反正、思想解放、改革开放的初期，是解冻的年代，对于吴伯箫而言，则是怀着兴奋到处奔忙的五年。工作上有变动，正式的职务是担任中国社科院文学研究所副所长，具体是郭沫若著作编辑委员会办公室主任，负责郭沫若全集的编辑出版，另外还兼任全国中学语文教学研究会副会长、全国写作学会会长、中国作家协会理事等职务，真有些千头万绪的样子。不过吴伯箫是愉快的，以古稀之年兴致勃勃地奔波于路途，较远的行程就有湖南、山西、四川、上海、广东、海南、云南、福建、河北，1981年秋冬，实际上可能是在已患癌症的情况下出访了英国，《归来》集里的新作即是在这样的奔忙中见缝插针写成的。

《英雄乡》是1978年太原之行的产物，《攀金顶》是1979年去四川主持郭沫若著作出版会议后所写，《天涯》《访南糯山》《"鹰"》写的是1980年去海南岛、西双版纳的见闻。集外的《西双版纳杂咏》之一、二、三也属于云南之行产物。为什么访问英国没有留下文字？那是因为从英国一回来就查出了"晚期食道癌"，此后多次住院治疗，不到一年就去世，写文章的事自然无从谈起了。

为数不多几篇游记，发表在《人民日报》上的《天涯》写得集中、精粹、抒情，算得上作者老年阶段的佳作，他要表达的是对"祖国"的赞颂，而想象奇特、情感豪迈、收放自如，节奏感甚强。《坊南糯山》也清丽自然，富有情趣，其中穿插着"姑娘寨姑娘不在，茶树王茶树未亡"的文字游戏，《"鹰"》写的是一个重庆女知青在西双版纳的奋斗史，以"鹰"喻人，表现那一代人为"理想"而追求的崇高。

《攀金顶》写得别致。别致在把游记和会议报道穿插在一起，再以游览线路比喻学术研究，重心还是放在了刚刚展开的郭沫若研究上了。故而所谓"攀"，也就是学术研究，"金顶"则是郭沫若所象征的学术价值，整篇文章不过是吴伯箫借峨眉山之游表达的对郭沫若的赞颂和对郭沫若研究的祝福、期待，也算应景之作吧！

检点往昔

多年以来，我有一个固执的念头，就是吴伯箫死得太早，没有来得及从几十年来主客观的种种藩篱中完全“回归”到自身，导致一个巨大的遗憾，他没能完全敞开自己，更加放松地述说自己，甚至完成自己。我曾在另一场合说到这一点：“可惜突如其来的癌症夺去了他对历史和生命给予重新打量、沉思的机会，留下了遗憾。这遗憾就是吴伯箫历史形象的塑造没有得以完成，或者说由于生命的中断，一些他本来可以做完、至少可以做得更好的工作没来得及去做。此后，人们在评说他时，所依据的也只能局限于他已经做出的，而那些可能做出的就永远不能算数了。”

好在吴伯箫生命中最后的五年毕竟赶上了政治、文化的“解冻”，思想解放、改革开放毕竟给他提供了自我解放的机会，至少，他生命史中一些具有压抑力量的暧昧之处终于有望面对和破解了。比如当年制造“审干”冤案的康生倒台了，“审干”在政治上站不住了，吴伯箫心上的巨石是卸掉了。“文革”也遭到彻底的否定，吴伯箫在“文革”中的罪名当然也就不再成立，沿着这个线索前行，无论是国家政治层面上的“拨乱反正”还是吴伯箫自身思想的“拨乱反正”都只会越来越值得期待。

《归来》不少篇章，都涉及过往以及对过往的反思。

代序《无花果》和代后记《经验》都是个人从事散文写作的初步总结。

《我所知道的老艾同志》《作家·教授·师友》于怀人的深情中包含着对历史的反思。

《打前站》《第二次到上海》《归来》《回春》某种意义上属于作者的回忆录。

《〈羽书〉飞去》是对自己早期作品出版往事的打捞。

除这些之外，未入集的《办平民学校》《且说考释》也多有对往事的回顾、思考。

譬如《回春》，由1978年再度因冠心病住院的经历，联想到四年前冠心病初犯的触发原因，即"四人帮"所谓"评法批儒"闹剧。这是吴伯箫对"文革"后期社会历史和个人遭际不多的描述之一，具体涉及两件事：一是古代诗选不选李白，二是内部批判一部古代文学作品选。

> "一度得过的冠心病：'左心室劳损，供血不足。'不就是来自'钢铁''帽子'公司出品的冲击么？——《诗选》里不让选李白的作品。理由是姚姓文痞一句不敢公开的批(屁)语：李白不是法家，思想倾向还有待讨论。有人竟把它当了圣旨，说是'中央'的指示。连'千古诗人之冠'那么崇高的评价也不理睬了。'李杜文章在，光焰万丈长'，韩愈的话当然不足挂齿。文学史家警告说：'现在(1974年)选李白是要冒一点风险，中国诗选而不选李白却要犯大错误。'都不管。甚至为了选不选李白做广泛的调查，访问工农兵、作家、学术界、出版社、印刷厂，几乎没有一个人不同意选，而是要必选。竟被斥为'无组织无纪律'。直接批评了'没有调查就没有发言权'。米大的'权'用作万钧，生杀予夺……"
>
> "紧接着，'北京一霸'要召开文科教材会了。内部决定要批判一部《中国古代作品选》，说是毒草，是

封建糟粕。明天开会，今天晚上六点钟电话传来：'你翻翻这两本书，提出批判重点，明天早晨写出书面意见，'好家伙，这是一个通夜的劳动。不是'目下十行''倚马可待'的捷才，是个难题。自己不出席会议，纵然写了意见，又谁去用它作批判发言呢？若是根本看不出需要批判的地方，会不会被栽诬为拿毒草当香花呢？欺人太甚，愤火填胸了。一口气咽不下去，于是干脆回答：'不干！'……大概脸色不对，懂医道的传话人，伸过手来给试试脉，惊讶地叫起来：'要抢救！'急忙给左右手腕扎了针，又把个人收藏的红参隔水煮汤给喝了，一时感到的心慌气闷，呼吸壅塞，才慢慢清通舒畅，脉搏正常起来。第二天，看医生，作心电图，确诊是冠心病。"

又譬如《〈羽书〉飞去》，大概是《羽书》出版近四十年后第一次公开谈及，这种回顾不妨视为吴伯箫老年阶段对自己早期写作的呼应和留恋，也是对自己文学梦的一次"平反"，同时也有贴一份"寻人启事"的动机在。因那时《羽书》的残本虽已找到，而王统照当初写的"序言"却一时还没着落，从两年后广东花城出版社重版《羽书》的举动看，当时可能确有通过写文章寻找知情者的想法。

检点往昔，体现于《忘年》者，还有对早期散文特别是曾引发争议作品的打捞。《忘年》第二辑的八篇散文，实际写于两个阶段，《海》《记岛上居屋》《理发到差》是1937年以前作品，本该收入《羽书》而未收入，《引咎篇》之一、之二，《论忘我的境界》《客居的心情》和《说日常生活》是抗战时所写，"忘我的境界"和"客居的心情"是同时受到正反两种不同评议之作，如今看来倒真是吴伯箫散文中的精品。四十年后才第一次收入集子，当然非同寻常。

所以，假如吴伯箫还能多活几年，应该会有更令人期待的再出发。

一棵无花果树

从生命之间可以相互取譬的角度，一个国家、一个城市可以选出属于自己的花木，是谓国花、国树或市花、市树，以人喻花木，以花木喻人，自然也讲得通。就如杜甫爱松，周敦颐爱莲，郑板桥爱竹，吴伯箫老年为自己的写作找到了无花果树的譬喻。

文章副标题《我与散文》，联系正文，的确是回顾个人散文写作的回忆录，而标题却用了《无花果》三个字，又只在一个地方点到即止："可是自己妄想创的那种文体，尝试了四十年并没有真正成功，可能我的艺林里只有无花果一科。"

强调自己的文章像无花果，有自谦的成分，可也包含着恳切的自我审视。

无花果，历来以"不花而实"著称，实则并非无花，而是花朵开在内部的子房里，或曰开在果实的雏形里。吴伯箫引无花果为喻，不过从"不花而实"的角度表达自己写散文不求外表华丽而更注重质实而已，或者说是尽力避免"华而不实"的倾向。从吴伯箫人格特征、散文风格方面验证，"无花果"的譬喻是可信的、相符的，尤其是中老年以后的文风就更是如此。

但这种朴实无华的风格，并不能完全概括吴伯箫早期散文。正如他在《无花果》中所回忆，在 20 世纪三十年代的青岛时期，他对散文曾经有过相当自觉的文体追求：

> 那时不自量力，曾妄想创一种文体：小说的生活题材，诗的语言感情，散文的篇幅结构。内容是主要的，故事，人物，山水原野以至鸟兽虫鱼；感情粗犷、豪放也好，婉约、冲淡也好，总要有回甘余韵。体裁归散文，但希望不是散文诗。……收入《羽书》集里的有些篇目，也是"画虎"之作。那些篇目出世是我的梦做得最熟的时候。好友杨朔同志的《茶花赋》有点象从我的空中楼阁里采撷的花枝。

证之以《羽书》，深感此梦非虚。只是此种美文并不限于青岛一地所作，1935 年到济南写的几篇也同样堪称"美文"。

窃以为，吴伯箫对散文的此种自觉，甚至也并不限于 30 年代，而是直到延安时期。吴伯箫有篇始终不肯收入各种文集的散文《山谷里的桃花》，其情怀之炽烈、文字之绮丽，恰与青岛时期遥遥呼应。只因为《讲话》之后，吴伯箫自觉践行，也就开始改变文风，至《黑红点》《南泥湾》《十日记》，便完成了由绮丽跳荡而质实腴厚的转折。

有意思的是，吴伯箫在《无花果》里讲过前述那段话以后，又补加了一句："我自己却一直没找到写《茶花赋》的那种彩笔。秃笔描画，画总是干巴巴的，缺乏含蓄，蕴藉，诗意，几时意外得到好笔，我想再试试。"

看得出，吴伯箫的"空中楼阁"，似乎指的是类似杨朔散文的"含蓄，蕴藉，诗意"，"想再试试"一句透出吴伯箫的可爱，他仍然对自己有所期待！事实上，《北极星》里不少篇章，抛开某些政治性因素，单纯就文体、结构、语言，其实是相当讲究的，否则单凭内容上的政治性，也不可能被作为范文选入中学语文课本甚至新时期的大学课本。不过，这是需要以长篇论文的形式加以讨论的一个话题，此处不便展开。

杨朔散文的确有构思精巧、诗意盎然的特点，但也恰恰因为这些方面追求过度而有失淳朴自然，到了新时期便遭到诟病。吴伯箫虽然盛赞杨朔《茶花赋》那样的作品，他自己倒没有走到那一路上去，也许是有意避开了杨朔式的矫饰，也许是吴伯箫本性如此，总之其散文的“无花果”本色似乎更值得推许，他真是一个老实人。

香港出了本《吴伯箫选集》

《烟尘集》是吴伯箫第一个散文选集，但却只是自选集。通常一个作家文学史地位的外在标志，往往是由某个公认的权威机构为其编选一个代表其成就的选集或文集，这也是获得进一步广泛认可的途径。

照说，20 世纪 70 年代末的中国内地，一方面“文革”结束带来的拨乱反正恢复了吴伯箫的政治名誉，另一方面《北极星》重版和数篇散文被收入中学语文课本给吴伯箫带来了极高的文学声誉，此时由官方组织一本权威性的吴伯箫选集不成问题。但令人想不到的事，这样一部本该由内地编选的选集反而首先在香港编选问世了。

这就是 1979 年由香港文学研究社编选的“中国现代文选丛书”之一，草绿色封皮的繁体竖排版《吴伯箫选集》。

香港文学研究社编选的这套“丛书”，共 62 种，民国以来第一代、第二代的新文学家，无论他们留在内地，还是去了台湾、香港，都在这个“丛书”中聚首了。吴伯箫算是新文学的第二代,与同时期的散文家李广田、何其芳同时入选,当属难得。因为曹禺、戴望舒、李健吾、芦焚这些成就、名气皆甚大的作家都未收入,更不要说张爱玲、穆旦这些第三代文学家了。

从这部《吴伯箫选集》目录看,编选者主要选入的是《羽书》《潞安风物》《北极星》三个集子里的作品,《黑红点》《出发集》和集外作品均未涉及。而从选目看,则显示了编选者的眼光:《羽书》18 篇全部入选,《潞安风物》则 12 选 2 篇,《北极星》(1978 增订版)为 25 选 8 篇,既照顾了创作全貌,但又明显侧重早期和艺术质量。在彼时尚无法面对吴氏全部作品情况下,这个选本应该说是比较精当的。

书前另有编选者撰写的《前言》一篇,写得也甚为精当。一是视界开阔,而把吴伯箫置于现代散文整体背景下,给出了一句相当精到的评语:“壮怀激烈的吴伯箫。”

看得出,撰写者对现代散文有个全局了解,对诸作家的风格也都有类似的简要概括,如:“温文尔雅的朱自清、细腻热情的巴金、虔诚柔婉的冰心、清新绝俗的何其芳、质实浑厚的李广田、平淡深刻的周作人、洒脱有致的俞平伯、亲切撩人的徐志摩、幽默机智的梁实秋、丰富多彩的秦牧、诗意盎然的杨朔、恢弘敏锐的丰子恺、博识诙谐的钱锺书、深入浅出的朱光潜、犀利透辟的鲁迅。”

二是梳理清晰,评点恰切、公允,时有新鲜的发现。譬如这样的句子:“伯箫是个有血性的山东汉子……”《羽书》“集子问世后,立获好评。伯箫作为一流散文家的地位从此奠定”。“《羽书》代表的是灵思勃发、才华横溢、亢爽豪迈、粗犷不拘的吴伯箫。……在语言上,这时的作品爱用气势强劲的排比和反复句,也常常创造性地、有节制地融进文言词汇、诗词佳句、成语典故，尽管有时用得过多，不免令行文显得艰深、弯扭，但在大多数的情况下，往往给人简练精审、韵味特殊、可吟可颂的感觉。”“把散文作得象诗一样富有音乐美，象天籁一样自然而不露人工痕迹，应该是吴伯箫对于中国现代散文的贡献，在这方面，他也许并非第一人，却是很重要的一人。”

第三，对作者怀有一种了解之同情，尽量从具体的历史背景出发去评价作品，避免主观臆断；同时又从文学自身出发，实事求是指出其某些缺憾。譬如对通讯报告集《潞安风物》，先指出：“《潞安风物》虽然略嫌粗糙，但那是战斗生活的‘急就章’，为了及时向广大抗战军民汇报那些在前线和后方亲闻亲见的动人故事，作者已无暇太讲究技巧。”接着就表示：“所以，我们不应用纤巧的尺子去衡量它，正如同不该以细线条来描绘轰天动地的大场景一样！这本战地通讯集代表的是把注意力移向‘剑’与‘火’的交并后的吴伯箫，这时，他的生活面拓广了、视野扩大了，他更常见到的是更多的人怎样在拯救国家、民族出厄运，因此一有所作，抒发个人的内心感受已不再是作品的主调，反而人民大众的活动变成了反映的重点。”同样，对特殊年代写下的《北极星》集，《前言》既充分肯定了它的优长，如：“真实、朴素、自然、诚挚，精悍隽永，以小见大恰是这一集子所收散文的共同特色。这时的散文在映现生活的及时和广度方面都更上一层楼。”又恳切地表示：“不过话也得说回来，《北极星》里也有一些‘应景’作品，由于太过注重于政治意识的‘显正’，在艺术上有所忽视，无形中削减了应有的华彩(本书因此不选)。伯箫晚年的散文产量奇少，而其中竟也少有耐读的佳构，原因亦大致由此可寻。”此种态度，真可谓诚诚恳恳、与人为善！

此书的版权页标明：

出版社：香港文学研究社/香港七姊妹道一九六号十一楼

承印者：香港文学研究社印刷部/香港大强道120号地下/5015(L)/港币7.50

以上信息，并不包含编选者姓名和出版时间，只在《前言》末尾有“编者一九七九年五月廿二日”的字样，可以大体知道编选和出版的时间。

附记：最早见到港版《吴伯箫选集》，是在1988年下半年，我正在济南山东师范大学中文系进修。某日参观现代文学学科资料室，见到该书，很是意外和兴奋。但当时并未细看，更没有将编选信息整理成文，以致近三十年后属文介绍此书，甚觉模糊不清，而旧书网上已不能买到。好在杭州书友陈志俊先生去年曾购得一册，遂请其将目录、版权页和编者《前言》拍了照片发微信传来，在此鸣谢。

本章年表(1979—1982)

1979年，七十三岁。以郭沫若著作编辑出版委员会办公室负责人身份去四川参加郭沫若研究学术讨论会。应邀赴上海出席中国教育学会中学语文教学研究会成立大会暨第一次年会，作《谈语文教学》发言，并被选为副会长。香港梅子编《吴伯箫选集》，作为“中国现代文选丛书”其中之一由香港文学研究社出版。新版散文集《烟尘集》由上海文艺出版社出版。写散文《攀金顶》《打前站》、创作谈《经验》等。

1980年，七十四岁。参加中国作协和农垦部组织的作家参观活动，与秦兆阳、雷加、菡子、丁宁、李纳等人访问广东湛江、海南岛、云南西双版纳，历时五十天。写散文《天涯》《"鹰"》《访南糯山》《第二次到上海》《诉衷情》《问路》、回忆录《〈羽书〉飞去》。

1981年，七十五岁。一月，以眩晕入住首都医院急诊。向社科院党委提交《关于郭沫若著作编辑出版工作请示报告》。十月，与天津作家冯骥才及翻译何滨赴英国伦敦、牛津、剑桥访问。十一月，身体不适，经会诊，确定为"晚期食道癌"。因文学研究所领导班子新老交替退居二线。写回忆录《无花果——我和散文》、散文《钥匙》等。

1982年，七十六岁。春节后出院，在家吃中药调理。四月，抱病到新侨饭店参加中国笔会中心会员大会，四十分钟后"早退"，被推选为笔会新理事。五月，叶圣陶为《吴伯箫散文选》撰写序言。七月，因咯血第三次入住首都医院。八月十日中午十二时十分，在首都医院逝世。九月，散文集《忘年》由天津百花文艺出版社出版。十二月，早期散文集《羽书》被收入《文学丛刊选》1982年第2辑，由广东花城出版社重新出版。本年，人民教育出版社中学语文教材编辑室编辑的第七套全国通用中学语文教材陆续编成并在全国发行。其中初中《语文》课本第三册第六篇课文选用《记一辆纺车》(阅读课文)，初中《语文》课本第六册第六篇课文选用《菜园小记》，高中《语文》课本第二册第一篇课文选用《猎户》。

附 录

1983年人民文学出版社版《吴伯箫散文选》

叶圣陶日记1982年5月10日星期一记载:“昨日吴伯箫之夫人及女儿来,言伯箫将出散文选集,要余作序文,明日亲自来看余。”

翌日,吴伯箫在夫人、女儿搀扶下,果然亲自登门。此时的伯箫,已然是癌症晚期,瘦弱不堪,令叶圣陶大感意外,感动之余,一口答应为序。三天之后写成,经反复推敲、修改,由长子至善誊清,托人为伯箫送去。

这就是印在1983年7月问世的《吴伯箫散文选》前面的叶圣陶《序》。遗憾的是,书出来,吴伯箫去世已近一年。

除了叶序,书后另有鲍霁简短的《编后记》,对这部选集的缘起和编选过程作了扼要的交代。比如关于选目、序言和封面的设计,便有这样的话:“好在吴老扶病为我亲自提供了一个选目,这就为工作打下了基础,按图索骥,方便多了,吴老还亲自出面,请叶老为本书作《序》;请曹辛之同志为本书设计封面。”

叶序从一九四九年二人于首次文代会“初次见面”说

起，追述四十年代初期“在不寻常的新闻报道中见到”吴伯箫之名；次言一九五四年吴伯箫调入人民教育出版社，二人成为同事后对伯箫的印象：一是“他为人诚恳朴实，表里如一”，二是“我们俩经常讨论语文教材的编撰，有时似乎谈得极琐屑，近于咬文嚼字。”最后重点阐述“出版这本选集的意义”，从认识近代史的角度强调了吴伯箫散文的价值：“中国共产党在又团结又斗争中促成的抗日统一战线，根据地的出奇制胜的敌后战争，根据地的自力更生，生产建设，这些不是抗战的重要关节吗？伯箫同志凭他的亲身经历在这些关节上写了好多篇，这就极有意思。”叶圣陶未必了解伯箫全部散文的来龙去脉，而对他所知道的这一点有所强调，在当时的背景下，也是自然而然。

至于曹辛之设计的封面，窃以为是极大气、极典雅，极具个性的佳构。可以说是吴伯箫著作中最讲究、最精致的一个封面。通常曹辛之的封面设计较倾向于西式风格，这次却完全用了传统国画的技法，右下侧是一幅古意盎然的双色山水，左上侧则是竖排繁体的“吴伯箫散文选”六个古雅的隶体字，大幅的白底，书脊是豆绿底色白色宋体字。整个画面沉静雅致，意味隽永。

叶序前又有插页一张，正面是吴伯箫老年时期的侧面头像一帧，背面是墨笔手迹，散文《布衣》的首页，与照片相得益彰，显见作者之布衣品格。

既是选本，自然须说说选目。首先，此为吴伯箫散文几个选本中选目最多的一种，一共六辑。以写作时间为序：第一辑为《羽书》时期 14 篇；抗战和延安时期为第二、三、四辑，作品分别出自《潞安风物》《黑红点》《出发集》以及《忘年》中的延安时期旧作，共 26 篇，其中只有《十日记》

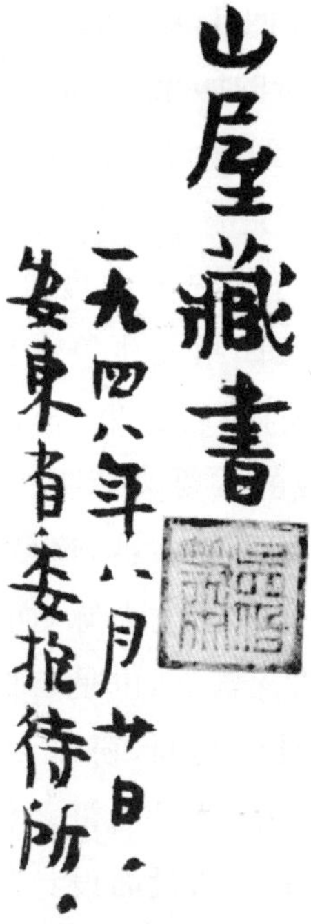

写于东北;第五辑为《北极星》中的12篇;第六辑为《忘年》中的新作13篇。总共65篇,约占其全部散文作品的四分之一,该选的基本都选了,页码接近四百,应该算是一个比较圆满的选本,也是能体现作者个人意向的一个选本。

这个本子1983年7月1版1印,字数259000,大32开,印数20000册,定价人民币1.10元。余于当年11月以邮购方式自北京购入,且于内封题写了几句话:

让我是一脉温泉水吧
蒸腾于大地母亲的怀抱
峥嵘的岁月
会融一轮火红的太阳

在我青春的心底
永远清明碧透
永远满怀热情……

2017 年 8 月 16 日星期三，杭州午山

1993 年百花文艺出版社版《吴伯箫散文选集》

吴伯箫逝世 11 周年后的 1993 年，有两种吴伯箫著作出版：一种是人民教育出版社两卷本的《吴伯箫文集》，另一种就是天津百花文艺出版社的《吴伯箫散文选集》。

巧的是，我手头的这两种著作，都得自吴伯箫亲属所赠。“文集”是甫一出版即由伯箫先生次子吴光玮寄来，“散文选集”乃 1995 年吴伯箫先生外甥亓举安从莱芜寄赠。

先说一下这本“散文选集”。

1995 年收到的这本，版权页标明：1993 年 12 月第 1 版，1994 年 3 月第 2 次印刷，印数为 3001－7000，即是说，短短三个月后的第 2 次印刷本已达七千册！而此后这个选本似乎仍有加印，甚至连封面也换过，想来印数不少。虽无法一一统计，但如果说这是一个发行最广的选本，或无大谬。

这是“百花散文书系”中属于“当代散文丛书”的一种，书前有统一的“编辑例言”，对编选体例作了四点说明，其中提到“当代散文”部分“选于一九四九年建国以后散文家的名篇佳作，按人专集分册。”吴伯箫卷的编选者为曹明

海，卷首有其撰写的万字《序言》，按编辑要求“简单介绍作者生平，并结合本书所选散文，分析评介其艺术特色及创作发展的道路和影响。”

总体上说，编者序言在比较中把握吴氏散文“特有的声调”有其个人的角度，亦符合流行的评论标准：“他的散文朴素中见真情，平淡中见精神，又如‘无花果’，不炫耀，不矫饰，外观质朴无华，只是不声不响地贡献果实。它真诚挚切，蕴藉深沉，纯朴素雅，总是以丰厚的内涵发人深省，又以隽永的情思引人遐想。无论是记事、咏物。还是写人，都可见其思力深厚，委婉中见骨力。”文章较侧重挖掘吴伯箫散文对“时代精神和现实需要”的展现，而对于吴伯箫散文较深层面意蕴的考察似较浮面，比如谈到抗战时期吴伯箫散文的“两种情况”，对那种“经过酝酿，整理，综合成篇，字句也反复斟酌”的第二种情况，就只注意到1942年文艺座谈会给吴伯箫带来的“新的发展”，而忽略了吴伯箫另一类以深沉的思索为特征的散文如《客居的心情》《论忘我的境界》等。当然，也许是评论者出于某种原因刻意回避了这些有过争议的作品。至于将《羽书》出版的时间误为1936年，把吴伯箫最早发表的《清晨——夜晚》误写为《白天到黑夜》，就不能不说是过于粗疏了。

实则这本“散文选集”出版时，由吴伯箫亲自给出选目的人文版《吴伯箫散文选》已问世多年，完全有条件梳理得更细致一些。

该书共收入吴伯箫散文40篇，计《羽书》13篇，《潞安风物》7篇，延安时期7篇（其中《出发集》2篇，《黑红点》3篇，《忘年》中的《客居的心情》和《论忘我的境界》），《北极星》8篇。

这应该是吴伯箫散文的第四个选本。它们当然都有各自的特点和优点，不过也同时有着共同的遗憾，那就是限于条件，都没能选入吴伯箫早期即北平求学时期的散文。窃以为，胎死腹中的《街头夜》集，实在有不少值得选、也值得读的佳作。而且从全面认识作者的角度，也只有编选一个包含《街头夜》以及其他散轶佳作在内的散文选集，才勉强算是令人欣慰的工作。

1993 年人民教育出版社版《吴伯箫文集》

一

言及这部上下两卷本、分平装精装的《吴伯箫文集》，首先想到的是当年围绕文集编辑、出版与编者见面、通信的旧事。

1985 年春节期间，在造访人教社吴伯箫家人之后，即到北京师范学院鲍霁先生家里，当时鲍先生就说文集已编好，准备交山东出版，且拿出吴伯箫早期散文《小伙计》的抄件给我看，连连称赞写得好，还委托我设法写篇关于吴伯箫家世的文章。此后我在通信中向《文集》编者之一吴光玮（吴伯箫次子）了解进展，他回信说“自送去出版社至今没有什么消息”。时在 1986 年 11 月。直到 1993 年 9 月，才又从来信中得到“文集”改由人教社“决定付印”的消息，然事先的“征订数过少”，“乐观的估计：年底之前能出书”。

书到底是 1993 年年底还是 1994 年上半年出来的，记不太清了。总之收到吴光玮先生寄来的两厚册精装本文集,我立刻着手撰写了一篇书评投给北京《博览群书》杂志社了,此文发表于该刊 1994 年第 6 期,吴光玮读了,也来信给予肯定。

现在,先把这篇题为《完整的吴伯箫》的书评录在这里,算作一个纪念。

二

完整的吴伯箫

折射在人们心灵中的世界,常常是残缺的、不完整的。

作为著名的散文作家,吴伯箫早已为当代读者所熟悉、所喜爱。薄薄的一册《北极星》被选入各类语文课本作教材的就有数篇,80 年代的青少年谁不知道《记一辆纺车》和《菜园小记》呢?“感人的歌声留给人的记忆是长久的”,也时时被人引用着,欣赏着。

但是,应该说人们心目中这位以“反映延安生活”、“赞扬延安精神”为“特色”,以 60 年代的《北极星》集为“代表作”的吴伯箫,实际上并非一个全面完整的形象。就像《小桔灯》并不等于冰心,《白杨礼赞》并不等于茅盾一样,《北极星》也无法代表全部的吴伯箫。

从全面理解认识作者的角度说,《吴伯箫文集》当然是最具权威性和最有说服力的作品集,但谁又知道这样一部“文集”问世的艰难呢?据我所知,这部“文集”的编辑工作早在 10 年前即已开始,从着手工作到大体编讫,这中间经过了浩繁的原始作品的搜求与整理过程。为了一篇散轶在旧报刊上的作品不知要浪费多少口舌，跑多少路，花费多少心血！结果文集编成，出版社却开始“承包”，致使出版日期被一拖再拖，近乎无望。最后还是由吴伯箫生前曾长期担任副社长的人民教育出版社精装出版问世。至此，一尊完整的吴伯箫塑像算是宣告完工。

这部文集汇集了吴伯箫一生创作、翻译的绝大部分作品，时间从1926年跨越到1982年，包括8部散文集的全部作品和集外的数十篇（首）散文、诗歌作品，以及译注《波罗的海》（海涅诗集）等等。总字数在110万以上。

说起来吴伯箫有点“文运不佳”。他早在1926年就开始创作，1930年就编订了第一部散文集《街头夜》，但却因“九一八”战火而使出版合同撤销，最后连精心剪贴的稿本也散失殆尽。其实《街头夜》里的大部分篇章已够得上“美文”标准了，特别是其中的“残篇”与“街头夜”两组系列散文都可看出作者艺术视野的开阔和遣词谋篇的精巧。同时，从他对20年代老北京街头不平与不幸的描画以及对儿时乡村生活的生动刻写，还可以感觉到他对新文学传统的自觉迎受。他所走的创作之路，正是五四新文学所努力开拓的道路。

吴伯箫的第二部散文集《羽书》由巴金在上海出版时，吴伯箫早已到了延安，成为活跃的通讯作者和延安“文协”的驻会作家了。8年之后他才辗转从朋友手中得到一册《羽书》的再版本。《羽书》的出版，标志着一位散文家的成熟，尽管解放后在大陆没人（包括作者自己）再评论甚至再提起它，它却在70年代的香港找到了知音。新文学史家司马长风先生在其《中国新文学史稿》中自称“发现”了吴伯箫，并对《羽书》作了相当高的评价。他抓住了吴伯箫散文的“豪放”风格,指出:“李广田虽是山东人,但是他的散文,只表现了北方人厚重淳朴的一面,没有表现亢爽豪放的一面;……仅有吴伯箫,这个山东籍的作家,才把北方悲歌慷慨,快马轻刀的豪情,淋漓尽致地吐放出来。”读读《羽书》,特别是《说忙》《我还没见过长城》和《马》诸篇,恐怕人们会同意司马先生的意见,从而也“发现”一个崭新的吴伯箫。我则觉得,如果说《羽书》是吴伯箫本人,同时是 40 年代新文学最有风格、最见功力的散文集之一,大概也不算太过分吧!

延安八年,吴伯箫还出了两部通讯、报告文学集《潞安风物》与《黑红点》,有些属急就章,有些却颇重推敲,因而也就更受欢迎,像《黑红点》,像《一坛血》。不过,那些发表在《解放日报》却未能收入任何集子的抒情性散文怕是同样值得保存下来。老作家雷加就对《论忘我的境界》和《客居的心情》赞不绝口,并且说吴伯箫的一生就是用“忘我的境界”和“客居的心情”这两面镜子照亮了的一生(语见雷加《“忘我”的沉思》一文)。这些散文,好在保持了作者已经形成的风格,并且又有新的发展,于亢爽豪放之外增加了一种深沉的哲学风格。

建国后,吴伯箫先是印行了《出发集》,继之从《潞安风物》和《黑红点》两书中选出部分作品汇成《烟尘集》出版。到 60 年代初期,才又开始了一次新的创作突击,写出了《记一辆纺车》《窑洞风景》《菜园小记》和《歌声》这些缅怀延安时代,讴歌延安精神的名篇,又写出了《难老泉》《猎户》等一组现实题材的作品。这次新的“冲刺”的最终结果是《北极星》的出版和吴伯箫散文地位在当代文学史上的奠定。

《忘年》,这部吴伯箫最后的散文集未及印出,吴伯箫就匆匆离世了。在这部集子中,吴伯箫通过对“人际关系”的描写再次推崇了朴素而崇高的延安精神,针对新时期出现的腐败风气写了《布衣》,他还第一次写出了许多描绘南国风光的作品,《天涯》《访南糯山》和《“鹰”》都颇受欢迎,显示了吴伯箫历经“十年内乱”而宝刀不老的风采。《忘年》及同时期的一些集外作品成了“文集”的压卷之作。

从20年代的风雨如晦到80年代的改革开放,吴伯箫都作了独具魅力的描绘。翻读《吴伯箫文集》,不但看到了一个完整的散文作家的风貌和心路历程,而且也仿佛重温了一遍风云变幻的现代史。十年之前,当一部尚不完备的的《吴伯箫散文选》问世的时候,叶圣陶先生曾在“序”文中说:“我不敢说得夸张,我只想说如今的青少年读了集子里的这类文章,唱《没有共产党就没有新中国》的时候,感情就会更加真挚,更加饱满。”其实这话用之于“文集”也同样有意义,而且我们还会从吴伯箫创作散文的历程与得失之中,看到中国现代散文发展的一个缩影。

当然,对一般读者来说,“文集”尽管完备,却又显得有点过于厚重。如果在“文集”的基础上,出版一个更为精湛可读也更有代表性的选本,那就更好了。

三

上文1994年上半年写,今天看,倒也没说什么过头话,算是“基本属实”。不过,过头话虽然没有,不周全、不到位者却还是难免,兹再补充几句。

一是所谓“完整”,似乎前面应加个“相对”限定一下,即是“相对完整”。“文集”而并非全集,在我与吴光玮先生通信中也讨论过某些“失收”之作,如延安时期所写《山谷里的桃花》,又如我在一些旧报刊目录中检索到的,假如把日记、书信以及其他一些文字也算在内,那就更不能说“完整”了。然说到日记、书信,读者和亲属的看法却未必一致,公开不公开恐怕就会起争执。

二是“文集”编、校方面功夫不够,显得粗糙了。首先是对所收录的作品集和散轶作品缺少必要的、更详尽些的交代,比如吴伯箫散文集版本的变迁,又比如《出发集》何以删去《从教育看武训》一篇,《北极星》何以采1963、1978年两个版本的混杂……其次是从旧报刊抄录的吴伯箫早期作品,不少篇什未注明出处如《涂鸦》《醉汉》《残篇》之二、之三、之八、之九等等,或虽然注明而报刊名字有误如《念——代邮》,也有的把写作时间标错了如诗作《万年山的春》《骆驼队》。再一个就是误排或错植处甚多,从“文集”的文献性角度要求,这些都是应该尽可能避免的。

三是文集印刷所用纸张欠佳,这可能与成本相关,不过既然知道这类书赚不了钱,为何不干脆从保存文献角度着眼,印得精致一点呢!商业上不计,出版上积功德也好呀。

文集、全集不同于一般的选集,应格外注重其文献价值,编辑、出版的出发点自然应围绕这个目标,理当慎之又慎。

吴伯箫著译书目

一、文集

《羽书》,文化生活出版社,上海,1941年5月初版;1942年1月桂林版。

目录:《山屋》《话故都》《岛上的季节》《马》《野孩子》《夜谈》《啼晓鸡》《梦到平沪夜车》《灯笼》《说忙》《羽书(惊沙坐飞之一)》《我还没见过长城(惊沙坐飞之二)》《几棵大树》《荠菜花》《边庄》《萤》《海上鸥》《阴岛的渔盐》。

《羽书》,花城出版社,广州,1982年12月新版。

此集作品篇目与1941年文化生活出版社版同,另补入韦佩(王统照)《序》。

《黑红点》,新华书店佳木斯东北总分店,佳木斯,1947年4月初版。

目录:《黑红点》《打娄子》《游击队员宋二童》《化装》《一坛血》《文件》《"调皮司令部"》《战斗的丰饶的南泥湾》《"火焰山"上种树》(附录:《建设边区运动》)《新村》《孔家庄纪事》。《后记》。

《黑红点》,新华书店,上海,1950年10月版。

此集与1947年佳木斯版篇目略有调整,抽去了《孔家庄纪事》,增加《十日记》及《北京版后记》。

《潞安风物》,海洋书屋,香港,1947 年 10 月初版。

目录:《夜发灵宝站》《送寒衣》《露宿处处》《马上的思想》《潞安风物》《沁州行》《响堂铺》《路罗镇》《神头岭》《夜摸常胜军》《郭老虎》《微雨宿渑池》。

《烟尘集》,作家出版社,北京,1955 年 7 月初版。

目录:第一辑:《羽书》《我还没有见过长城》。第二辑:《记乱离》《夜发灵宝站》《马上底思想》《潞安城》《沁州行》《响堂铺》《路罗镇》《神头岭》《夜摸常胜军》《微雨宿渑池》。第三辑:《黑红点》《打娄子》《游击队员宋二童》《化装》《一坛血》《文件》《"调皮司令部"》第四辑:《南泥湾》《"火焰山"上种树》《新村》。《后记》。

《烟尘集》,上海文艺出版社,上海,1979 年 9 月新版。

此集为 1955 年作家出版社《烟尘集》的新版,在原第一辑至第四辑之外,增加第五辑,第五辑目录为:《出发点》《范明枢先生》《向海洋》《书》《十日记》《回忆延安文艺座谈会》。《新版后记》。

《出发集》,上海新文艺出版社,上海,1954 年 7 月初版。

目录:第一集:《出发点》《范明枢先生》《向海洋》《书》《十日记》《回忆延安文艺座谈会》《〈灯塔〉》。第二集:《爱祖国》《真理的发扬》《重读〈乱弹及其他〉》《从教育看武训》《理想与劳动》《文学——教育的有力武器》《谈业余写作》。《后记》。

《北极星》,人民文学出版社,北京,1963 年 4 月初版。

目录:《多写些散文》(代序)、《齿轮和螺丝钉》、《北极星》、《延安》、《记一辆纺车》、《菜园小记》、《歌声》、《窑洞风景》、《记列宁博物馆》、《怀剑三》、《天安门广场》、《火车,前进!》、《难老泉》、《嶦岈山》、《猎户》、《春秋多佳日》、《说读报》、《从实际出发》、《一种〈杂字〉》、《写作杂谈》、《跋》。

《北极星》(增订版),人民文学出版社,北京,1978 年 3 月第三次印刷。

此集较之 1963 年版,删去《记列宁博物馆》《跋》,新增《"努力奋斗"》《红太阳居住的地方》《天下第一山》《岗位》《八间房》《"早"》,将原版"代序"《多写些散文》列为最后一篇,全书共 25 篇。

《忘年》,百花文艺出版社,天津,1982 年 4 月初版。

《忘年》目次:《无花果》(代序),《岗位》《忘年》《雷雨里诞生》《英雄乡》《我所知道的老艾同志》《作家、教授、师友——深切怀念老舍先生》《攀金顶》《回春》《归来》《打前站》《布衣》(附:复沈文)《天涯》《访南糯山》《"鹰"》《第二次到上海》《〈羽书〉飞去》《问路》《百零一花——谈刘岘木刻》(以上第一辑),《海》《寄岛上居屋》《理发到差》《引咎篇(一)》《引咎篇(二)》《论忘我的境界》《客居的心情》《说日常生活》(以上第二辑),《经验》(代后记)。

《吴伯箫文集》,上下卷,人民教育出版社,北京,1993 年 10 月初版。

此文集分上下两卷,鲍霁、刘开朝、吴光玮编,上卷收入吴伯箫 1926 年至 1945 年间作品。其中 1926 年至 1931 年间早期作品以及《羽书》《潞安风物》《黑红点》集外的作品均为第一次收入作品集。下卷收入 1946 年至 1982 年间作品,包括译著《波罗的海》和《出发集》《北极星》《忘年》以及集外作品。上卷卷首插入《吴伯箫及夫人郭静君于沙滩寓所》黑白照片一帧。

二、译著

《波罗的海》,上海文化工作社,上海,1950 年 2 月初版。

目录:《亨利·海涅——英 E·A·Bowring 作》《哈兹山旅行记》《波罗的海》《奴隶船》《短诗》(《西西利亚的织工》《路易皇帝赞歌》《近卫兵》《消息》《夜思》)。《追记》。

《波罗的海》(重印本),上海新文艺出版社,上海,1957 年 4 月初版。

目录:《亨利希·海涅》(【英】鲍林),《哈尔兹山旅行记》《波罗的海》《奴隶船》《短诗》(五首)。《追记》,附录《谈海涅》,《谈海涅》即 1956 年 2 月 17 日发表于《人民日报》的《革命诗人海涅》。

三、选集

《吴伯箫选集》,梅子编选,香港文学研究出版社,香港,1979 年 5 月初版。

目录:《吴伯箫选集·前言》(编者)《山屋》《话故都》《岛上的季节》《马》《野孩子》《夜谈》《啼晓鸡》《梦到平沪夜车》《灯笼》《说忙》《羽书》《我还没见过长城》《几棵大树》《荠菜花》《边庄》《萤》《海上鸥》《阴岛的渔盐》《沁州行》《微雨宿渑池》《怀剑三》《多写些散文》《记一辆纺车》《菜园小记》《一种“杂字”》《难老泉》《猎户》《“早”》。

《吴伯箫散文选》,人民文学出版社,北京,1983 年 7 月初版。

《吴伯箫散文选》目次:《序》(叶圣陶),《话故都》《马》《山屋》《岛上的季节》《野孩子》《夜谈》《天冬草》《啼晓鸡》

《海》《梦到平沪夜车》《灯笼》《海上鸥》《羽书》《我还没见过长城》(以上第一辑),《记乱离》《夜发灵宝站》《马上的思想》《潞安城》《沁州行》《响堂铺》《神头岭》《夜摸常胜军》《微雨宿渑池》《范明枢先生》《向海洋》《书》(以上第二辑),《客居的心情》《论忘我的境界》《斥无耻的"追悼"》(以上第三辑),《战斗的丰饶的南泥湾》《"火焰山"上种树》《黑红点》《打娄子》《游击队员宋二童》《化装》《一坛血》《文件》《"调皮司令部"》《出发点》《十日记》(以上第四辑),《北极星》《记列宁博物馆》《火车,前进!》《记一辆纺车》《菜园小记》《延安》《歌声》《难老泉》《窑洞风景》《猎户》《"早"》《天下第一山》(以上第五辑),《岗位》《忘年》《作家、教授、师友——深切怀念老舍先生》《回春》《雷雨里诞生》《打前站》《攀金顶》《布衣》《天涯》《"鹰"》《第二次到上海》《我所知道的老艾同志》(以上第六辑),《无花果》(作者代跋),《编后记》(鲍霁)。

《吴伯箫散文选集》,曹明海编,百花文艺出版社,天津,1993 年 12 月初版。

目录:序言(曹明海),《话故都》《马》《夜谈》《山屋》《岛上的季节》《天冬草》《啼晓鸡》《海》《灯笼》《野孩子》《羽书》《海上鸥》《我还没见过长城》《夜发灵宝站》《响堂铺》《潞安城》《神头岭》《夜摸常胜军》《微雨宿渑池》《马上的思想》《向海洋》《客居的心情》《论忘我的境界》《战斗的丰饶的南泥湾》《黑红点》《化装》《出发点》《火车,前进!》《记一辆纺车》《菜园小记》《歌声》《难老泉》《窑洞风景》《猎户》《"早"》《忘年》《打前站》《布衣》《天涯》《"鹰"》。

跋

看完本书校样，照例应该再写几句解释性的话。

为吴伯箫先生写传，想法由来已久。我的资料夹里至今还有曾经草拟的传记提纲，到20世纪九十年代初，我也确曾为青岛方面写过一个万余字的《吴伯箫传略》，且申报了一个无经费的本校科研立项，即《吴伯箫评传》。为此还拟了一份“调查提纲”，分别寄给仍健在的几位吴伯箫故旧、同事征求意见。虽说评传未及动笔，却陆续收到臧克家夫人郑曼、诗人公木、作家雷加、学者许觉民（洁泯）、诗人刘征等前辈的复函，尽可能地回答了我的问题，对我深入了解、理解吴伯箫均有不小帮助。这也是为何以公木、刘征两位先生的复函为本书“代序”的原因，他们在信中透露出的某些信息，譬如公木所讲述的与吴伯箫数十年交往留下的种种印象，刘征所谈吴伯箫散文入选中学课本的事，既真实又新鲜，是当事人的亲身经历。如此难得的第一手文献，置于卷首作“代序”，在作者是一份荣幸，在读者也该是一笔珍贵的参考史料吧。

其次关于本书的写法。读者看到本书每章皆有“正篇”“副篇”之分，或许在觉得有点新鲜之外也有着某种疑惑，我在这里也解释几句。

本来先写的是有关吴伯箫著译作品的书话，即《山屋轶话》部分约十万字，不想写完之后，原先的设想有了变化。在临时搁置“等车”过程中，我突发奇想，打算把多年前那个写传记或评传的计划重新激活，可是怎么将已经写成的《山屋轶话》“改装”为传记或评传呢？翻来覆去琢磨了不少日子，总觉得不好下手。一度设想把传主的生平事迹按时间顺序穿插到相关书话中，可又觉得那样一来，一是衔接有难度，二是即便勉力衔接起来也不过尔尔，仍不免落入俗套的写法。能不能稍许有点“突破”或新尝试？一想到“出新”，脑细胞似乎活跃起来，又是一番翻江倒海。就在这样的重重思虑中，关于“正篇”“副篇”两分的想法最终浮出水面了。是啊，我要写的毕竟是一位作家，作为作家总该是有实际生活和作品空间两个具有互文关系的世界的，如果把散文作家吴伯箫的生平与著述、“传”与“评”对照来写，会如何呢？

这么一想，我的尝试欲望陡然高涨起来，很快拟好了章节，一个一个小标题几乎就自动跳出来了。一下笔，果然也很顺手，多少年积累起来的话语鱼贯而来，在电脑里排起了各式各样的方队……查查日记，发现真正开始补写传记部分是从 2020 年 4 月底开始，此前几个月我忙的是《钱江晚报》的专栏、书稿《杭州旧事》的重新调整、民刊《太阳花》的编辑和关于徐志摩、吴伯箫两篇论文的写作，另外就是《吴伯箫先生编年事辑》的校阅、后记等煞尾工作。客观上疫情期间的“深居简出”也让我不太分神，结果到 7 月中旬就把“正篇”的前九章初稿完成了。为了放松一下凝滞的躯体和大脑，我在暑期临时起意，毅然作“西部天堂”之行。临行之前把已完成的书稿发给责编付排，自己则乘夜车到兰州，再从兰州经西宁入藏，拉萨、林芝、日喀则，雅鲁藏布大峡谷、南迦巴瓦雪峰、碧蓝的羊卓雍措,回程在西宁、塔尔寺、青海湖、茶卡盐湖又逗留数日,脑子里盘桓着的始终是蔡其矫和昌耀的高原诗。回到杭州重新凝聚思路,断断续续写完了"正篇"最后一章。

还有一点。就是无论正篇还是副篇,我自认在具体文体上也有所尝试。因为书话体的《山屋轶话》在前,《吴伯箫评传》似乎也该跟它有所呼应,这样就顺理成章地将正篇也尽量往"话"上靠。不过,说到"话",我却不敢保证自己所"话"的是否"正宗",是否与古人所理解的"话"有距离。如有冒昧处,还请方家宽容并有所指教。

庚子鼠年,异象频仍,我却没想到自己专写吴伯箫的两部书稿都在相隔这么短的时间付印,这是无论如何令人感觉欣慰的。近四十年的吴伯箫"研究"或者可以告一段落矣!前段为《吴伯箫先生编年事辑》写后记时,我答谢过不少师友,回忆过数十年中不少难忘的美好画面。其实,正如一切事皆有正反两面一样,索解吴伯箫的路途上除了美好回忆,也同样有一些不那么令人开心的事。自己的文章被不相干的人拿去改头换面再次"发表"、煞费苦心抄录的档案资料被堂而皇之地移用却不作任何说明倒也罢了,最让我感觉不快的是私人也好、单位也好,那种打着"开发""研究"名义搞的"急功近利"工程。需要你的时候让你"支持",用不着了扭头就走,连当初"支持"的东西也不知下落了。数年前某单位托我请吕剑为他们题词,老人家热情,毛笔、钢笔连写好几副寄来,我再挂号寄给某人,可当我在信中恳请他们妥善保存这些凝聚着老人家乡情的手迹时,得到的回答竟然是:如何使用这些材料,我们有我们的安排和处理方式!言外之意怪我管了不该管的事。又,另一单位要办吴伯箫××馆,委托我请名家题词,我仍然找了吕剑、舒乙,他们热情地写了,寄来了,舒乙因为写错一个字还先后写、寄了两次,我也把我手头的资料、图片拍照寄给他们,还受委托与另一位老同学利用暑假到北京寻求更多支持。后来××馆办起来了,红火了一阵,可随着单位领导更换以及单位迁址,这个馆最终还是无声中消失于无形,那些辛辛苦苦积累起来的题词、图片、实物下落如何,是转到新址了还是成为了私人资产?终是一笔糊涂账。

这类事经得多了,我不太敢轻易相信了。每当再有人来寻求“支持”时,我也不得不先在心里打个问号。自己只告诫自己:躲进小楼成一统,闲事少管,把自己要做的事、能做的事做好才是正道。这就是《吴伯箫先生编年事辑》和《山屋轶话:吴伯箫评传》由最初的设想慢慢发育、长成今天这副样子的大致经过。

吴伯箫先生的次子吴光玮兄长曾在来信中说过这样的话:“这些年,经常碰到对我父亲关心的人和事,动机不尽相同,每每想起父亲生前、身后事,总觉得不公平,常激动得不能控制自己!”现在,我觉得自己很能理解这些话。

我还有个没想到的事,就是两部书稿都是在我南下浙江后重新启动并完成的。《编年事辑》先由浙江工业大学列入后期资助项目,再成功申报为教育部人文社会科学研究项目,拨付了相应的研究经费;《山屋轶话:吴伯箫评传》则列入我所在的人文学院今年的出版计划。我不知道吴伯箫先生如能感知到这些事,又会作如何想?

最后需要说明的是,《山屋轶话:吴伯箫评传》的书话部分最初是在业师刘增人先生鼓动下写起来的,其部分章节曾陆续在《文艺报》《关东学刊》《苏州教育学院学报》《泰山学院学报》《温州读书报》《开卷》《点滴》《藏书报》《今晚报》《北京晚报》《青岛日报》《包商时报》《博览群书》《书屋》《济南时报》等报刊发表。另外,方韶毅先生为笔者需要的参考资料拍照,管然荣老同学提供了吴伯箫作品入选中学教材的统计材料,浙江大学出版社宋旭华、王荣鑫先生多年来不遗余力给予笔者以支持,连同上述报刊的相关编辑先生,在此一并郑重道谢。

不知不觉又写多了,该打住了。

2020 年 9 月 26 日,农历八月初十,旧时钱塘桂子飘香季。

补记:

本书历经一波三折,即将付梓问世,兹再补说几句。

在吴谱、吴传写作过程中,先后以不同方式支持、帮助过我的前辈或师友不少,尽管我在《吴伯箫先生编年事辑》后记中作了答谢,可罗列不全、有所遗漏恐怕仍然在所难免。比如我后来想起几桩:吴思敬先生提供的吴伯箫于 20 世纪六十年代到北京师范学院短期授课的事,谭宗远先生提供的气功师郭林为吴伯箫诊治的事,就忘了罗列进去。更不用说在申报学校、教育部项目时那些隐姓埋名的评审专家了。还有,上海藏书家韦泱先生两度把他珍藏的吴伯箫作品早期版本赐赠于我,无疑是对我极有力的支持和鼓励,我唯有勉力在吴伯箫研究、推广方面做更多的事,才当得起这些温暖的情谊。

此书出版,仰赖浙江工业大学人文学院、社会科学院的资助和浙江大学出版社的接纳，值得铭记。吴伯箫于浙江，说不上熟稔，除了 1962 年年初带队做调研有过宁波、绍兴、杭州的短暂之旅，还有一两次来杭州的机会均错失了。想不到故去近四十年后，会以这样的形式再度与浙江结缘，亦一佳话也。

责编荣鑫是我的友人，他在百忙之中为本书筹划、接生付出了巨大的辛苦，我深铭于心，就不多说什么了。2021 年 8 月 19 日，子张于朝晖楼。